這就是德國

德國

Germany

柏林圍牆倒塌後的富國之路

賴麗琇　著

目 錄

導讀
《這就是德國》緣起

　　光陰似箭，歲月如梭，回顧德國統一已然二十五年，四分之一世紀了。對於戰敗，被列強分為四區管制；德國人無言以對，承認事實，也接受了兩種截然不同的體制；但是雙方都誓言有朝一日一定要統一。然而「統一」只有一個選項，兩德人民心知肚明，所以當務之急是兄弟爬山，各自努力了。「統一」的時機點是什麼時候，沒有人可以給正確的答案。筆者當時 1969 年底在德國留學，由於我們的處境與德國類似，所以這個問題在那時候是和德國同學、友人討論得最多的。隨著時間的消逝，筆者想，德國人應該也是耐心的等待吧！

　　現在回憶在德國海德堡（Heidelberg）的大學生活，除了繁重的課業之外，筆者常利用西德政府撥給各大學外籍學生辦事處的一筆「認識德國」的經費，定期舉辦在德國的參觀旅遊訪問（只要交象徵性的 5 馬克即可，外籍學生有優先名額，剩餘的名額才讓德籍學生參加）。

　　首先是 1970 年底的一場訪問西德首都波昂（Bonn）的眾議院開會情形。外籍學生被安排與德國民眾一同坐在旁聽席上，觀看聯合執政的 SPD 黨的黨魁布蘭德、施密特與 FDP 黨的謝爾如何與反對黨 CDU/CSU 的黨魁柯爾（即後來的統一總理）辯論，兩造雙方、唇槍

舌劍、犀利的言詞，你來我往，絕無冷場，每每引起兩黨支持者叫好鼓掌。

1971 年的西柏林（West-Berlin），有一段旅程是筆者和一位越南（南越）籍的同學在漢諾威（Hannover）被安排搭德航飛機，飛越東德領空，直達西柏林機場，其他同學則仍照行程搭遊覽車越過前東、西德邊界，行經前東德進入西柏林，此乃因台灣及南越與前東德共黨國家沒有邦交，不准踏上它的土地。

1971 年利用聖誕節去捷克旅行，在西德與捷克的邊界撿查站，筆者解釋原因，要求邊防官員在本人的護照上蓋入境戳記時，蓋模糊一點，他欣然同意。但是一位德國同學則沒有這麼幸運了，快接近邊界時，因他發現他的護照照片沒有留鬍鬚，他情急之下，馬上用黑色原子筆塗上鬍鬚（記得當時全車的人為他這個舉動笑翻了天），結果當然被識破了，要求他抵達布拉格（Prag）時，每天一定要在規定的時間到移民局去報到一次。如出一轍的事，筆者於 1972 年暑假回國省親，帶了一本用德文書寫並配上圖片的《中國觀光旅遊導覽》，在海關入境時，當時規定要打開大皮箱檢查，結果這一本書以攜帶違法書籍被沒收。

對於希特勒的統治，在德國人心中留下永遠的痛，是可理解的。筆者的德國同學有一年邀請去他家過聖誕節，當知道這個同學的父親曾當過希特勒的軍官時，筆者想更深入瞭解二戰情形，這位先生避之危恐不及、連連搖手、有點驚嚇地重複多次說：「他（指希特勒）是個罪孽深淵的嫌疑犯，我不想（也不能）談論他。」另外一位德國友人，二戰時，被徵調到東線，時值冬天，在蘇聯集中營受過苦楚，而筆者想瞭解當時情形，這位老先生舉起缺了一根手指頭的右手連連搖頭，面色痛苦且悲傷異常，只差沒掉下眼淚。待筆者參觀過位在慕尼黑郊區，於 1933 至 45 年關了足足有二十萬人的達浩（Dachau）集中營時，巨細靡遺地一一仔細看過了當時禁閉猶太人及異議份子的各處場所時，在風和日麗的天氣裡，竟然讓人不寒而慄，有窒息的感覺，

這時方能體會這兩位歷劫歸來的人之痛楚。

　　德國人關心政治，也喜歡談論政治，同學們課餘聚會聊天時，「政治話題」也是首選之一，有時更自己發揮想像力，拿當時政治名人製造笑話，逗得大家捧腹大笑。記得 1974 年 5 月在上課時，看到大部分的德國同學竟然坐立難安，有一些人甚至私底下竊竊私語，待下課鈴一響，有一半的同學衝到停車場去。筆者心裡納悶，到底發生何事，問了留在教室的德籍同學，方知同學們是到他們的汽車裡，打開收音機（當時尚無手機），想知道布蘭德總理的事件如何收場。因為他的私人秘書竟然是東德安全局派去臥底的間諜。最後以布蘭德寫信給聯邦總統，辭去聯邦總理一職落幕。

　　1989 年 11 月 9 日東德開放邊界，當時筆者在教育廣播電台主講「德語教學節目」，與德籍助講者〔安娜（Anna，匿名）〕在錄音，當她在中場休息時，得知柏林圍牆倒塌時，竟然激動不已，久久不能平靜，無法再繼續錄音工作。

　　第二次世界大戰的罪魁元兇是希特勒，他的名字在德國近代史上是德國人心中永遠的痛，德國人很不願意再提到他，我們熟讀歷史，也知其人其事，如果要引用他的名字當廣告用詞的話，勢必要格外小心。因國情不同，如不妥善處理的話，勢必引起軒然大波。就有臺灣某知名電氣公司引進德國品牌的電暖器，推銷時，打著希特勒的招牌，廠商將希特勒按讚指著此電暖器的漫畫圖片刊登在臺灣，包括英文報紙的各大報紙上。報紙　出爐，不但引起德國駐台各單位的嚴重抗議；很多在台灣的德國人閱報見此廣告也一片嘩然。據廣告商的聲明，他們的用意只是想藉大家都認識的希特勒其強大的形象，來突顯德國製電暖器的保暖度經久耐用而已，沒有其他含義。這件事後來以廣告商撤銷此廣告，息事寧人。無獨有偶，有一年的台灣中學夏令營，五、六位高中生認為穿著納粹軍服，配戴勳章、帽子，模仿希特勒式的敬禮等一應俱全的報到方式很「酷」，經報紙披露，引起以色列駐台單位強烈的抗議，外交部副部長只好親自登門道歉解說，才平息風波。

1990 年 7 月筆者教授休假一年，在德國大學從事研究工作。10 月 3 日晚上約莫 10 點左右從研究室離開，踏著夜色返回住處，只見一輪明亮的圓月高掛天空，覺得甚是奇怪，一查看農民曆，竟然是 8 月 15 日，真是巧合，秋高氣爽，月圓人亦圓的日子，再打開電視，看到現場實況轉播，大柏林已成一座不夜城，這普天同慶的日子，也為德國人高興，終於等到否極泰來的一天了。時值德國統一已然邁入第 25 年，四分之一世紀了。有感於德國人運用智慧、耐心及努力再重新建設一個統一與和平的國家，因此將個人親身經歷之德國實況、分裂達四十五年的東、西德如何整合一一敘述。

　　這個在近代史因希特勒錯誤之領導的國家，蓄意掀起驚天動地的第二次世界大戰。戰爭初期，德軍的閃電戰術雖勢如破竹，攻無不克，舉世震驚；但這種不仁不義、師出無名的侵略戰爭，最終以戰敗收場。德國付出的代價是國土被分裂為二，造成人民流離失所，親人骨肉被迫分隔兩地整整四十五年。

　　至於戰後如何處置德國？戰勝國記取歷史的教訓，不敢再像第一次世界大戰訂立那麼苛刻的凡爾賽條約，否則難保不再出現第二個希特勒。昔日這個被稱為詩人和思想家的國家，由美、英、法、蘇分區占領，硬生生地成為四分五裂的國家，變成實行「資本主義」的西德與實行「計畫經濟」的東德，世人通稱為民主國家與共產國家。在這兩種南轅北轍的體制下生活的德國人，無不希望掃除隔閡，能早日統一。四十多年來兩德的歷史事件，諸如 1948 年第一次可歌可泣的「柏林危機」，英、美兩國以「空中橋樑」的方式回應蘇聯。1953 年的東柏林工人舉行示威暴動，1961 年第二次的「柏林危機」，一夕之間在東、西柏林之間架起滿佈地雷及炸彈的圍牆，更是舉世譁然，柏林圍牆成為德國分裂的象徵了。「德國問題」一直是世人注目的焦點，記得筆者於 1985 年與德國友人談論兩德有否可能統一的問題時，友人悲觀地說：「算了，已經等了四十年，大概沒指望了，就這麼過吧！」言猶在耳，1989 年柏林圍牆一夕倒塌，兩德人民咸認統一的腳步近了。

兩德與四強以談判及協商的方式，取得共識，於 1990 年 10 月 3 日，分裂長達四十五年的德國終於統一了，柏林及德國又成為鎂光燈的焦點。統一的德國，由前西德挹注金錢（那時尚是西德馬克）重修贊助前東德的建設。當時的德國總理柯爾（Kohl）告訴西德人再忍耐個十年，就可以不必再交「兩德統一稅」了。可是去年筆者再訪德國，詢問友人，得知目前德國人還在交納「統一稅」及「難民稅」等等，又國會也修法規定德國男性延至滿六十七歲（原六十五歲）、女性滿六十五歲（原六十二歲）方得領退休金。友人大吐口水，謂統一的代價太大了。另一友人也向筆者抱怨，她表哥從東德來投靠他們，其言行舉止、想法真是奇怪，不會與人敞開心胸說話，且要等著聽別人的指示，才會去辦事。統一後幾十年，筆者常常會聽到雙方互相稱呼對方為「東德佬」（Ossi）及「西德佬」（Wessi），此貶義字眼是彼此互看不順眼，衍生出的新詞彙。

　　本書將德國這個國家是什麼時候及如何出現在政治舞台上的？以簡史方式、扼要並重點交代德國人的老祖宗──西日耳曼人，如何出現在政治舞台上的點點滴滴，為何會遲至 1871 年 1 月 18 日在「鐵血宰相」俾斯麥的領導之下，才建立一個真正屬於德意志人的國家，及統一後的德國涉足第一、第二次世界大戰的始末。兩德在 1945 年從「零點」開始，如何重新整頓破碎的家園，處於美、蘇兩強控制下的東、西德如何各自努力、發展。隨著時序的推移，多次調整「德對德問題」的處理方式等等，到如何以和平的方式完成統一。

　　統一後的德國已然在歐盟（EU）執牛耳地位，尤其歐債風波，歐盟成員都盼望著德國像聖誕老公公帶來禮物，德國似乎成為歐盟唯一的救星了。目前歐盟可說在它的領導之下運作，德國一言九鼎的地位更顯得突出。時值統一將屆滿二十五週年，重新審視德國歷史，聚焦在這統一後二十五年的德國政治、社會、經濟、教育、科學與文化，希望能讓人了解這個擅長反思的民族，在歷史長河的起落轉折及走過的痕跡。

本書有感於德國 1990 年在世人的訝異聲中快速地完成兩德統一。除了精簡地敘述其一千多年的歷史概要，俾斯麥完成第一次的統一大業，再歷經一、二戰及被列強分裂成兩個不同體制的國家，經過四十五年後，突然又以不到一年的時間再次完成統一的過程。統一迄今至 2015 年，已然進入四分之一世紀的第二十五年，由於篇幅的限制，不再逐年地詳述每四年改選一次的各政府之施政，僅聚焦於統一後，前東、西德如何互相融合，和諧地在一個法制社會國家生活，期使讀者瞭解德國目前的狀況。

　　拙著承蒙臺灣商務印書館編輯部的策畫與提供不少寶貴的意見，在此致謝意。本書所列舉探討的觀點完全出於個人的管窺，掛一漏萬，在所難免。本人不揣鄙陋，雖貽笑於方家，希冀有益於後學，還祈望高明賢達不吝指正。

賴麗琇　謹識
2015 年 7 月於淡江大學

導 論

　　德意志這個民族國家曾經在歷史長河中，歷經坎坷的建國過程，好不容易才在十九世紀成為一個實質上真正統一的民族國家，也曾經在還是一個民族的前題下，卻被硬生生地分裂成兩個國家。這不免要令人感慨，為什麼這樣一個詩人、哲人、科學家人才輩出的國家，會有這樣的際遇。然後，它又在世人的讚嘆下，一夕之間扭轉它的命運。在天時、地利、人和的條件之下，在大家的訝異聲中又再度成為一個統一的民族國家。

　　今日二十一世紀，科技的進步令人目不暇給的世界，民智大開，這個號稱有智慧的民族，如何因應處於兩個截然不同且相互對立的體制下，在分裂長達四十五年之後，一夕之間，竟然不費吹灰之力，又讓世人有措手不及的感覺再度統一了。本書將以精簡扼要的方式，在第壹章敘述這個國家的簡史，從一盤散沙各自為政的國家，如何在強人的領導之下，完成了統一建國，歷史上第二次才出現了一個完完全全屬於德國人的國家——德意志帝國[1]。德國人這時才可昂首闊步，驕傲地稱自己為德國人了。

---

1. 第一次的帝國名為「德意志民族神聖羅馬帝國」，於西元 911 至 1806 年成立，但有名無實。見壹．三、中古世紀的日耳曼王朝。

在人類歷史上史無前例的兩次世界大戰中，這個新興國家也不曾缺席而且還當上了主角，扮演一個重要的角色。第一次世界大戰戰敗後，被判為罪魁禍首的德國，卻在二十年後令人訝異的、有能力、公然蓄意地且可說明目張膽地挑起第二次世界大戰。當然，侵略者是沒有好下場的，德國付出的代價是被硬生生地分裂成兩個截然不同體制的國家。西方三同盟國──美、英、法扶植的民主與蘇聯主導的共產之對決。

兩邊的德國人只得承認事實，黯然地接受了一線之隔的兄弟國，但無不希冀有一天能夠骨肉團圓。民主與共產這兩種體制的實行，南轅北轍。這期間兩德事件層出不窮，這是必然的事實。然而德國人畢竟是有智慧、理性的民族，一如其大哲學家康德（Immanuel Kant, 1724-1804）所說的：「拿出你的勇氣，運用你的理性去解決事情吧！」兩德在受制於四個戰勝國，仰人鼻息之下，戰後雖然兄弟分家，各自努力，然而在時序推移中，也不無大大小小、林林總總的事件發生。最為可歌可泣的當然是震驚世界的兩次的柏林（Berlin）危機。1969年，西德政黨輪替後的政策，率先不再採取「漢賊不兩立」的政策。首先釋出善意，實行「東鄰政策」（Ostpolitik），開始與東德有友好的接觸，到了 1973 年 9 月，東、西德雙雙進入聯合國。

已然成為各自獨立，且在國際上被承認為擁有主權的東、西德這兩個具有實質的國家，至此應該告一段落了，且可相安無事才對。二戰前後出生的老一輩人士大都對此事已認為統一無望，兩邊能夠和平相處也是一種選擇。每當有外國人問：「兩德有統一的希望嗎？」據大部分的德國人都會回答：「我此生應該盼不到這一天了。」然而世事卻難以預料，兩德能夠順利的統一，不是人為策畫的，兩德政府並無刻意推波助瀾，它可說是水到渠成的一個自然過程。只是當時西德的執政黨領導人洞燭先機，認為這是天上掉下來的禮物，如果不把握這次的機會，兩德就永遠無法統一了。遂加緊腳步，與名義上有監督權的四個戰勝國及當時東德的領導人分別會面，快馬加鞭地以協商

和談的方式談判，不到一年的光景，迅速地將兩個分裂的德國整合起來。

　　統一後的東、西德是否如童話裡的王子與公主從此就過著幸福快樂的日子呢？現實上真的是如此嗎？當然是「不」。此兩德統一的政治戲碼，不難理解其必然的結果。我們可以拿一對男、女兩人要結婚的事來做比喻。「結婚」不單單是只有兩人的事，所涉及的人事不是只有處理男、女兩人的事。「結婚」其實也是雙方家族的結合，相異生活習慣的結合。四十五年的隔離，思想與政治體制迴然不同的東、西德，一下子要結合在一起，好比夫妻之間要媒合在一起，得開始先去瞭解對方，夫妻之間要如何慢慢地摸索去瞭解對方，要磨合融洽到沒有芥蒂，想必也要經過一段時間吧！

　　對照東、西德的統一，時空相隔了四十五年。這是一段相當長的時間。它猶如一個嬰兒從出生到茁壯，成長為一個成熟的大人那麼長的時間。而東、西兩德的地理位置雖說僅僅一線之隔。殊不知阻礙東、西德邊界的圍牆是被蓋得多麼高，圍牆周邊除重兵荷槍實彈把守之外，又布滿地雷，兩邊猶如老死不相往來。四十五年後的人事滄桑、各種變遷現在都得攤在陽光下一一被檢驗了。

　　東、西德 1990 年的統一應該是德國第三次的再統一（第一次的統一國號為「德意志民族神聖羅馬帝國」，第二次的統一為 1871 年），現今也屆滿二十五年了。二十五年不是一個短暫的時間，時值二十一世紀，已經是一個完整的國家，其人民（包含全世界在內）對其政府及國家有什麼批評及期待。本書也會涵蓋所有的層面，全面性地探討，瞭解這個國家的歷史進程，對這一個曾經是由合而分，分而再合的國家，是如何運用他們的智慧從歷經二次失敗的戰爭中，在廢墟中，猶如古埃及的不死鳥從灰燼中再生。

壹.
日耳曼民族建國
的歷程

一、德國人的老祖宗——日耳曼人

歷史上第一次詳細地有關德國人的老祖宗——即生活在北歐和中歐的一些民族的記載，首先要感謝凱撒（Cäsar，西元前 44 年逝世），及歷史學家塔西吐斯（Tacitus，西元 120 年逝世）。凱撒在他所著的《高盧戰記》（*De bello Gallico*），記載著日耳曼人有高大的軀幹、長長的頭顱、全黃色的頭髮、藍眼睛和白皙的皮膚；因他們孔武有力，善於作戰，遂徵召他們為傭兵。而塔西吐斯本人從未離開羅馬地區，他是從羅馬的一些軍團和商人們那裡，得知這一些由農夫和獵人所組成的好戰部族，他們已經從事農業，豢養家畜，已有較多的金屬知識，精巧的手工藝。他稱他們為「日耳曼人」（Germanen）[1]，他們所居住的地方叫「日耳曼尼亞」（Germanien）；因他們既不能讀，也不能寫，行為舉止粗魯，希臘人與羅馬人則一概稱之為蠻族。

這種鄰居對羅馬帝國是一種永久性的威脅。基督誕生前十年，日耳曼人已經擴散到整個地中海地區，並在北邊與羅馬人為界。羅馬

---

1. 日耳曼一詞的含意有多種說詞，但比較接近及被認定的意思為「好鬥的勇夫」。

人曾在此築界牆，希望抵擋這些蠻族。西元 250 年，日耳曼族的支脈阿雷曼人（Alemannen）² 及斯瓦本人（Schwaben）曾突破羅馬人的界牆，並越過萊茵河（Rhein）向前推進。羅馬皇帝命人在萊茵河和多瑙河（Donau）之間修築一條既長又堅固的界牆。在這兩條河的南邊和西邊形成羅馬的軍事屯墾區，在要塞大門的前面，不久就有手工業者和商人及他們的家人移居至此。後來這一些地區漸漸地形成多座保留至今的城市，比如科隆（Köln）、波昂（Bonn）、雷根斯堡（Regensburg）、和奧格斯堡（Augsburg）。

在界牆兩邊，日耳曼人與羅馬人和平共處了兩個世紀之久。城堡的門被打開了，羅馬商人以武器、香料、首飾及上好的玻璃製品換取日耳曼人的蜂蜜、蜂蠟、鵝毛、黑麥、燕麥及琥珀等。很多日耳曼人也來到界牆後面的地方，以馬、牛、獸皮和羅馬的士兵與商人以物易物。今天一些德語的詞彙，比如街道（Straße）、圍牆（Mauer）、窗戶（Fenster）、酒（Wein）、國家（Staat）、學校（Schule）和寫字（schreiben）等都是源自拉丁語源的詞彙。日耳曼人也學習並吸收了一些表達事物、東西、行動、公共機構及制度等詞彙。特別是在建築、農業及稍後在教育、政府組織和法律方面的成就，羅馬人遠遠超越過中歐的其他民族，日耳曼人皆一一地吸收過來。

但是「德國史」是什麼時候開始的？在十九世紀時，人們相信是在耶穌誕生後第九年，在那一年羅馬軍隊嘗試越過萊茵河向東北邊接近，但被日耳曼的薛盧斯克族（Cherusker，此族後來同化於薩克森族）之族長赫爾曼‧阿敏紐斯（Hermann Arminius, 17 B.C.–20 A.D.）在托伊托堡森林（Teutoburger Wald）消滅了三個羅馬軍團（共 2 萬人）。有關阿敏紐斯的記事人們知道的並不多，但是德國人都把他當做第一個德國民族英雄。所以在 1838—1875 年間於德特模（Detmold）為他建造了一座巨大的紀念碑。

---

2. Alemannen 這個詞直到今天，在法語中指的是德國人；在德語中則稱為斯瓦本人。

然而在第四及第五世紀時，這一度曾是光輝燦爛的羅馬文化似乎沉淪了，「羅馬帝國」崩潰了。西元 375 年，亞細亞兇悍的遊牧民族的一支匈奴人（Hunnen），因其牛、羊群在西伯利亞的南部缺乏水源，於是轉向西方挺進，猛攻黑海北岸的日耳曼人；後來又將多瑙河與萊茵河北岸的日耳曼人往南驅趕進入羅馬帝國。由於匈奴人的襲擊，迫使各支日耳曼族紛紛逃竄，東支及西支的哥德人（Goten）、薩克森人（Sachsen）、阿雷曼人、布根地人（Burgunder）、汪達爾人（Vandalen）和倫巴底人（Langobarden）像蝗蟲入境般侵入羅馬帝國。約 470 年央格魯人（Angeln）和薩克森人進入古羅馬帝國的省份不列顛（Britannien）。歷史上稱這亙古未有的侵略狂潮為「蠻族入侵」，而這股日耳曼人往南、往西和往東的遷移，他們自詡為「民族大遷徙」（Völkerwanderung）。

許多一度曾是歷史名城的羅馬（Rom）及米蘭（Mailand）等皆被摧毀了，那時整個古希臘、羅馬世界似乎在這股狂潮被毀滅了，而也就是在這股民族運動中形塑成後來的「德國史」。也即那時候有四支日耳曼部族：薩克森、法蘭肯（Franken）、巴伐利亞（Baiern）和阿雷曼（斯瓦本）就定居在今天他們的後代大部分仍居住的地區。現在在德國這四個日耳曼部族昔日的遷徙區仍可聽到一些被保留下來的方言。在他們的遷徙時期，日耳曼人不只和古老的文化接觸，他們也大大地受到一股新的力量——基督教的影響。約在 360 年時，西哥德的主教烏菲拉斯（Ulfilas，西元 383 年逝世）將《聖經》翻譯成日耳曼語言（現今只殘存片斷），這堪稱是一部在當時的野蠻年代有「和平」和「文化」意味的作品。最後日耳曼人接受了基督教並定居下來。從這時期開始，人們記述歐洲史的一個新紀元，即「中古世紀」。

二、查理曼大帝建立的大帝國

在動盪不安的民族大遷徙時代，在法蘭肯族的多位國王努力之

査理曼大帝畫像

下，於西歐和中歐逐漸建立一個新的王國。其中最具代表意義的為建都於阿亨（Aachen）的卡洛林王朝之査理曼大帝（Karl der Große, 768–814）[3]，他統治的時期，疆域從庇里牛斯山（Pyrenäen）直到易北河（Elbe），並從羅馬一直延伸到北海（Nordsee）包括整個中歐和義大利、法國、瑞士。在法蘭肯王朝的統治之下，極力推廣基督教的信仰。卡爾大帝所禮聘的英國傳教師聖波尼法弟烏斯（Bonifatius, 754 年逝世）被尊崇為「德國的使徒」。他在富爾達（Fulda）的修道院，還有他在烏茲堡（Würzburg）、雷根斯堡、帕騷（Passau）、佛萊辛（Freising）、慕尼黑（München）和莎次堡（Salzburg）所建立的多座寺院，今天還是德語區的天主教教會中心。

查理曼國王於西元 800 年聖誕節前往羅馬作禮拜，當他禱告完畢欲起立時，教皇出其不意將皇冠戴在他頭上，並稱他為凱撒，為奧古斯都，民眾附和之，歡聲雷動，三呼萬歲。就這樣羅馬人民歡迎他們的新皇帝，法蘭肯人所建立的帝國成為羅馬大帝國的繼承者有三百年之久，他們宣稱他們的統治權延伸到義大利的北部和中部，它的統治者成為基督教的保護者和主人。在帝國的保護與和平的局勢下，文學和藝術也有了新氣息。在富爾達、聖加倫（Sankt Gallen）和雷根斯堡修道院的僧侶們，以古德語創作了第一批作品，這時在多本手稿裡

---

3. 德文的音譯應該是卡爾，台灣的歷史教科書譯為查理曼大帝，係從法文 Charlemagne 音譯而來。2014 年 1 月 28 日恰逢卡爾大帝逝世一千二百年的紀念日，德國各地都為他舉行盛大的追思儀式。因為很多人將他視為第一位歐洲人。

第一次出現了「德意志的，德國的，德國人的」即（deutsch）這個字。而這起先只是指住在法蘭肯帝國東邊的領土人們所說的語言。

查理曼大帝及其子去世後，840 年帝位傳至其孫子，三位孫子爭奪天下。當時長孫洛塔爾一世（Lothar I., 840–855 年在位）據中部，襲帝號，仍都於阿亨，次子丕平一世（Pippin I., 813–837 年在位）分得西部，地處今日法蘭西阿奎丹（Aquitanien）一帶，即所謂西法蘭肯王國。丕平去世後，王國轉由其同父異母弟弟禿頭查理（Karl II., der Kahle, 843 年在位）治理，三子路易二世分得東部，原日耳曼人所居之地，地屬今日德國之巴伐利亞，故外號「日耳曼路易」（Ludwig II., der Deutsche, 843–867 年在位），即所謂東法蘭肯王國。後長子洛塔爾一世欲獨占帝國，兩個弟弟不滿他繼承帝國及分得大部分土地，於 841 年聯合征討長兄，但不分勝負。兩位弟弟因此宣誓聯盟，相互保證反對長兄的野心到底。後人根據 842 年「斯特拉斯堡誓約」才得知法蘭肯帝國境內分化成兩大語系。禿頭查理的西法蘭肯王國的人民早已接受高盧和羅馬的語言與習俗，他們使用的是變體的拉丁語及羅曼斯語（即拉丁語摻和法蘭肯土語）混合而成的語言，這即後來演變成為現在的法語。而在日耳曼路易的東法蘭肯王國住著昔日講「多伊奇語」（按即 deutsch 的音譯，即今之德語）的各支日耳曼部落。當時的人以為 Deutsch 這個詞只是語言的區別，很久以後人們才了解，這個詞不只是指語言，還有「民族」和「國家」的意思，終於將指「德國人」的 die Deutschen 及這塊「土地」（Land）是德國人住的「德國」（Deutschland）的意義定位下來。所以日耳曼路易使用的是早期日耳曼語（條頓語）。當作戰時，為讓雙方武士容易了解，彼此以對方境內的語言宣誓，查理講日耳曼語以使路易的武士能懂；而路易講羅曼斯語以便查理的人能理解。此即今天的德、法兩國語言分歧之始。並且衍變成兩個政治實體。

路易和查理的聯盟終於迫使洛塔爾讓步，843 年三兄弟在今法國的維爾登（Verdun）訂立「維爾登條約」，正式三分天下：禿頭查理

得到西部，號稱西法蘭肯王國，日後衍變為今日的法蘭西（法國）；日耳曼路易得到東部、萊茵河和易北河之間的土地，號稱東法蘭肯王國，日後衍變為今日的德意志（德國）。洛塔爾分得中部，除了獲得皇帝的稱號及義大利半島的北部外，還獲得介於東、西法蘭肯王國之間的一條縱約千哩，寬百多公哩的狹長地帶，為今日義大利的雛形。

查理曼大帝的帝國在第九世紀末逐漸崩潰時，雖然東部仍在卡洛林的統治者之控制下，但這些統治者卻無力統一整個國家。處於遙遠的邊陲地帶受到阿拉伯人、諾曼人（Normannen）、斯拉夫人、匈牙利人（Ungarn）的入侵，強敵當前，薩克森人、法蘭肯人、斯瓦本人、巴伐利亞人和洛林人等部落並不是去尋求國王的庇護，而是團結在他們的軍事首領，即大公爵的周圍。這些因戰功受封的藩侯每一個皆逐漸擴展其勢力範圍並擁兵自重，與王朝相抗衡。他們不但不鞏固軟弱無能的國王勢力，而是設法增加自己的戰鬥力，以維護他們領地的安全。當東法蘭肯王朝最後一位皇帝幼兒路易（Ludwig IV., das Kind, 893–911 年在位）去世時，卡洛林王朝宣告結束。帝位的繼承改由這些強悍的大公爵討論決定。日耳曼四個最強大的公侯國薩克森、法蘭肯、巴伐利亞和斯瓦本推選無卡洛林血統的法蘭肯公爵康拉德一世（Konrad I., 911–918 年在位）當他們的國王，他未經羅馬教皇加冕，這意味著完整的法蘭肯王國的分裂。但人民卻經久的有一種下意識，即一個帝國和教會結合的想法，能包含信仰基督的所有民族。史學家習慣以西元 911 年作為「德國史」的開端。

三、中古世紀的日耳曼王朝

（一）第一帝國：德意志民族神聖羅馬帝國（962–1806）

西元 919 年薩克森公爵海英利希一世（Heinrich I., 919–936 年在位）被康拉德指定並被選為他的繼承人。他統治十七年之後，大公爵們在他的命令下選他的兒子奧圖一世，即稍後的奧圖大帝（Otto der

Groβe, 936–973），在查理曼大帝位於阿亨的行宮教堂加冕為王。962年他接受羅馬教皇加冕，帝國正式定名為「德意志民族神聖羅馬帝國」（Heiliges Römisches Reich Deutscher Nation），此帝國存在了八個世紀之久，即德國史家所稱的第一帝國，它於 1806 年被拿破崙強迫解散。

強勢的奧圖大帝重振羅馬—德意志帝國的權勢，版圖現在雖然已經不包括法國了，然而不久他就將在東邊的疆界一直擴展到奧德河（Oder）。他統治時，王公諸侯擁兵自重與他作對。奧圖委託精力充沛、有教養、有文化的主教替他分擔國事，這些人對他忠貞不二。他們全力管理帝國和教會，並致力於維護和平、公理、正義。在查理曼大帝和奧圖大帝統治時，政權與教權皆被掌握在被「上帝加冕」的德意志皇帝手中。然而在十世紀時，由法國的修道院發起一次大改革，改革項目中有一項即是教會要脫離世俗王權的控制。教皇葛列哥七世（Gregor VII., 1073–1084 年在位）明示教會不是帝國的女僕，皇帝卻是被上帝加冕的教皇之僕人。教皇重申其擁有道德及政治的權力。於是衝突難以避免，政教合一被破壞了，中古世紀的歷史印記著皇帝與教皇的敵對與長年的爭執。

薩克森王朝的末代皇帝去世後，皇位仍然由大公爵們來選舉，他們選了奧圖大帝的外曾孫法蘭肯沙利爾（Salier）家族的康拉德公爵為王，號稱康拉德二世（Konrad II., 1024–1039 年在位）。繼承他王位的兒子海英利希三世（Heinrich III., 1039–1056 年在位），其王權達於巔峰，與教宗的關係開始呈現緊張，種下日後政教衝突之因。王位傳到他的孫子海英利希四世（Heinrich IV., 1056–1106 年在位），與羅馬教宗的衝突達於顛峰，爆發了「授聖職權之論爭」。葛列哥七世欲廢除皇帝選派和任命主教與修道院院長的「世俗授職權」，但日耳曼的皇室卻非常重視這種由皇家任命高級教士的制度，因為這涉及教會職務的出售及其他許多關於王室的利益。

1076 年，海英利希四世宣布葛列哥七世侵占皇帝的權力，以及

他依靠武力當選主教為無效。其後，葛列哥七世莊嚴地行使由耶穌基督授予聖彼得的「約束和赦免」的權力，將海英利希四世驅逐出教，並宣布罷黜他的帝位，也解除那些效忠皇帝們的主教之職務。這件事立刻傳遍全國，因為人民不可能接受一個不蒙受神的恩寵、被教會拋棄的人所統治。貴族們早已密謀，如果海英利希四世無法解決被革除教會的處分，他們就要另外選一位新的國王了。

聰明的海英利希四世於 1077 年 1 月越過阿爾卑斯（Alpen）山，來到義大利教宗臨時行轅所在地卡諾沙（Canossa）城堡前，時值寒冬臘月，大雪紛飛，天寒地凍，他身穿粗麻布衣的懺悔服，赤著雙足在城堡下跪了三天三夜，誠心地表示痛改前非，祈求教宗的寬恕。葛列哥不得已只好赦免他了，讓他恢復教籍，重登王位。海英利希四世回德國後，集中精力整頓內部，用武力一一平定了不馴服的諸侯，取消了他們的爵位和封邑，使他的政令和軍令得以貫徹實施。接著 1081 年他聲討葛列哥，再次越過阿爾卑斯山，1084 年攻陷羅馬，這時葛列哥在兵臨城下、孤立無援的情況下，再也發揮不出教宗的威力，只好棄城逃跑，最後客死他鄉。海英利希四世的「卡諾沙」之行，實際是一個苦肉計，自此後，帝國與教會再也無法合而為一了，中古世紀的皇帝和教皇的齟語不曾間斷。

但是並不只有統治者們在寫歷史。農夫及僧侶們在歐洲中部幾乎廣袤無盡的原始森林辛勤地開墾，漸漸地使這片黑暗大地露出一線曙光；在平原地和河谷地出現了農莊、寺院、市場和城市，其周圍環繞著可耕種的田地和草地。那時候，德國的拓荒者開始移民於奧德河和奈塞河（Neiße）以東，將近一千年之後，於 1945 年這一塊德國人辛辛苦苦開墾的土地必須拱手讓人。

十二世紀時有兩個黨派在爭奪王冠——斯道佛家族（Staufer）和威爾芬家族（Welfen）。1152 年斯道佛家族的佛利德利希·巴巴洛沙（Friedrich Barbarossa, 1152−1190 年在位）[4] 被選為國王，並於 1155 年加冕為羅馬皇帝，重新豎立在德國和義大利的帝國權勢是他一生的

巴巴洛沙雕像

目標。而在他統治時也的確是「德意志民族神聖羅馬帝國」最光輝燦爛的時期。他將低階貴族網羅到他的宮廷服務,提昇他們為「帝國騎士」,而也就是這些騎士使中世紀宮廷、騎士的文化大放異彩,騎士精神的確立,宮廷、騎士文學的抒情詩、敘事詩及英雄敘事詩等的創作是德國文學史上第一個高峰期。

當時候的中歐並不是文化的重鎮,卻是經由十字軍東征才讓人得知的伊斯蘭世界。在哲學、在很多科學、技術和醫學領域裡,比如伊斯蘭的學者阿威哲納(Avicenna,阿拉伯文為 Ibn Sina, 980–1037)的許多著作大大地豐富了歐洲民族的知識。阿威哲納是波斯的哲學家及醫生。他繼續闡揚亞里斯多德的理論,特別是在他的新伯拉圖理論提出理性的哲學與伊斯蘭正教的對比。他的三大冊哲學著作自從十二世紀以來已經翻譯成拉丁文。其醫學手冊《醫學規範》七百年之久在理論與實用方面一直是近代醫學公認的權威。直到今天,我們所知道的「代數」和「化學」這些名詞,所引用的阿拉伯建築和手工業技術、學會使用貨幣,特別是阿拉伯數字都是在中古世紀時,經由十字軍東征傳入的伊斯蘭—阿拉伯文化[5]。

紅鬍王的兒子海英利希六世(Heinrich VI., 1190–1197 年在位)繼承了他的王位,他擴大了他的版圖,將影響力從英國延伸到耶路撒

---

4. 即斯道佛王朝的佛利德利希一世,Barbarossa 係義大利文,紅鬍子之意;因他濃密的落腮鬍是紅色的,故名之。
5. 紅鬍王曾率領第三次的十字軍東征(1189–92),不幸於 1190 年,沐浴時溺斃於一條小河沙勒非(Saleph)。

冷（Jerusalem）。然而這個帝國並不是具有現代思想的中央集權的國家，中歐仍然森林密布，人煙稀少，這個國家的經濟、權力和組織仍然大部分掌控在教會的手中。如果和東方的文化及其繁榮的城市和昌盛的文明互相比較，中歐還一直是落後一大截的。在此也不可能建立起有績效能力的官僚制度和一支由中央領導的常備軍隊，來管理和保護這個大帝國。因此之故，皇帝把帝國其他的領土分封給宗教界及俗界的王公諸侯。這些受封者雖然向皇帝宣示效忠及參於戰事服役，但是在他們的領土內是各自獨立的。這些王公諸侯又將他們的土地分封給低階貴族，低階貴族又將土地分封給農民，所以形成了一種像金字塔似的相互依賴的「分封和封建制度」。

自從長久以來在德國有王公諸侯，在義大利則有富裕的城市起來叛變反對皇帝；與他們結盟的是教皇，一起對抗每一個較強勢的統治者。1162 年，紅鬍王摧毀了強勢的叛變城市米蘭，但是既不是他，也不是他的後繼者能夠成功地摧毀他們的敵人的勢力。當最後一任斯道佛家族的統治者，紅鬍王的孫子，聰穎過人，通曉天文地理的佛利德利希二世（Friedrich II., 1215–1250 年在位）統治時，雖頗有建樹，但直到他去世時，也沒能把帝國統一成為民族國家，諸侯林立的局面依然持續下去。當時西歐的一些國家，比如英國和法國早就是一個統一的民族國家，德國成為一個遲到的民族。

根據中古世紀的想法，「德意志民族神聖羅馬帝國」的理念應該要包括全部的基督教界。但是它的政權幾百年之久在和三股對立的競爭者中消耗殆盡了。勝利者是教皇、義大利城市和德意志的王公諸侯。帝國分裂了，漸漸形成各山頭林立的版圖，因此不是皇帝和帝國，卻是各邦割據的權力主宰著未來。今天還可以從德國的各邦名，如巴伐利亞（Bayern）、黑森（Hessen）、巴登－烏騰貝（Baden-Württemberg）等看出一些端倪。

斯道佛王朝結束後，自 1250 迄 1273 年，日耳曼的皇位一直虛懸著，長達二十多年。在這一段「空位期」（Interregnum）之間，日耳

曼的諸侯利用皇位的競爭者希望得到他們支持的心理，予取予求，獲得了大量的好處。諸侯們樂得在短時間內不要皇帝，因為他們從君主所篡奪來的權力，現在成為他們名正言順的權力，每個諸侯皆有機會成為日耳曼的統治者。從此以後，帝國皇帝不再是世襲，而是由最有權勢的諸侯經由「選舉」產生。史上共有七位有權力選舉皇帝的「選帝侯」。

1273 年他們終於選了一位不起眼的伯爵，領地在奧地利（Österreich）的哈布斯堡（Habsburg）家族的魯道夫（Rudolf, 1273–1291 年在位）為國王。當選時，他已經很老了，沒有人想到他的能耐，會為其家族打造出一個輝煌的哈布斯堡王國來。魯道夫對皇室應有的權力義務和帝國領土是否完整漠不關心，他只想要為他的家族在日耳曼建立世襲的君主政體，加強其王族的勢力，故極力擴土占地。一些大主教與諸侯主張維護帝國領土的完整，反對強大的世襲君主政治，所以與哈布斯堡家族明爭暗鬥，使皇帝一職不再由某一家族長期獨占，而是由波爾梅（Böhmen）、盧森堡（Luxemburger）、哈布斯堡和巴伐利亞的威特爾斯巴赫（Wittelsbacher）等家族分別擔任。但是從 1438 年到 1806 年止，神聖羅馬帝國的皇帝除了兩個外，其餘都是哈布斯堡王室的人。

日耳曼諸侯選舉盧森堡家族的海英利希七世（Heinrich VII., 1308—1313 年在位）為皇帝。他要在義大利恢復這個古老的帝國，結束因諸侯選舉皇帝時發生的爭執，而造成分裂的國家。於 1310 年以平亂為名，入侵義大利，可惜壯志未酬，英年早逝。王位傳至他的孫子卡爾四世（Karl IV., 1347—1378 年在位），他的統治使日耳曼帝國再重現短暫的盛世時期。卡爾四世於 1356 年頒布了「金印詔書」（Goldene Bulle），以帝國法律為基礎，確定了 7 位選帝侯，他們是 3 位神界人士，依次為美因茲、特里爾和科隆的大主教；4 位俗界人士，依次為波爾梅的國王、薩克森的公爵、布蘭登堡的侯爵與萊茵的伯爵。除了有選舉皇帝的權利之外，還給他們一些特權。當一些小伯爵、領主和騎士漸漸不再具代表意義時，一些城市卻因經商致富，由

此他們的經濟力量形成很大的影響力。一些德國南部的城市，比如奧格斯堡、紐倫堡、和烏姆經由和義大利的城邦國威尼斯（Venedig）、米蘭、佛羅倫斯（Florenz）和熱內亞（Genua）通商，因而富可敵國，來自斯特拉斯堡、美因茲和科隆的商人到法國、法蘭德（Flandern）[6] 和英國旅行考察；城市之間彼此的結盟形成一股巨大的力量。這些結盟團體最重要的是漢薩同盟（Hanse）[7]，在德國北部的大城呂北克的領導之下，共有超過一百多座城市加入此聯盟，在十四世紀的時候，控制整個北海和波羅的海的貿易。有時候皇帝要出兵打仗，經費拮据時，都得向這些富可敵國的城市借錢。

十五世紀時要求帝國改革之聲此起彼落，馬西米里安一世（Maximilian I., 1493–1519 年在位），是第一個不經教皇加冕而被公認的皇帝。他曾嘗試改革，但並沒有成功。他致於力帝國的重建，設立了帝國國會（Reichstag）、帝國區域（Reichskreise）及帝國最高法院（Reichskammergericht），這些機構一直存在到帝國結束（1806 年）。他設法以此使帝國不再進一步的分裂，並經由此機構演變成二元論的「皇帝和帝國」：即帝國元首與大公爵、王公諸侯及城邦對立，由於皇帝的選舉受制於選帝侯，皇帝的權力受到限制並逐漸被淘空了，特別是一些較大的王公諸侯借此擴張他們的權力。儘管如此，帝國還是繼續存在著，皇冠的光輝尚未褪色，帝國的觀念依然活生生的存在，擁有領土的小諸侯及中等諸侯與帝國團結在一起，保護帝國免受強大鄰國的攻擊。

城邦逐漸形成經濟力量的中心；特別經由欣欣向榮的貿易而獲利。經由手工業者自行組成的行會系統（制度）在紡織工業和採礦形成了一種經濟體系，而遠洋貿易已經具有早期資本主義的形式。同時期經由文藝復興和人文主義進行了一種精神變革，這種新甦醒的批判

---

6. 法蘭德地處荷蘭的西南部、比利時的西北部及法國的北部之間，農業及畜牧業極為發達。
7. 今天德國的航空公司（Deutsche Lufthansa）簡稱德航，用古德文寫法 Hansa 是群、隊、隨員之意。

精神特別是針對教會的弊端。

哈布斯堡家族採取戰爭和聯姻政策，擴大他們家族的領地。皇位傳至卡爾五世（Karl V., 1519–1556 年在位）時，他身兼西班牙的國王和日耳曼的皇帝。統治的版圖散布在半個地球裡：奧地利、波爾梅、義大利、布根地（Burgund，介於德、法間，從隆河延伸到北海）、荷蘭和西班牙及在美洲廣大的殖民地。他驕傲地說，在他的帝國太陽永不下山。在他統治期間，西邊有法國跟他競爭；東邊受奧圖曼土耳其人的威脅。內政方面最大的事件是「宗教改革」和「農民戰爭」。

（二）宗教改革、農民戰爭及三十年戰爭

宗教改革的引爆點是羅馬的教宗為重建聖彼得教堂之龐大經費而募款，便動腦筋出售「贖罪券」，成為宗教改革的最直接導火線。它的事情經過是這樣的：教廷為加速完竣聖彼得大殿工程，濫發贖罪券。一位教會官吏泰哲爾（Johann Tetzel, 1465–1519）為贖罪券布道師。他為讓聽眾熱心購買，不免誇大其詞，即贖罪券不特可贖本人之罪，兼亦可贖其去世家屬之罪，揚言只要購買者把錢投入錢箱，其過世親友之靈魂立刻由煉獄中超渡升天，於是捐輸者異常踴躍。1517年 10 月，他來到與威滕堡（Wittenberg）相鄰之某城，其行列極盡鋪張之能事，人民夾道相迎，爭購贖罪券。馬丁・路德（Martin Luther, 1483–1546）目睹此怪現象，感慨地說：「假如教宗體會到你們推銷贖罪券的這副嘴臉，他寧可讓聖彼得大殿倒塌，也不會用其信徒的血汗錢去建築它。」

路德親歷這場乖謬的贖罪券鬧劇，加之他早年曾到羅馬出差，目睹天主教的腐敗，神職人員私德敗壞，如教皇亞歷山大六世（Alexander VI., 1492–1503 年在位）曾生有私生子女十位，而時人對此都不感訝異，甚至許多皇室爭相與之聯姻；培養神職人員的修道院過少，教士陶冶不夠，因而素質頗差；教廷出賣教職與課豁免稅。同時，路德對靈魂獲得拯救的問題也極為關切。如「人類能得救否？」

馬丁・路德畫像

對「審判」、「罪」等，深感恐懼。漸漸地，路德開始考慮人們是否能做任何事情來取悅上帝，他對這個問題的答案是「不可能」。路德認為人類唯一的希望，只有每個人用單純而誠篤的信心來信仰上帝的仁慈。

1517 年 10 月 31 日，路德在他任教的威滕堡大學教堂正門上，張貼九十五條反對贖罪券買賣的論題，經印刷傳播，迅速傳遍全日耳曼，引起人心浮動，群情激動，最顯著的現象是贖罪券的銷售業績一落千丈。精簡九十五條論證的大意如下：路德宣告一條個人通向上帝的路徑；根據他的教義，信仰不需要教士們來充當傳統的中間人，還進而否認任何宗教或教會有解釋基督聖訓的權力。他堅決地說上帝是公正的，祂能赦人之罪，任何基督徒只要誠心信仰、真心悔改，便可獲得神宥，壓根兒不需要什麼大赦（即指購買贖罪券而獲得救贖），任何人都可以按照他私自所讀的聖經，調整他的生活。路德的這些論證公然反教，攤明了與舊教分道揚鑣。

路德決定和教廷攤牌。於 1520 年的年底，在威滕堡大學師生面前，焚燒教宗詔書「主！請起」、聖湯瑪士的「神學綱要」和「教會法典」，以示決不與羅馬教廷妥協的決心。教宗看他無可救藥，於 1521 年正月 3 日把他開除教籍，並且又授意日耳曼皇帝卡爾五世以慣例將路德繩之以法。於是卡爾五世召他出席渥姆斯帝國會議（Reichstag vom Worms），仍希望他放棄己見，萬勿在帝國中製造分裂。1521 年 4 月 17 日路德與會後，認真考慮了一天之後，於次日當著德皇及全德諸侯面前，嚴肅而隆重地以拉丁文聲明（僅譯最後一

句）：「我站在這裡，我無法改變，上帝擁護我！阿們。」史家以 4 月 18 日路德被開除教籍為新教誕生之日，但也有以張貼九十五條論證題反駁贖罪券之日為新教誕生的主張。

路德前往渥姆斯開會遭受質詢時，當時雖有皇帝保證其來去之生命安全。但前有胡斯（Johannes Huβ, 1370–1415）之惡例，於康士坦茲（Konstanz）大公會議後被焚死，故友人勸其勿前往，路德答曰：「渥姆斯之魔鬼雖多如屋上瓦，吾亦必前往也。」其義無反顧的勇氣誠然可嘉；帝國會議終於判決路德不再受到法律的保護，也就是說任何人都有權殺死他。會後，皇帝遵守諾言，命路德安全歸去，但路德的保護者薩克森選帝侯，綽號智者的佛利德利希三世（Friedrich III., der Weise, 1486–1525 年在位）懼其為人所乘，以劫奪方式暗送路德到選帝侯的瓦特堡（Wartburg）藏匿，後年餘始復出。靜居其間，路德即以翻譯聖經為事。1522 年，他譯的《新約》第一個稿本出版。前後花了十三年的時間，即至 1534 年，全部的《聖經》翻譯工作終於完成了。感謝谷騰堡（Johannes Gutenberg, 1468 年逝世）發明的印刷術，方使這部文詞典雅、流暢、通俗易懂，為近代德語奠下基礎的譯本傳遍全中歐。如果沒有路德奠定這樣一種統一的書面語，德國的語言勢必還是停留在使用中古世紀的德語，造成全國各地仍使用自己的方言，分裂成為各說各話的雞同鴨講，阻礙德國語文的發展，其後果幾乎是不可想像的。對於一個民族的宗教、語言和文學生活貢獻之大，很少能有與路德新、舊約譯本同日而語的。難怪德國統一前的一項民調題目：「哪一位德國人對德國的貢獻最大？」年年的榜首皆是馬丁‧路德。直到 1990 年德國再統一了，這個民調的答案才改為艾德諾（Konard Adenauer，二戰後，領導西德復興的基督教民主聯盟黨魁），路德方退居第二。

在卡爾五世統治時，於 1524 至 1525 年發生的農民革命（Bauern-krieg）令王公貴族大驚失色，這是德國史裡的第一個大革命。日耳曼農民叛亂之目的在直接反抗貪婪無厭的封建領主——教界與俗界的增

加封建稅。地主提高了訴訟費、勞役和利息，使許多農民無法負擔。農民們除了主張各教區教徒有權自選教士外，主要的訴求是准許他們狩獵、打漁、砍柴，取消不合理的地租以及廢除農奴制度。他們以福音的名義要求平等，理直氣壯地引用路德的話說：「因為基督已將我們救贖，我們已獲釋放，我們是自由人了，農奴制度必須鏟除！」他們提出「十二項要求」（Zwölf Artikel），謂封建領主向他們所徵收之稅，實非聖經所准許的，他們既與其領主同為基督徒，則他們實無被人視作農奴之理由，應該廢除階級區別。

路德原為一礦工之子，起初本來同情農民，加以勸告，但農民不聽，路德極力維護和平，但由於絕大多數諸侯拒絕和農民談判，戰爭還是爆發了。農民到處搶奪貴族城堡，洗劫富有的修道院。1524 年閔采爾（Thomas Müntzer，約 1490–1525 年）領導農民起義，農民在《聖經》中發現他們是自由的，這與路德的思想非常接近，所以他會同情農民。但路德所關心的是宗教內部的自由，也就是要從教會制度獲得自由，而不是擺脫社會和政治奴役的自由，他覺得農民曲解了他的主張。當他看到農民到處燒殺劫掠，痛心不已。叛變的農民其實是反抗俗界既成的秩序，意圖顛覆現存的政治社會秩序。而農民的行動將使日耳曼民族分裂，從而威脅到他所領導的反羅馬教會運動。

當農民拒絕聽從路德的勸告，繼續暴動時，路德明瞭再這樣下去，將對他不利，於是他一面倒地投向貴族，著文〈反對暴動的農民〉，鼓勵執政者對農民攻伐、殘害。而閔采爾則發表〈被迫發表的辯護詞和對威滕堡行屍走肉的回答〉批評路德的妥協態度，反擊對農民起義的種種譴責。1525 年，閔采爾公開號召武裝起義。農民叛亂漫無組織，缺乏有效的軍事力量，終於被擁有武力的既得利益階級殘酷地撲滅了，而閔采爾於起義失敗後，在米爾豪森（Mühlhausen）被俘就義。

隨著路德劃時代的宗教改革引發的事件平息後，日耳曼分裂了，宗教信仰的版圖也重新分配；大致上，在北方幾乎所有的王公貴族及

其臣民跟隨路德，成為新教徒。在南方的，則拒絕路德的教義，仍然為天主教徒。1526 年第一次斯拜亞（Speyer）帝國會議時，卡爾五世允許日耳曼各邦的君侯有權決定各自的邦國之宗教。1529 年，斯拜亞第二次帝國會議時，卡爾五世企圖收回這項成命。少數的基督徒、信路德新教的諸侯和帝國自治市提出正式「抗議」（Protest）說：「大多數的人不能夠決定信仰問題和良知問題。」拒絕接受這敕諭，他們因此被稱為「抗議者」，自從那時候以來，這名詞成為新教徒的通稱。斯拜亞會議後，新教與舊教雙方隨即分別組織聯盟，從此，日耳曼遂形成兩個敵對的武裝陣營。

1530 年 6 月 25 日，俗界及教界的王公諸侯們和帝國自治城市的代表們再次群聚奧格斯堡，出席卡爾五世親自主持的帝國會議，卡爾五世欲調和路德教派與天主教派的歧見，恢復帝國境內宗教信仰（改宗舊教──即天主教）的統一，但為新教徒所拒，接著薩克森選帝侯的宰相朗讀一份由梅南希通（Philipp Melanchthon, 1491–1560，係路德的學生）和卡梅拉利烏斯（Joachim Camerarius, 1500–1574，係梅南希通的學生）以拉丁文和德文合纂的〈奧格斯堡信條〉（Das Augsburgische Bekenntnis），這份信條闡述了路德新教的教義，希望得到皇帝及舊教諸侯們的承認。結果卡爾五世及大半信舊教的諸侯拒絕接受。卡爾五世要求新教徒在期限內服從皇帝的意旨，否則他會以教會保護者的身分迫使新教諸侯順從，新教徒拒絕屈服，並憤而離開奧格斯堡。

1530 年 12 月 31 日，一批信仰新教的諸侯和自治城市在徐馬爾卡登（Schmalkalden，位於德國東部圖林根森林西邊）組成聯盟。如有任何人因信仰而遭受攻擊，則每一成員有義務趕去救援，這好像一場宗教戰爭即將爆發了。這時，土耳其蘇丹的軍隊從匈牙利猛烈地進逼到維也納。卡爾五世因需要借助新教徒抵擋土耳其在帝國東南邊的攻擊；他不得不暫緩統一宗教信仰的計畫，改變政策，聲稱在帝國境內沒有人會因他的信仰遭受到攻擊或迫害。接著基督教信仰也在烏滕

堡和布蘭登堡順利地傳開來。在哈布斯堡統治地區、巴伐利亞和教界的諸侯們仍信仰天主教。新、舊教諸侯暫時維持十五年短暫的和平。1546年時，徐馬爾卡登聯盟的黑森伯爵迫於財政窘困，需要皇帝的援助，因此該聯盟的氣勢漸衰，加以內訌，於1546年被卡爾五世打敗，新教徒屈居下風。

　　1552年，徐馬爾卡登聯盟的薩克森再度謀反，這一次聯盟密謀與卡爾五世的死敵法國結盟，大軍快進逼到皇帝停留的英斯布魯克（Innsbruck），皇帝不得不倉惶逃亡，他在德國的權勢徹底垮掉了。再也沒有辦法鎮壓宗教信仰的問題了。卡爾五世提前退位，1555年他委託其弟費迪南（統治奧地利）與新教徒在奧格斯堡簽訂「奧格斯堡宗教和平條約」（Augsburger Religionsfrieden），重要條款如下：

1. 新教在德境以內與天主教享同等權利，為一合法的宗教。

2. 德境各諸侯和帝國直轄市有自由選擇宗教信仰自由，諸侯有為其臣民決定信奉宗教之權，即諸侯的臣民們必須信奉統治者選擇的信仰，臣民們如果反對這一抉擇，就只好遷居他處。

3. 凡天主教高級神職人員如欲皈依新教者，僅為其個人信仰變更而已，即失去原封土領主的資格。

4. 其他任何宗派，如喀爾文派（Johannes Calvin, 1509–1654，是法國的宗教改革家）、茲文利派（Ulrich Zwingli, 1484–1531，是瑞士的宗教改革家）、再浸禮教派等仍為非法。

5. 凡在1552年以前所充公的天主教產業，新教諸侯可以占有；否者應歸還原主。

　　所以兩派宗教爭鬥多年，而人民仍然沒有所謂的「宗教自由」，僅從以往由帝國指定宗教信仰，而今改以各邦諸侯、領主指定信仰而已。因為這時歐洲尚無「信仰自由」的現代觀念，這還需要等到十八世紀「啟蒙運動」的來臨。

卡爾五世倦勤，宣布退位，離開德國，前往荷蘭。將帝國分成由其子菲立普二世（Philipp II., 1556–1598 年在位）統治的西班牙及由他的弟弟費迪南一世（Ferdinand I., 1556–1564 年在位）統治的奧地利。在他退位後，世界帝國也分成兩種形式：德國的領域國家和西歐的民族國家在歐洲塑造成新的國家體制。因而在 1556 年以後的一個半世紀裡，「西班牙」及「奧地利」的哈布斯堡王朝同時並存，這兩個統治家族既各自獨立，又在王朝的政策上密切合作，兩者皆實行專制統治，對宗教信仰皆不寬容，強迫其臣民改宗他們的信仰，自然引起叛亂。西班牙的菲立普二世的暴政在荷蘭引起革命，荷蘭人經過八十年長期艱苦的戰爭（1568–1648）方才獲得獨立。在他統治下，雖然西班牙的宗教、文學及藝術活動欣欣向榮。但德國的文學家對以其歷史背景所寫作的作品卻給予負面的評價。

　　當時在 1555 年簽訂「奧格斯堡宗教和平條約」時，德國有五分之四的人信仰新教。宗教信仰的爭執還沒有結束。接下來的十多年，天主教會展開「反宗教改革」，大有斬獲，收回許多地區。一些巴伐利亞的大公爵在他們的領域裡徹底實施「反宗教改革」。基於他們的干涉，科隆的大主教區又再改宗天主教。這對在德國的南部和萊茵蘭（Rheinland）的舊教信仰起了很大的作用，這些地區今天大部分的人仍然信仰天主教。天主教徒在德國越是繼續逼近，緊張的情勢也越來越升高，宗教的對立尖銳化了，因此形成了宗教黨派，1608 年成立了「新教聯盟」，「天主教同盟」也在 1609 年成立了。在波爾梅地區的一個爭執事件，竟然在歐洲導致為一起政治事件，使德國大部分土地成為荒蕪之地，也幾乎使人口滅絕了。

　　事件的起因為奧地利的費迪南二世（係費迪南一世之孫，1619年起在位）因執迷於宗教信仰，他的統治更爆發了使德國生靈塗炭的三十年宗教戰爭。源由係費迪南是一極虔誠的天主教徒，他於 1618年繼任波爾梅國王，他強迫整個王土的百姓皆改宗天主教，但因波爾梅宗奉新教，所以布拉格（Prag，波爾梅首府）會議認為這是侵犯

新教的宗教信仰自由，拒絕承認費迪南為波爾梅國王。當 1618 年 5月 23 日，國王派人就信仰問題與之協商時，這些憤怒的議員為了表示抗議，將費迪南二世的兩位特使從布拉格堡議會小廳的窗戶丟出去。同時，布拉格於 1619 年會議選舉佛利德利希五世（Friedrich V., 1596–1632）兼任波爾梅國王，這使「新教聯盟」捲進了保護波爾梅議會的戰爭。1619 年，費迪南二世被選為神聖羅馬帝國的皇帝，「天主教同盟」則支持費迪南二世。這樣一個原本只是地方性的種族及宗教問題，卻很快擴大到帝國全境。

三十年宗教戰爭的爆發始於新教的波爾梅民族主義反對天主教的哈布斯堡家族的統治。此時歐洲的國家也分成兩派，比如信仰新教的丹麥、英國、荷蘭、瑞典對抗贊助哈布斯堡的法國、西班牙。從 1618 年開打，到 1648 結束，幾乎全歐洲的國家皆參戰了，而主戰場幾乎全在德國的土地上；這是一場極為殘酷的戰爭，三十年的浩劫結束後，德國的人口從 1,700 萬銳減為 800 萬，德國受此禍害之深，實無法加以形容。德國的統一是遲至十九世紀快接近結束時，其落後原因實與這場戰爭不無關係。

三十年戰爭結束所簽訂的「威斯特斐里亞和約」（Westfälische Friede）中，法國與瑞典是大贏家，獲得了許多德國的土地。荷蘭（Holland）與瑞士（die Schweiz）脫離帝國獲得了獨立。損失最慘重的是德國，政治版圖重新被劃分為 314 個擁有主權的日耳曼獨立邦國。布蘭登堡－普魯士（Brandenburg-Preußen）邦國在這次戰爭中不僅國勢強大，且戰後兼併了東波美爾（Ost Pommern）以及從前天主教的主教們所統治的幾個行省，一躍而與奧地利、薩克森、巴伐利亞和漢諾威（Hannover）等諸強盛邦國占同等重要地位；日後，更於下一個世紀在德國史上扮演一個關鍵性的角色。威斯特斐里亞和約的簽定徹底摧毀神聖羅馬皇帝對日耳曼的野心，和約明文規定德國王公諸侯的獨立權，使這古老帝國的統一性逐漸不具任何意義了。

（三）霍亨佐倫家族和普魯士的興起

三十年戰爭使日耳曼滿目瘡痍，經歷過大變動後，日耳曼各諸侯得以休養生息，重整他們殘破的家園。在眾多德意志專制主義的君主國，有兩個王國脫穎而出，這就是奧地利的哈布斯堡王室和普魯士的霍亨佐倫（Hohenzollern）王室。這兩個國家有時互相合作，有時處於敵對狀況，兩國的戰爭則一直持續到下一個世紀。

自 1417 年以來，霍亨佐倫家族的多位大公爵一直統治著布蘭登堡（Brandenburg），他們將這一塊默默無聞的地方經營成為一個政經中心，特別是成為政府所在地的柏林（Berlin）城。普魯士（Preußen）這塊地方原來並不是日耳曼的一部分，只不過在中古時代由德國的條頓騎士團（Dt. Orden, 1231–1284）移民墾殖後，才加以日耳曼化。1356 年的「金印詔書」明載布蘭登堡的侯爵，佛利德利希·威廉（Friedrich Wilhelm, 1640–1688 年在位）為七位選帝侯之一，因此被稱為「大選侯」。1618 年普魯士變成一個公爵領地，由布蘭登堡的霍亨佐倫親王兼承，此後布蘭登堡和普魯士遂在霍亨佐倫王室之統治下合併，霍亨佐倫因而成為一個強有力的王族。大選侯的兒子佛利德利希一世（Friedrich I., 1702–1713 年在位）踐位後，獲得哈布斯堡皇帝利奧波一世（Leopold I., 1640–1705）的許可，於 1701 年的 1 月 18 日在科尼希堡（Königsburg）加冕為普魯士王，因此霍亨佐倫家族所統治的土地也自此改稱為普魯士國，到後來布蘭登堡這個名字完全停止使用。既然被神聖羅馬帝國承認為普魯士王，這象徵一個新而強的國家在歐洲的崛起。在多位名王的努力經營之下，國勢逐漸強盛，待傳至佛利德利希二世（Friedrich II.），即歷史上著名的佛利德利希大帝（Friedrich der Große, 1740–1786 年在位）時[8]，在他的統治下，普魯士一躍而成為頭等軍事強國。

---

8. 德國歷史上共有三位皇帝由其豐功偉業而冠上大帝的稱號，之前二位是查理曼大帝及奧圖大帝。

佛利德利希大帝畫像

佛利德利希大帝推行開明專制治度，他自稱是國家第一號公僕。即位後刻不容緩地開疆闢土，1740 年奧地利皇帝卡爾六世（Karl VI., 1711–1740 年在位）去世，他的女兒泰雷西亞（Theresia, 1740 至 1780 年在位）在其父生前處心積慮安排下，根據「國本詔書」接續大統，但等她踐位後，法國、波蘭、西班牙等國及一些日耳曼的國家，比如巴伐利亞、薩克森及普魯士皆根據各種理由要求哈布斯堡王族之土地。而佛利德利希大帝竟首先發難，他蓄意謀奪有編織、亞麻工業及煤、鐵礦蘊藏量豐富的斯雷西恩（Schlesien），位於波爾梅東北邊的這塊富庶地方原本屬於哈布斯堡家族的。他以承認泰蕾西亞的繼承權及支持她丈夫的皇帝選舉，換取這塊富饒的土地為條件，泰蕾西亞當然不會答應，於是佛利德利希大帝發動進攻，戰爭從 1740 至 1748 年開打，史稱「奧地利皇位繼承戰爭」。這場戰爭以普魯士獲得斯雷西恩，並承認此時已被選為皇帝的泰蕾西亞的丈夫法蘭茲一世（Franz I., 1708–1765）為神聖羅馬皇帝。佛利德利希大帝在短短的幾年內將常備軍擴充到 20 萬，使普魯士成為歐洲的強國之一。普魯士和奧地利兩強爭雄的格局日趨明顯。

1756 年，佛利德利希大帝決定進攻奧地利的波爾梅時，泰蕾西亞企圖收復斯雷西恩之心非常迫切，這個機會也將英國與法國爭奪北美洲和印度的控制權推向高峰；因此，奧地利與法國和俄國締結同盟，普魯士與英國締結同盟，所以 1756 至 1763 年史上稱為「七

年戰爭」就又在歐洲掀起了。這次的戰役雙方各有勝負，轉捩點為1762 年 5 月 1 日俄國的女沙皇去世，她的繼承者彼得三世（Peter III., 1728–1762）非常仰慕佛利德利希大帝，於是在 5 月 5 日私下和普魯士訂立一個和平條約。彼得三世後來雖被謀殺，但這和約由女沙皇卡塔琳娜二世（Katharina II., 1762–1796 年在位）承認有效；現在英、法兩國也厭戰了，1762 年 11 月兩國結束了海戰及殖民地戰爭，泰蕾西亞獨自一人無法再戰下去，1763 年 2 月 15 日普魯士與奧地利簽定和平條約，奧地利終於放棄斯雷西恩，佛利德利希則支持泰蕾西亞的長子約瑟夫二世（Joseph II., 1765—1790 年在位）選舉皇帝。

　　「七年戰爭」落幕了，普魯士以一己之力戰勝處於優勢的聯盟軍隊，法、俄、奧三國人口的總數要比普魯士大 15 倍，普魯士能獲得令人刮目相看的成績，使它在歐洲的聲望大大地提高。1772 年，佛利德利希大帝又夥同俄國女沙皇卡塔琳娜二世及他的宿敵奧地利的泰蕾西亞，共同瓜分波蘭（Polen）。普魯士兼併了恩蘭和十五世紀為波蘭所征服的西普魯士，佛利德利希大帝將他所瓜分到的這片土地，連同他所征服的斯雷西恩及威廉一世所征服的波爾梅，使普魯士被切斷的國土得以連成完整的一片。自此之後，普魯士一躍而成為強國，與英國、法國、奧地利和俄國並列為歐洲五強。

　　佛利德利希大帝實行軍國主義，他的嚴刑峻法、強化官僚機構，控制全國的行政和財政，取消城市自治權，看似一個大權獨攬的皇帝。但對他的人民之宗教信仰卻採寬容政策。他曾說過：「每個人依據他自己的生活方式應該幸福快樂。」他本人信奉自然神教，但並不干涉人民的信教自由，他歡迎被葡萄牙、西班牙、法國及奧地利驅逐出境的新教徒到普魯士定居。著重推廣教育及科學研究，設置國立的學校及「柏林科學研究院」。灌輸人民服兵役是每個國民應盡的義務。廢除了農奴制度，他在農業方面的貢獻也為人津津樂道。他從西歐引進首蓿，從南美洲引進馬鈴薯的種植，當時的農人不認識馬鈴薯是什麼植物，拒絕種植。佛利德利希大帝先在他的皇家領地及國有土地試種，成功之後，風塵僕僕親至到各地宣導種植馬鈴薯的經濟效益，使馬鈴

薯在德國漸漸成為除了麵包外的另一項主食。為了發展農業，改善農人的經濟，他免除多年的賦稅、提供金錢和物質的接助，甚至減免農人的服役期限。他也鼓勵發展貿易和手工業，徹底實行重農及重商主義的經濟政治。他也允許法官進行獨立審判，這在他所處的年代是件不可思議的事。在佛利德利希大帝逝世時，普魯士的領土增加一倍，人口增加兩倍，同時擁有全歐最勤奮能幹的官僚行政體系和最精銳的軍隊。他是普魯士能強盛，且屹立不搖的奠基者。到了十九世紀中葉以後，終於由普魯士領導德意志人民建立了一個統一的民族國家。

（四）德意志民族神聖羅馬帝國的滅亡

「極權主義」對歐洲的歷史深具意義。那個時候統治者最大的成就是建立一支強大的軍隊，特別是能擁有一個中央控制的「官僚體系」。經由此方式，他們建成了版圖遼闊的國家，而也為近代的國家奠下基礎。然而衡量當時的環境，他們無法建立一個近代化的國家。在他們的保護之下，「市民階級」漸漸地強盛起來；但是當市民階級越來越強大及擁有自信時，他們也對於那種極權制度及體系的缺陷越來越不能忍受，比如不自由、權利的不平等和專制獨裁權力的濫用。緊接著到處湧現了極端的批評極權主義的聲音。

這些批評在中歐沒有什麼影響，然而卻在西方的國家，後來在全世界掀起了巨大的浪潮。由英國哲學家洛克（John Locke, 1632—1704）擬訂的一個新且理想國家的概念襲捲全球，他宣稱：「人生而自由、平等。為保障和平與幸福的穩固，人民和一個國家聯合起來，並且和這個政府訂立一個『條約』。國家既不是由上帝的意願，也不是由一個極權統治者的意願所建立的，卻是只由這些擁有獨立自主的人民建立的。」洛克這種石破驚天、振奮人心的思想成為 1776 年 7 月 4 日的美國獨立宣言[9]和 1789 年 8 月 26 日法國大革命人權宣言的精髓。

---

9. 1776 年的「維吉尼亞民權議案」（Virginia Bill of Rights）最重要的基本句子「所有的權力在人民手上」，成為全世界自由民主國家憲法的榜樣。前西德的「基本法」歸根結底也追溯這個文件中的句子。

當時這種振奮人心的思想使美國和西歐一些大國家漸漸強盛起來，並在國家和社會生活完全地獲得進步時，相反的，在德國這塊土地上卻還是充斥著各自為政的諸侯小國，計有 314 個大小獨立邦國、1,475 個獨立騎士領地和一大批各自為政的帝國自由城市[10]，被譏笑宛如一塊補了又補的百納被。在這塊土地上的政治氣候仍然一成不變。皇帝與教皇的鬥爭還是一直存在著，皇帝向諸小邦的貴族求助，卻被予取予求。德國人仍然迷戀於「德意志民族神聖羅馬帝國」的稱號，只知固守傳統，猶如「井底之蛙」，雖然啟蒙主義的思想在歐洲傳開來了，他們的康德（Kant）也提出：「要有勇氣運用你自己的理智」，似乎也起不了什麼作用。但在十八世紀啟蒙運動風起雲湧之時，卻是德國文化史上最光輝燦爛的時期，它奠定了德意志民族文學的基礎，使德意志的文學、音樂、詩歌及哲學成為世界文明不朽的財產及紀念碑。

德國有第一流的啟蒙者。文學領域有雷辛（Gotthold Ephraim Lessing, 1729–1781），他提倡「市民文學」，在「市民悲劇」之前，悲劇的主人翁只能是王公貴族，而平民只能當配角或小丑，雷辛認為人無分貴賤，一律平等，他的宗教劇《智者那旦》（Nathan der Weise）更呼籲沒有所謂的好或壞的宗教，只要能發揮真正的人性愛即是好宗教，且一律平等。像雷辛一樣，赫爾德（Johann Gottfried Herder, 1744–1803）嘗試從藝術、文學和音樂去瞭解各民族的靈魂，和赫爾德一樣，歌德（Johann Wolfgang von Goethe, 1749–1832）也激情頌揚自由和自然。歌德的畢生傑作《浮士德》（Faust）寫出德國人孜孜不倦地追求知識、真理及創造一個完美的大同世界。席勒（Friedrich Schiller, 1759–1805）嚮往四海之內皆兄弟的大同世界理想，他寫於 1804 年的劇本《威廉‧泰爾》（Wilhelm Tell），乍看之下，

---

10. 在中世紀晚期（約 1450–1550 年）一些城市如奧格斯堡（Augsburg）、紐倫堡（Nürnberg）、烏姆（Ulm）、美因茲（Mainz）、科隆、呂北克（Lübeck）、漢堡（Hamburg）、基爾（Kiel）和不來梅（Bremen）等由於經商致富，這些城市富可敵國，在帝國內獲得許可，政治獨立，自己管理自己的城市，有時皇帝還得向他們借錢，方能充備財力，向敵方宣戰。

以為泰爾是主角，其實劇中真正的主角是人民，是追求獨立、自由和統一的人民。席勒一直不遺餘力在他的劇作中表白他要求祖國（即德意志）統一的願望。

德國的音樂家有古典音樂之父海頓（Joseph Haydn, 1732–1809，奧地利籍）德國的國歌《德國人之歌》由德國詩人馮・法勒斯雷本（A. H. Hoffmann von Fallersleben, 1798–1874）寫詞，海頓譜曲，他採用其作品《皇帝四重奏》七十七號中第二樂章，十分華麗動人。本曲意境簡潔明快、幽雅精鍊、節奏流暢愉快。聆賞或演唱時，愛國的民族主義感猶然而生。音樂神童莫扎特（Wolfgang Amadeus Mozart, 1756–1791，奧 地 利 籍）、樂 聖 貝 多 芬（Ludwig van Beethoven, 1770–1827）他以詩人席勒作於 1786 年的詩作《歡樂頌》（*An die Freude*）內容裡，席勒發自肺腑的歌頌友情、善良、寬容與和平；呼籲四海之內皆兄弟，人類應該相親相愛，團結一致，使生活充滿歡樂的旨意，作為他的《第九號交響樂》第四樂章的合唱部分，譜成曲。全章壯麗宏偉，至情至聖，令人動容。在這首交響樂裡，席勒的詞表現在政治上人生的偉大思想之藍圖。而貝多芬的樂意則指出，藝術從人生中體驗，進而指示人生的價值、生活的真意和止於至善。將這種崇高的理想藉由音符展現，格調之高，無出其右者，貝多芬被稱為「樂聖」，的確是名至實歸。至今，每當有意義的節日慶典（比如奧林匹克運動大會），隨著貝多芬的第九交響曲之演奏，《歡樂頌》響徹人間，不分國界，感動了無數人心。歌曲大王舒伯特（Franz Schubert, 1797–1828）所譜的曲膾炙人口，連台灣的中小學音樂教材裡皆收錄不少舒伯特譜的名曲。

德國也不乏優秀、執世界牛耳地位的哲學家，繼康德之後，有費希特（Johann Gottlieb Fichte, 1762–1814）、斯萊爾馬赫（Friedrich Daniel Ernst Schleiermacher, 1768–1834）、黑 格 爾（Friedrich Hegel, 1770–1831）、叔本華（Arthur Schopenhauer, 1788–1860）、佛爾巴赫（Ludwig Feuerbach, 1804–1872）、馬克斯（Karl Marx, 1818–1883）、恩 格 斯（Friedrich Engels, 1820–1895）及尼采（Friedrich Nietzsche,

1844–1900）等。然而這些啟蒙者的理論與學說其影響未能普及也無法持久，因為宗教的信仰在人民心中根深蒂固。在信仰路德教義的地區皆鼓勵人民對各層權威消極順從。這使得啟蒙思想中的「國家和人民訂立契約」及「人民有統治國家」的思想受到懷疑。另一方面，十八世紀末的法國民族主義大為興盛，澆熄了德國知識分子提倡的自然、自由、人性論和世界主義的思想[11]。導致了德意志民族主義的興起，「民族感」的認同猶然而生。加上當時浪漫主義的詩人發現了感覺、幻想及暗夜的世界、中古世紀的文化和德意志民族的藝術和文學；他們漫遊祖國各地方，發現原來祖國的山川雄壯秀麗，緬懷曾極盛一時的中世紀，「民族感」猶然而生，於是反映德國人的民族性的詩歌及小說作品紛紛問世。由馮・阿爾尼姆（Achim von Arnim, 1781–1831）及布倫塔諾（Clemens Brentano, 1778–1842）共同搜集編寫的民歌集《兒童的神奇號角》（*Des Knaben Wunderhorn*）共陸續出版了三冊[12]。這些精心匯編的民歌及民謠清新活潑，散發著濃郁的生活氣息，它們廣泛地流傳於德國民間，歷久傳誦不衰。格林兄弟（兄：Jacob Grimm, 1785–1863；弟：Wilhelm Grimm, 1786–1859）的《格林童話》更是膾炙人口，風靡全世界。兩兄弟整理及編纂的《德語語法》和《德語語言史》為德語語言學奠定了紮實的基礎。

有了逐漸萌芽的民族意識，德國人是否覺醒了？德國是否馬上就可以統一成為一個民族國家？衡量當時的局勢，尚未成氣候，因為普魯士及奧地利都不是法國的對手。1793 年至 1797 年開始歐洲第一次反法大同盟。英國首先發難，然後普魯士和奧地利也結成普、奧反法同盟，稍後幾乎是歐洲的國家、日耳曼各邦和俄國也相繼加入。同盟國由於人多勢眾，開戰之初取得多次勝利，奧地利和普魯士奪回美因茲和萊茵河左岸地區。時值新建立的雅寇賓派（Jakobiner）專政，當

---

11. 按歌德曾創造了（Weltliteratur）（世界文學）這個詞彙。
12. 歌德得壽甚長，他晚年正處於浪漫主義時期，對浪漫派作家的作品一向不大認同，甚少評論。但當他於閱畢獻給他的這本民歌集後，給予正面的評價，他說：「《兒童的神奇號角》有它的一席之地，每一棟住著健康的人們的屋子裡，都應該擺著這本書。」

國民大會號召「全民皆兵」時，戰局扭轉，法國轉敗為勝，不但收復了先前的失地，1794 年，打敗奧軍，重新奪回比利時（Belgien），接著又占領日耳曼的科隆等邦。1795 年，普魯士境內的波蘭人發生暴動，為了將軍隊東調平亂，單獨與法國達成停戰協議，於是退出同盟國，簽訂和約，承認法國擁有萊茵河左岸，這次戰爭使法國在歐洲的霸業更向前邁進一步，法國與普魯士兩國世仇日深。

1800 年左右並不只是眾多政治革命和精神變革的時代。在另一個領域也處於歷史的轉折點，那時有一種全新的勢力進入人們的生活領域裡，這即是近代的技術和近代的工業。約中古世紀晚期時，在很多富裕的商業城市，比如義大利的佛羅倫斯、米蘭、威尼斯；德國的奧格斯堡、紐倫堡；比利時的布魯塞爾；英國的倫敦和法國的巴黎有許多私人或家庭式手工業擴充成為手工製造業，也即成為小工廠。人口成長的越快，貨物和能源的需求也越迫切。

十八世紀時的英國人口壓力特別大。尋找新的生產方式導致創新及發明，改變了地球的面貌，這即是織布機，特別是蒸汽機。所以現在才有可能從非常深的地底下獲得煤礦和鐵礦，這即是工業革命的基礎，英國首先扮演這個領導的角色。雖然比英國稍微晚一點，但中歐的工業卻迅速地發展起來。在本世紀的中葉形成兩個工業支線，沒有它們的話，近代的生活實在無法想像，這即是電氣技術和化學工業。在這兩個領域內，德國都居於領導地位。1866 年，西門子（Werner von Siemens, 1816–1892）成功地製作一具動力機器。西門子是強電工程的創始者之一。1886 年，物理學家赫茲（Heinrich Hertz, 1857–1894）發現了電磁波，它為收音機和稍後的電視提供了其問世的先決條件，也為近代的傳播技術奠下一個基礎。而其姓氏 Hertz（赫茲）即物理的頻率單位，縮寫：Hz。萊斯（Johann Philipp Reis, 1834–1874）製造第一架傳聲機器（即電話）並於 1861 年 10 月 26 日在美因河畔的法蘭克福公開展示。

在化學領域作出貢獻的有李比希（Justus Liebig, 1803–1873），

他為農業製作出含礦物的肥料，增加了糧食的產量，才能夠養活迅速增加的人口。汽油製造的化學基礎原理得感謝凱庫勒（August Kékulé, 1829–1896）。霍夫曼（August Wilhelm Hofmann, 1818–1892）以苯胺染料和它的衍生物奠定人造顏料的基礎，拜耳（Friedrich Bayer, 1825–1880）於 1863 年所創立的化學工廠是德國化學工業最具代表的企業，霍夫曼和拜耳是德國化學工業界的先鋒，直到 1914 年全世界所需要的顏料有超過 80% 皆是由德國提供的。

　　1876 年德國的工程師奧圖（Nikolaus August Otto, 1832–1891）成功地製造出四衝程發動機（一稱強制點火式發動機）。十年之後，在曼漢（Mannheim）的班次 [13]（Carl Benz, 1844–1929）和在斯圖加特的戴姆勒（Gottlieb Daimler, 1834–1900）製造出第一批的汽車。狄塞爾（Rudolf Diesel, 1858–1913）於 1892 年在奧格斯堡製造出第一架柴油發動機。在這之前有一位企業家克魯伯（Alfred Krupp, 1812–1887）在魯爾區創立了一家全世界最大的鋼鐵工廠。從十九世紀的 50 年代以來，即投入軍備生產，在兩次世界大戰中，克魯伯接受軍備製造的訂單高居德國第一名 [14]。德國的設計師毛瑟兄弟，保羅（Paul Mauser, 1838–1914）與兄威廉（Wilhelm Mauser, 1834–1882）一起製造了不同的武器、手槍和左輪手槍。他倆繼承了父親的製槍業，於 1867 年將工廠遷到比利時，兩年後，製造出毛瑟槍，並於 1871 年賣給普魯士的陸軍使用。1872 年兩人返回德國，在內卡河的歐伯倫村（Oberndorf am Neckar）創立了武器工廠。多虧這些發明家和企業家，特別是拜魯爾區和在斯雷西恩豐富的煤礦之賜，自從二十世紀中期以來，使得德國的金屬和機器工業成長茁壯。另外，一些德國的公司，比如西門子（Siemes）、通用電氣公司（Allgemeine Elektrizitätsgesellschaft，簡稱 AEG），還有其子公司「電訊公司」（Telefunken）和「銥鎢絲」（Osram）及「巴登苯胺和蘇打工廠」

---

13. Benz 汽車，台灣譯成賓士或奔馳，它與另一款車名 BMW，合稱雙 B。
14. 中、日甲午戰爭時，清廷曾向克魯伯訂購戰艦及大砲。

（Badische Anilin- und Sodafabrik，簡稱 BASF）、拜耳公司和赫司特（Hoecht）公司直到今天仍深具意義。

蔡司（Carl Zeiss, 1816–1888）和萊茨（Ernst Leitz,1843–1920）製造的光學儀器奠定德國光學的聲望。要是沒有這些儀器，特別是沒有近代化學的話，幾乎無法想像近代的醫學會是什麼樣子。拜耳和赫司特公司成為世界著名的製藥工廠。德國的物理學家龍特金（Wilhelm Conrad Röntgen, 1845–1923）在 1895 年時，於試驗稀薄的氣體經由電子的通道產生光線時，偶然發現了一種透視線。由於這種新射線沒有名字，所以龍特根用代表未知的人、物或數量的 X 符號命名，所以也稱為 X 射線，它在醫療知識的領域裡是最大的發現之一。龍特金是 1901 年第一個獲得諾貝爾物理獎的科學家。在醫學領域裡尚有其他突破性的發現，比如曼德爾（Gregor Mendel, 1822–1844）研究遺傳學，探討植物混合種的規律性，成為實驗遺傳學的基礎。柯赫（Robert Koch, 1843–1910）是德國的細菌學家，1882 年發現肺結核細菌，1883 年發現霍亂形成之因。威秀（Rudolf Virchow, 1821–1902）是德國醫生及政治家，研究病理解剖學、腫瘤及發炎學。近代醫學的成就直接導致十九及二十世紀的世界人口爆炸。

工業和技術深深地改變了德國的面貌。在斯雷西恩、薩克森的工業區、特別是交通便捷的魯爾區、柏林和商業港漢堡形成了大工業中心，這些地區直到今天仍然主宰著中歐的經濟。德國從一個農業國家轉變成工業國家，變成一個人口迅速成長和勢力迅速膨脹的國家，接著社會問題也層出不窮。

當時歐洲的政治界出現了一位曾不可一世、叱吒風雲的人物，他讓一盤散沙的日耳曼人慢慢地激起了民族意識與認同感，此人即是雄才大略的拿破崙（Napoléon, Bonaparte, 1769–1821），他於 1799 年登上法國第一執政官寶座。法國在結束第一次的反法戰爭時，本與鄰國化干戈為玉帛，不過督政府卻採取了一連串擴張措施，讓其他鄰國深感不安。於是英國、奧地利和俄國第二次組成反法同盟。

1800 年 6 月，拿破崙擊敗奧軍，12 月又在南德境內巴伐利亞邦大敗奧軍，奧地利皇帝法蘭茲二世被迫求和，奧地利退出萊茵河左岸。

　　拿破崙為了鞏固和擴大法蘭西勢力，完全按照傳統反對哈布斯堡王朝（奧地利）的政策。普魯士由於領土擴大了，國力也逐漸強盛，已成為繼奧地利之後，第二個德意志大國。在講德意志語的地方尚有眾多獨立的、具有生存和結盟能力的中等國家，還有一些或親奧地利或親普魯士的小帝國。拿破崙不願意這些中等國家或小帝國與兩個德意志大國中之一結盟。於是他對奧地利、普魯士及其他德意志諸邦國版圖有目的、有意識地進行重新劃分，其方法是廢黜了若干小公侯與小國王，使諸侯國數目減少。1803 年規定大部分教會諸侯領地還俗，45 個帝國直轄城市及 1,500 個帝國騎士失去直屬於帝國的地位，被置於（合併於）一些邦君之下。經過整頓合併後，北方出現了漢堡、不來梅、呂北克等漢薩貿易同盟城市獲得獨立。獲得獨立的帝國城市還有紐倫堡、奧格斯堡和美因河畔的法蘭克福 [15]。在南方則出現了如巴登（Baden）、烏騰貝（Württemberg）和巴伐利亞這樣實力雄厚的中等大國。

　　正當普魯士自 1795 年以來，即盡量避免與法國引起軍事衝突時，奧地利反成為第三次反法同盟（1805 年）的主軸，奧地利與英國及俄國聯盟，聯盟軍仍然不是法國的對手，1805 年法國軍隊占領維也納。雖然法國的艦隊在特拉法加角（Trafalgar）敗給英國海軍名將聶爾遜（Horatio Viscount Nelson, 1758－1805），但它卻在捷克的奧斯特里茨（Austerlitz）大敗奧、俄聯軍，強迫奧地利簽訂普雷斯堡（Preβburg）和約，奧地利放棄它在南德和義大利的地區，提洛爾（Tirol）和佛阿爾堡（Vorarlberg）割讓給巴伐利亞，其餘的北奧地利地區則讓給巴伐利亞、巴登和烏騰堡。因為這三個德意志中型邦國在此次的反法同盟戰爭中，站在法國這邊，所以拿破崙給予獎賞。

---

15. 在德國東部另外也有一個名為法蘭克福的城市，不過它是濱臨奧德河（Oder）。

拿破崙嘗試癱瘓英國的經濟，實施「大陸封鎖政策」，為了這個目標，他必須占領北海和波羅的海（Ostsee）沿岸的港口，而普魯士剛好擋住他的去路，霸氣十足的拿破崙在 1806 年 7 月 12 日索性把西部和南部的十六個中、小型德意志邦合併，組成「萊茵同盟」（Rheinbund），他們和拿破崙簽訂了「萊茵同盟條款」，申明退出德意志帝國，奉法國皇帝為其保護主。1806 年 8 月 1 日，萊茵同盟國家宣布退出神聖羅馬帝國，8 月 6 日法蘭茲二世（Joseph Karl, Franz II., 1768–1835）在拿破崙的命令下摘下皇冠，只在他的一些世襲邦國領地上改稱奧地利國王；至此，傳承九百年的「德意志民族神聖羅馬帝國」壽終正寢。

四、拿破崙與德意志的革命戰爭及解放戰爭

拿破崙稱霸歐洲，強制干預歐洲的政局，這一切皆是為了法國的利益。而法國大革命的思想經拿破崙傳播於歐洲各國的，其中也包括民族主義。德意志民族意識的萌芽與興起雖然較遲，但一遇上外族侵入，為自由獨立而喋血沙場的民族精神則被喚醒，日耳曼後來能夠團結起來成為民族國家，拿破崙功不可沒；幾場與拿破崙的戰役，慢慢地激勵出德國人的民族精神與意識，嚮往有一個自由、獨立的國家。

奧地利和普魯士敗在拿破崙手下的這一事實，大大地激勵了德國的革新思潮和改革運動。革新派最重要的代表人物有政治改革家史坦恩男爵（Freiherr vom Stein, 1757–1831）和哈登貝格侯爵（Fürst von Hardenberg, 1750–1822）、軍事改革家薛恩霍斯特（Gehard Johann David Scharnhorst, 1755–1813）和軍事家葛奈琛瑙（August Wilhelm Anton Gneisenau, 1760–1831），還有教育改革家威廉・馮・洪堡德（Wilhelm von Humboldt, 1767–1835）。他們都不是土生土長的普魯士人，因而不會眼光狹隘閉塞，能更明智地著眼於全德意志人民的利益。他們共同的出發點是德國，而不是局限於那一個邦國，他們共

同的願望是德意志能夠自主、獨立與統一。

行政方面頒發了一系列促使公民參與國家活動的條令，1807 年，農民獲得人身和遷徙的自由，貴族亦獲准可以從事市民職業。史坦恩是一位優秀的政治家，1808 年，他改革城市管理，城市有自治權，並革新政府機構。拿破崙見史坦恩大刀闊斧地改革，做得徹徹底底，他竟逼迫威廉三世（Friedrich Wilhelm III., 1797–1840 年在位）將史坦恩解職，迫使他逃亡，成為俄國沙皇亞歷山大一世（Alexander I., 1777–1825）的顧問，居間促成 1813 年的普、俄聯盟。繼史坦恩之後推行改革的是他的同仁哈登貝格，在這段期間，猶太人獲得解放，他們享有充分的公民權，並有權經商。改革使社會大大地獲得生機，人民深感精神和物質生活都提升了不少。

薛恩霍斯特和葛奈琛瑙兩位將軍著手實行軍事改革，首先廢除只准任用貴族為軍官的制度，軍官任用不再是看出身，而是根據他所受的教育和作出的貢獻。廢除嚴厲的軍法，改以較輕的處罰。實行普通兵役制度，徵召每個普魯士人入伍服役。除了正規軍的編制，還有後備軍。1813/14 年實行一般的兵役制度，這個法令達成了「全民皆兵」的理想。

教育改革值得大書特書一番，我們皆知教育是立國的根本，這個道理普魯士早在一百五十多年前便已經證實了。洪堡德是名哲學家、語言學家和政治家。他的教育思想師承瑞士教育之父培斯塔洛齊（J. H.

Pestalozzi, 1746–1827），本著自然和天性來啟發每個人的天賦和力量，這個理念從小學教育就已開始落實。1809/10 年擔任文化和教育部長，者于改革晉魯士的教育制度。在他的領導下，教育事業國有化，由國家統籌辦理，實行一般的義務教育並進行改革課程。他於 1810 年設立柏林大學，成為當時在普魯士自由運動的一個精神堡壘，為紀念其功績，大學以他的名字命名。洪堡德在德意志教育史上是第一個提倡學術研究自由和教學自由的人，他認為這是興辦教育不可少的先決條件。

十九世紀之初，拿破崙在歐洲各地戰果輝煌，建立歐洲霸權的野心進展得一帆風順；軍事上所向無敵，文化上強迫德國人法語化，政治上實行高壓政策，奧地利和普魯士暫時還在其控制之下。1812/1823 年優柔寡斷的威廉三世聽從他的顧問（特別是史坦恩男爵）、將軍、元帥們的勸導，於 1813 年 3 月 17 日發表「致我的子民」（An mein Volk），呼籲普魯士人武裝起來抵禦法國的侵略，並與俄國亞歷山大結盟。告人民書中寫道，你們要勇於為你們的祖國，為你們的聖上犧牲，要麼實現體面的和平，要麼光榮捐軀。1813 年 2 月時，普魯士的將軍魯徹夫男爵（Freiherr von Lützow, 1782–1834）在普國駐軍總部布雷斯勞（Breslau）組成「魯徹夫志願軍」，又稱「黑衫軍」，率先行動，於是來自各個邦國的志願軍源源不斷奔向布雷斯勞。許多大學生及浪漫派詩人，如艾辛多夫（J. Freiherr von Eichendorff, 1788–1857）、劇作家克納（T. Körner, 1791–1813）及體操之父楊（F. L. Jahn, 1778–1852）等知名人士皆加入，後來組成一支擁有 3 千人的義勇軍，於 1813 年 6 月 17 日在萊比錫（Leipzig）對抗拿破崙的解放戰爭，雖然大部分被殲滅，但此戰役因魯徹夫男爵的號召愛國志士的參與而深具意義。以二十二歲之齡戰死沙場的詩人克納，他飲彈斃命後，人們在他懷中發現一本日記本，裡面有一首詩寫道：「德意志站起來了，普魯士的雄鷹勇敢地振翅奮飛，我的詩為祖國低聲吟唱」。表明了他為祖國而戰的決心。這日記本和這首詩都被鮮血染紅，後來這日記本被當作烈士珍貴的文物保存起來。此次戰役，德軍的制服即是黑色的外套，肩上飾以紅色的流蘇，配上金黃色的鈕扣；後來這三

種顏色以黑、紅、金黃三色條紋圖案呈現，即成為一面旗幟。

　　上述這場戰爭拿破崙損失不大。他隨即派遣大軍開進德國，並且強迫普、俄聯軍退兵至斯雷西恩。1813 年 8 月奧地利也宣布對法國作戰，然而 8 月底時，普、奧、俄聯軍在德勒斯登（Dresden）被拿破崙打敗。9 月斯雷西恩的布律雪將軍（G. L. Blücher, 1742–1819）發動猛烈的攻擊。10 月並與奧地利統帥施瓦成柏格（K. P. Schwarzenberg, 1771–1820）在瓦滕堡（Wartenberg）會師，準備發動一場決定性的戰爭。巴代利亞率先加入聯盟，形成骨牌效應，其他國家也紛紛加入，導致「萊茵同盟」解體。此時到處爆發人民起義，來自各德意志邦國志願從軍的人，源源不絕地奔向普王駐蹕的布雷斯勞，在那裡集中待命出發，準備與拿破崙決一死戰，希望解放德意志。

　　1813 年 10 月 16 日到 19 日發生在萊比錫的「民族之役」，有 20 萬 5 千名盟軍對抗 19 萬的法國軍隊。在這場戰爭中，德意志民族意識被喚醒，遂如發酵般地擴散到全國，凝聚起向心力，這一役戰勝並生擒拿破崙和薩克森王國的佛利德利希・奧古斯特一世（Friedrich August I. von Sachsen），與法國結盟的德國諸侯紛紛脫離拿破崙，擺脫了他的控制，德意志民族意識於此役受到了淬煉。1814 年，盟軍攻入法國，3 月占領了巴黎，拿破崙宣布退位，並被放逐到厄爾巴島（Elba）。

　　1814 至 1815 年由奧國首相梅特涅（Klemens Metternich, 1773–1859）發起，歐洲五強：沙皇俄國、普魯士、奧地利、英國與法國封建王朝的代表召開維也納會議（Wiener Kongreβ），目的是復辟及恢復一切舊秩序。他們盡力根絕法國的革命思想，拿破崙曾撕毀舊地圖，製造新地圖，廢除了很多國王與王公貴族，重行劃分他們的土地，賦予新的名稱與新的政府，這一切都在維也納會議改頭換面了。自 1789 年以來，歐洲專制君主乃至於開明君主都遭遇到可怕的打擊，拿破崙失敗之後，這些國王們又重新抬頭了。他們重行復位，並又得到原來的土地。

列強們並不希望在歐洲建立一個強大到令人敬畏的帝國，早在反對拿破崙的解放戰爭中就取得了一致意見，同意在戰後保持歐洲的均勢。幾個大國訂立條約保證之，並且分贓了戰利品：沙皇俄國得到華沙大公國（今波蘭）的大部分土地，法國占有德語區的亞爾薩斯（Elsaβ），普魯士獲得北薩克森、萊茵蘭（Rheinland）、威斯特法倫、部分瑞典的佛波梅爾（Vorpommern），奧地利收復了西南部，比如佛阿爾柏格、梯洛爾、莎茨堡（Salzburg）、及義大利北部（Oberitalien）確保其勢力範圍，放棄布萊斯高（Breisgau）和奧地利管轄的荷蘭（英國要求荷蘭成立共和國），瑞士則獲得瓦利斯（Wallis）、諾英堡（Neuenburg）和日內瓦（Genf）三個洲並宣誓永遠保持中立。丹麥取得了兩個德意志小公國──什列斯威（Schleswig）和霍爾斯坦（Holstein）。

拿破崙所代表並散布的思想──「自由」做得比較少，反而是「團結」，他在德意志做了不少團結小國的工作，廢黜了諾干個小國王及小公侯。而維也納會議所重視的是國王，不是人民，因此毫不關心自然的與民族的團結。有一部分德意志的王公諸侯被議會忽視了，始終未能復辟，因此德意志在這一次的分割重新分配，反不如拿破崙所做的。從前德意志的小王國、親王領地以及公侯國，一共有幾百個，而維也納會議則合併為 36 個，並且將他們組織成一個叫「德意志邦聯」（Der Deutsche Bund）的機構。根據條例規定，各邦國和自由城市都保持獨立自主，擁有自己的邦政府、邦議會和軍隊；在法蘭克福設立一個「邦聯議會」，由各邦國和自由城市派代表參加。但「邦聯會議」通過的決議，卻對各邦國和自由城市沒有約束力，因為各邦聯是一個極鬆弛的組織。雖然「德意志邦聯」是各邦國和自由城市的鬆散結合體，但是卻勝於毫無聯繫，雖然還不是統一的德意志國家，但卻已逐漸喚醒了「民族」的歸屬感，是後來趨向於團結的一個重要步驟，為日後德意志的統　鋪路。

五、德意志邦聯與革命浪潮之下的局勢

維也納會議之後，政治版圖重組，浪漫派人士大聲疾呼自己優良的民族精神與傳統，普魯士勵精圖治，大刀闊斧地改革，要求人民愛國救國，「民族意識」呼之欲出。但並不是全境內的德國人都有這種思想。在拿破崙帶來動亂後，有些人只渴望享有寧靜與秩序的生活，人們對於家庭生活、農業經濟、手工業、鄉村及城鎮的再建感到興趣。這種傾向於一種小圈圈固定的生活方式之感覺遂被稱為「畢德麥爾」（Biedermeier）[16]。另一方面，有一些年輕的知識分子不願意放棄理想，他們於 1815 年組成「學生社團」（Burschenschaft），這是由德國大學生自己建立的統一、自由運動的組織，他們的口號是：榮譽、自由和祖國。1817 年在瓦特堡（Wartburg，即路德靜居譯聖經之地）集合，要求民主，並特別將一些德意志邦聯的文書檔案焚毀，聲勢相當浩大。奧地利和普魯士這兩個德國政府怕引起革命的動亂，於 1819 年在卡爾斯巴德決議（Karlsbader Beschlüsse）裡，明定限制大學及一些有影響力的新聞媒體自由，又將一些激進的改革派官員免職。

1830 年 7 月巴黎發生暴動，旋即傳遍歐洲各處，起因於查理十世（Charles X., 1824–1830 年在位）的高壓統治。巴黎的七月革命傳到了德國，一些知識分子興高采烈，然而一般民眾卻少有反應。1832 年 5 月 27 至 30 日，由兩位出版家，同時也是激進自由主義者維爾特（J. G. A. Wirth, 1798–1848）和西本普法費爾（P. J. Siebenpfeiffer, 1785–1849）號召民眾來漢巴哈皇宮（Schloss Hambach）參與示威遊行。一共有三萬革命同情者與會。和十五年前只有教授和大學生參加的瓦特堡大會不一樣，此次有不少市民、工人和手工製造業者與會。在黑—紅—金黃三色旗下高呼口號，要求全德意志人民組成一個自由及統一的共和國。德意志邦聯卻給以更反動的政治壓迫及逮捕作為回

---

16. Biedermeier 有兩個解釋：一為貶意的市儈，庸人之意；二為在藝術方面的「畢德麥爾」派（係 1814-1848 年德國的一種文藝流派）表達資產階級脫離政治、自得其樂的庸俗生活。

應，並於 1832 年 6 月 28 日由邦聯制定反對自由運動的「六條款」
（Sechs Artikel）。

1848 年從法國又傳來二月革命，奧地利的梅特涅對人民所要求
的行政和經濟改革、取消書報檢查、放寬警察監督和召開等級會議等
呼籲，全不以理會，1848 年 3 月，在維也納一些大學生和工人舉行
示威活動，並要求梅特涅下台，示威演變成街壘戰，奧皇費迪南一世
（Ferdinand I., 1835–1848 年在位）被迫屈服，允諾制定憲法，梅特
涅逃亡英國。與此同時，由奧地利統治的義大利舉行起義，匈牙利及
捷克討論脫離奧地利，克羅埃西亞人致力於建國，多民族組成的奧地
利王朝面臨分崩離析的困境。

當法國的二月革命引發奧地利的三月革命後，奧地利政府強制鎮
壓維也納革命的消息傳至普魯士時，紙包不住火，在德國也引發一場
革命，德國歷史則稱為「三月革命」。柏林街上出現示威隊伍，並在
街頭上抗爭與鎮壓的軍隊格鬥。當時的國王是威廉三世的兒子佛利德
利希 • 威廉四世（Friedrich Wilhelm IV, 1840–1858 年在位），他登
基後，採取了一系列自由措施，比如釋放政治犯及放鬆書報檢查，並
平反在其父執政時，遭受迫害的愛國學者，如體操之父楊（Jahn）及
詩人兼出版家阿恩特（E. M. Arndt, 1769–1860）等，重新聘任「哥廷
根七君子」[17]事件中的幾位教授等，他的開明施政及實行一系列自由
主義的改革，讓有識之士對他寄以厚望，可惜他始終不願意頒布一部
憲法。希望由他來領導統一的人都大失所望，因為威廉四世仍沈湎在
中古世紀封建王朝中的君主制度，意圖恢復舊制的德意志帝國。

1848 年的 3 月 18 日，威廉四世因為懼怕柏林也會發生類似維也
納的示威事件，於是他頒布允諾出版自由、組織民兵、撤走軍隊和
制定憲法，並同意實行代議制以進行邦聯改革的詔令。在同一天，
人民群聚在柏林王宮前要向國王致謝。儘管國王已答應撤出柏林的

---

17. 7 名在哥廷根（Göttingen）大學任教的教授，這其中包括撰寫《格林童話》的兩兄弟，因
聯名上書抗議漢諾威國王廢棄憲法，結果遭受驅逐離境的命運。

部隊，但軍隊仍停留在王宮院內，因而激怒了群眾，於是從興高采烈的情緒轉而成憤怒的情緒，再變成敵視行為。威廉四世見到王宮衛隊受到各種威嚇而深感不安，於是下令驅散宮廷廣場上的人群。此時突然飛出幾顆子彈，顯然是擦槍走火；但在群眾中卻引起極大的憤慨與恐懼，接著發生流血的街壘巷戰，總計有 254 人喪命及無數的輕重傷者。

3 月 19 日凌晨，威廉四世發布《致親愛的柏林市民們》，聲明撤走軍隊，掃除街壘。起義者逼迫國王向流血事件中犧牲的人致敬。國王照做了，並宣布在普魯士召開一場制憲國民議會，允諾擔任統一德意志之重任。威廉四世接受大有來歷的三色旗，故他收下這面旗幟，意味著普魯士從此為德意志而戰。

1848 年 5 月 18 日在美因河畔法蘭克福市的聖保羅教堂（St. Paulskirche）召開「國民會議」（Nationalversammlung）。這個會議並沒有正式的政黨參加，法律認可的會員有 649 位，就中有 585 位是各邦的國會議員。他們大多數受過高等教育，有不少是受過法律教育的，如法官、律師及檢察官；有高級公務員、大學教授、作家、詩人、出版家、土地經營者的代表、商人及中等官吏。只有 4 位國會議員的出身是手工業者，沒有一個工人參加，幾乎所有聲望高超的德國科學家、詩人及作家等人士皆參加了這第一次的全德議會，為的是試圖通過立法程序，替整個德國制定一部憲法，建立一個君主立憲制國家。由於這次的會議幾乎囊括了全德國的菁英分子，因此有人戲稱為「教授國會」或「紳士國會」。

他們為了制定一部帝國憲法進行了冗長的辯論，但是會議中討論最為激烈的問題是德國統一的方式。究竟要採取包括奧地利在內的「大德意志方案」（Die Großdeutschen），或排除奧地利的「小德意志方案」（Die Kleindeutschen）。1849 年 3 月 27 日，國民議會以 267 票對 263 票通過了「小德意志方案」。關鍵癥結在於大多數德意志民族主義分子認為普魯士人民幾乎全都是德意志人，而奧地利人民卻大

多數不是德意志人 [18]。

　　國民會議於 1849 年 3 月 8 日通過了一部《帝國憲法》。《憲法》規定建立一個統一的德意志帝國，將全德意志的法律、貨幣、關稅、度量衡和貿易統一起來；各邦國在帝國內享有廣泛的自治權，但軍事和外交必須由帝國政府掌管。《憲法》還規定取消封建等級制度和農奴制，保證公民的人身、信仰、結社、言論和新聞自由。1849 年 3 月 28 日以 290 票選舉普魯士的威廉四世為德意志皇帝。當議員將國民會議豐碩的成果呈獻給威廉四世，並恭請他登上皇帝寶座時，普王威廉四世卻出乎意料地一反常態，不承認議會的一切決定，拒絕擔任皇帝。因為他認為他的皇冠要由各邦的王公諸侯敦請他，並要上帝的恩寵祝福；他欲恢復德意志民族神聖羅馬帝國的帝位，不要戴一頂由平民百姓經由血腥革命的手送給他的，且帶有腐屍臭氣的皇冠，其實他更害怕被排斥在外的奧地利之報復，因為當時奧地利的版圖、勢力範圍相當龐大，遠超過普魯士。

　　這部反映人民利益的《帝國憲法》一出爐即遭到以普魯士為首的一些大邦國統治者的反對。於 1849 年 5 月起在德國各地發生人民為保護《帝國憲法》的武裝起義。但是由於各地的武裝起義並沒有統一的指揮和有效的配合，到 7 月中旬即一一被威廉的軍隊鎮壓，國民會議也被解散。這次事件可說功虧一簣，想以和平的方式建立民主制度及德意志統一的願望是徹底失敗了。然而這一部憲法實在是近代憲法的濫觴，1919 年的威瑪共和國、1949 年的德意志聯邦共和國之憲法及基本法，以至於 1990 年兩德統一後的憲法，都是根據聖保羅教堂議會所制定的憲法，再進一步加以完善的改良而制定的，成為一部完善的法典。

　　日耳曼的統一雖然一波三折，但因時利導的局勢其實已暗中為統　鋪下一條坦途，待強人俾斯麥一出來，整個統一大業方如水到渠

---

18. 奧地利當時的版圖，尚包括義大利及巴爾幹半島；此被視為非德意志民族。

成，一氣呵成，順利地完成了。有政治聯合型的「日耳曼邦聯」並沒有統一德意志的企圖，它們表面上假裝有統一的必要，其實骨子裡卻志在維持各個小邦國繼續存在，並保護各個王公諸侯的權力。法蘭克福會議倒真的是志在統一與實行民主，不過因為專制的權力仍然過大，會議又是一個鬆散的組織，所以失敗了。在此時占重要的角色，但卻一直不引人注意的，默默地耕耘的倒是有小兵立大功的效果，在德意志統一的過程中起了輔助作用的角色，那就是在 1834 年，由普魯士發起，日耳曼有 18 個邦聯合起來，組成了一個「關稅同盟」（Zollverein），這純粹是屬於關稅與運輸的組合，不涉及政治；即大部分貨物在各會員邦之間都可以自由貿易，這種反對重商政策的運動對加入的邦皆有好處，後來這個關稅同盟漸漸擴充，直到奧地利除外，包括一切使用日耳曼語文的地方皆加入了。因為關稅同盟的基本精神是促進商業的發展，使日耳曼各邦的工商業獲得莫大的裨益，同時也指示了他們走向民族的政治團結之路。從那時起，一種近代化的經濟形式迅速地發展出來了，形成一種統一的國內市場。1835 年，第一條德國鐵路開始加入營運，工業化正式起步。隨著工廠的興建形成了工廠工人這一新階級。首先他們在工業找到了比較好一點的賺錢機會，但是隨著人口迅速的成長，不久勞力變成供過於求。因為那時缺少「社會法」，工廠工人的生活非常悲慘。緊蹦的關係，終於在斯雷西恩發生了 1844 年的織工起義，但殘忍地被普魯士軍隊給鎮壓了。

六、俾斯麥之領導與德意志民族的統一（1814–1871）

　　拿破崙在占領德國時，方使德國人意識到在異族統治之下仰人鼻息的痛苦，這才普遍地激起「民族認同感」，也即所謂的「民族精神」。當時德國的愛國人士大聲疾呼：「什麼是德國人的祖國？只要是能聽到講德語的地方即是。」同時啟蒙主義和人文主義的思想所推動的自由及設有國會和憲法的自由國家也是令人嚮往不已的。在此背景之下，

德國人有了「民族國家」的觀念，全體德意志人渴望統一。在歷經拿破崙的敗北（1814年）、維也納會議復僻了普魯士、奧地利、巴伐利亞等老人帝國（1815年）、1848年發生在全歐的革命失敗了，打破了在自由主義和立憲主義基礎上實現國家統一的希望。此時一些貴族、其他保守人士及狂熱的愛國主義者也推波助瀾，他們認為既然用和平溫和的方式不能夠達到目的，只好採取激烈的非常手段了，一時愛國氣氛瀰漫，傾向武力的人士迫切希望有一位巨人來領導他們。奧圖 · 馮 · 俾斯麥（Otto von Bismarck, 1815–1898）於此時正式出場了。

俾斯麥於維也納會議那年出生於地主家庭，他在哥廷根和柏林大學攻讀法律，取得法學博士。1836至39年在阿亨和波茨坦（Potsdam）擔任法院的候補官員，之後，返家成功地經營他的農莊。俾斯麥天資頗高，除了法律專業外，同時還涉獵文學、歷史與哲學。後俾氏從政，1845至48年當議員，後又去辦報紙。1851年以三十六歲之齡擔任普魯士的「德國聯盟議會」（Deutscher Bundestag，從1815至1871年由德意志君主國家所組成的）的特使。1859至1862年出使俄國。1862年被派往巴黎（Paris）時，值普、奧在中歐的政治、經濟陷入尖銳的對立形勢，俾氏旋即被召回去當普魯士的首相。此時普魯士的國王威廉四世於1858年罹患精神病，就由他的弟弟威廉一世攝政（Wilhelm I.,1861–1888年在位），1861年威廉四世逝世，因無子嗣，皇位由威廉一世繼承。

俾斯麥與威廉一世

俾斯麥

懇談，他向國王保證日耳曼必須統一，而且需要由普魯士出面領導，一言以蔽之，日耳曼必須「普魯士化」。俾斯麥其實是個保守派的人，他認為君主專制是最好的政府形式；他的統一信念是由普魯士王在天意、軍隊、貴族與新教教會等之贊助下完成。俾斯麥就任首相的第一件工作就是支持普王建軍的要求。他深知一支強大而訓練優良的軍隊，將為君主專制有力的後盾，且統一運動也需要靠軍隊力量支持。不過當時普魯士議會的議員大多為自由主義者，因而企圖在普魯士建立一種英國式的立憲政體，方能在議會裡直接控制普王及其大臣，他們當然害怕戰爭，所以反對建軍必須的經費。俾斯麥對於議會的態度非常生氣，1862 年在一次會議上慷慨激昂的演講：「日耳曼之所期望於普魯士的，並不是它的自由主義，而是它的實際權力⋯⋯；當前的重大問題，不是通過演說、辯論或過半數的投票所可決定的──這正是 1848 年和 1849 年所犯的錯誤。唯一的方法只有鐵和血。」俾斯麥也因此贏得了「鐵血宰相」的稱號。然而議會仍然堅決反對建軍。於是俾斯麥不管他們同意與否，逕自徵稅增兵。人們對他專橫的手段抗議時，他便封閉報館，拘禁反對分子。他無所懼，因為他知道國王與軍隊都支持他的。自此以後，憲法在普魯士形同具文而已。

俾斯麥開始策畫統一政策，他首先在普魯士實施全國皆兵制度。他重用熟悉陸軍組織法的作戰部長龍恩（Albrecht Roon, 1803–1897）及任命毛特克（Moltke, Helmuth Graf von, 1800–1891）為參謀總長，毛特克係丹麥貴族後裔，是十九世紀後期最偉大的兵法家。俾斯麥在外交謀略則先做好準備工作，1863 年以用兵幫助俄皇敉平波蘭叛變，取得沙皇好感。同時，他又以如果不過問日耳曼的事情，將使法國獲得「報酬」為餌，欺騙拿破崙三世（Napoléon III., 1808–1873，拿破崙的侄兒）；俾斯麥先讓可能會干涉普魯士政策的俄國和法國置之事外。奧地利已經顯示它的無能，不足以領導日耳曼，同時有一件事情也極明顯，就是非經武力戰爭，奧地利是不甘願放棄它的領導地位的；既然 1848 年法蘭克福會議的統一方案是不包括奧地利在內的「小德意志方案」，所以俾斯麥極力籌畫推翻奧地利的方法。

要統一，就少不了戰爭，這正是俾斯麥的理念，在他的領導之下，一共打了三場戰爭。

　　第一場：普、丹戰爭。起因是日耳曼西北部的石勒斯威－霍爾斯坦兩地與丹麥（Dänemark）緊鄰，居民雖大多數為日耳曼人，但統治者為丹麥國王；日耳曼與丹麥都堅持擁有全權，於是就由戰爭解決。1864年，日耳曼兩個勢力最大的邦國普魯士與奧地利聯合對丹麥作戰。獲勝後，丹麥將這兩塊土地交給普魯士和奧地利管轄，兩國共管播下了兩年後普、奧之間戰爭的種子。

　　第二場：普、奧戰爭。從丹麥得到的土地之歸屬問題馬上成為普、奧的爭執點，奧地利力主這兩個區域應當成為「日耳曼邦聯」中的獨立邦，而俾斯麥則認為非屬普魯士不可。兩國共管戰利品會衍生出什麼事件，這些情形都早在俾斯麥預料之中，現在則要用什麼計謀使奧地利對普魯士宣戰而已。1866年，他在長期的爭辯與協商後，嚴厲地提出要奧地利退出這個德意志邦聯。奧地利當然不會被侮辱，更不甘示弱，立刻聯合北部大多數小邦國及南部四小邦國助戰，普魯士只得義大利道義上的聲援。1866年6月21日普、奧開戰，一時之間，情勢似乎對奧地利有利。這場戰爭在德國歷史習慣被視為「德對德」戰爭，原本都被認為這將是一場持久戰，但只歷經四星期大小戰役，最後普軍於科尼希格雷茲（Königgrätz）大勝奧地利。普軍因擁有一支配備新式軍械的大軍，即普魯士軍隊使用「後膛槍」，而奧地利軍隊仍使用舊式的自槍口裝入火藥的槍，且在毛奇智勇雙全的指揮下獲得勝利。當1866年7月26日普軍進駐尼可斯堡（Nikolsburg）時，奧皇遣人求和，俾斯麥深知此後國際局勢中，普魯士仍需要仰賴奧地利合作，故力勸威廉一世不要直搗維也納，僅與奧簽訂和約，不索取賠款與割地。

　　擺平了奧地利，俾斯麥精心策畫如何對法國宣戰。他首先擴允領土，在1866年時，將維也納會議於1815年重組的「日耳曼邦聯」解散，排除奧地利於日耳曼之外，普魯士立刻兼併石勒斯威及霍爾斯坦

兩公侯國、漢諾威王國、法蘭克福自由市及其他區域。俾斯麥將北部日耳曼諸邦組成「北德邦聯」（Norddeutscher Bund，即以原 1818 年普魯士所組織的關稅同盟及 1834 年的關稅同盟為主），新邦聯之主席為普魯士王，邦聯各國推行普魯士的軍事制度，俾斯麥仍然繼續擔任普魯士首相，又兼任北德邦聯的總理。1868 年，他邀請南德四邦（巴伐利亞、烏騰貝、巴登和黑森為獨立邦）加入關稅同盟，一同來決定關稅事宜，而他們則根據關稅同盟和軍事防禦同盟的條約，在防衛戰爭時，需要幫助普魯士。

　　第三場：普、法戰爭。從 1866 年到 1877 年間，普、法兩國交惡日深，拿破崙三世因索取「報酬」一再為俾斯麥所愚弄。事由是拿破崙三世向俾斯麥索取萊茵河西岸之土地，俾斯麥嚴峻拒絕，且將法國之要求公布，藉以籠絡南德諸邦之人心。後拿破崙三世又要求普魯士不得干涉法國兼併比利時，俾斯麥囑法國特使擬定一計畫給他考慮，計畫撰好後，俾斯麥又將它公布，藉以讓歐洲諸國得知法國野心。1867 年拿破崙三世再要求兼併盧森堡，俾斯麥仍又堅拒之。最大的一次導火線則是 1870 年西班牙王位繼承問題，西班牙國會選定霍亨佐倫王室繼承，俾斯麥極力贊成霍亨佐倫王室的一位親王去繼承西班牙王位，引起拿破崙三世的抗議。後來，這位親王無意繼承西班牙王位，電告西班牙政府、駐法的西班牙大使及普王，宣布放棄王位。到此，事情本已結束，但法國主戰派得理不饒人，建議拿破崙三世，要求普王道歉並保證不繼承王位。於是法國特使到恩姆斯療養地（Bad Ems），向威廉一世轉達拿破崙三世要普王保證，霍亨佐倫家族成員今後永遠不再繼承西班牙王位。特使覲見普王後，普王命令侍臣繕具電文告知柏林的俾斯麥，授權俾斯麥全權處理今後普、法之間的一切交涉。電報抵達柏林時，俾斯麥、龍恩和毛奇三人正進晚餐，俾斯麥詢問毛奇和龍恩普軍情形，二位軍事首腦向他保證，一旦發生普、法戰爭，絕對可以穩操勝算。於是俾斯麥纂改長達二百字之電文，將內文刪去了一半，並做了巧妙的安排，將普王答應「以後通過會談來解決」的內容刪掉，而保留了法國大使咄咄逼人的無理要求，和普王「我已無話可說」的內容，再

冠以「恩姆斯來電」，將整個事件披露於新聞媒體。果然如俾斯麥所料，恩姆斯電文於普、法報紙披露後，雙方都認為自己的領袖遭受對方侮辱。於是 1870 年 7 月 19 日法國向普魯士宣戰。

　　普、法兩國人民都認為他們是為自身權益而戰，所不同的是普魯士準備已久，而法國卻毫無準備。法國先下戰書，普魯士似為自衛，故當時的輿論幾乎都傾向普魯士；英、義、俄、奧宣告中立，本來親法的南德四邦此時同仇敵愾，視此為德意志民族聖戰，南德人士爭相加入普魯士軍隊，合力抵抗法國，而皇太子受命統率南方軍隊，尤得南德人士歡心。普、法兩軍實力懸殊，比如在軍隊的人數、領導的藝術、布局、士兵素質及士氣高低等方面，普軍遠勝於法軍。法國當局預期有 50 萬士兵，而真正報到者只有 26 萬 5 千人。軍事行政混亂無章，軍隊運輸紆緩廢時，邊疆砲塞設備不全。更令人匪夷所思的是軍隊司令部只備有德國地圖，而無本國地圖，蓋作戰部署只預定進攻策略，未定防守計謀；兩國開戰，其實主戰場全在法境，不敗也難。反觀普國軍隊，軍容整齊、組織嚴密、秩序井然，動員軍隊有 80 萬，預備軍有 25 萬人，兩週之內動員完畢。武器方面，普軍的槍枝雖不及法國的性能佳，較為準確和快速，然普軍備有重砲，是克魯伯（Krupp）[19] 工廠所產的鐵鑄後膛砲，而法軍所使用的大砲是用銅鑄的前膛砲，兩軍火力上相差一大截。普軍戰略在集中力量，繼續進攻，直取首都巴黎。兩國元首均在軍中親自指揮，普方之俾斯麥、毛奇、龍恩等將領皆隨侍威廉一世左右。

　　這一次戰役為期甚短，但激烈並具有決定性。戰爭開始，普軍迅速動員，毛奇將軍所率領的 50 萬大軍立即兵分三路，勢如破竹地攻入法國。經過一連串的戰役，攻占不少處邊境要地。1870 年 8 月 6 日，

---

19. 克魯伯（F. Krupp, 1787—1826）於 1811 年在埃森（Essen）創立克魯伯關係企業集團。後由公司領導人克魯伯（A. Krupp, 1812—1877）大肆進行擴張。1860 年發展一系列的礦業、礦井、冶煉加工和其他加工業。之後，從十九世紀的 50 年代以來，即投入軍備生產。在兩次的世界大戰中，克魯伯接受軍備製造的訂單高居德國第一名。

普軍攻下亞爾薩斯和洛林（Lothringen），8 月 31 日，法軍退入色當（Sedan）時，已被普軍層層包圍。9 月 2 日，拿破崙三世及其軍隊10 萬人被普軍俘獲。

　　1871 年 1 月 18 日，普魯士國王威廉一世在法國凡爾賽宮（Schloss von Versailles）的「明鏡殿」（Spiegelsaal）正式即位，就任「德意志帝國皇帝」。德意志帝國終於取代了 1806 年解體的這個「既非德意志民族也不神聖的羅馬帝國」，史稱第二帝國[20]。普魯士從法國獲得 50 億法朗的賠償及亞爾薩斯、洛林兩區的土地。德國跟法國幾世紀的仇恨繼續循環著；第一次世界大戰結束後，列強也在巴黎的明鏡殿對德簽署和平條約，法國對德國同樣提出苛刻的賠償，歷史一再重演。

---

20. 第一帝國是奧圖大帝建立的王朝，希特勒自稱第三帝國的領導人。

貳．
一、二戰之始末及
東、西德之分裂

一、第二帝國和第一次世界大戰（1871-1918）

　　俾斯麥完成統一大業後，積極建國，帝國的體系仍舊有「帝國憲法」。統一後的新德意志帝國不過是各邦的聯合組織，所以各邦仍然由自己的政府管理內政。最大及最有勢力的普魯士邦仍然繼續保留1850年的不民主憲法；其餘的25個邦國之中，真正實行英、法立憲制度的也很少。帝國的最高權力操控在「聯邦議院」（Bundesrat），它是一個由帝國各邦王公派遣代表所組成的機構。人民議會則是「帝國議會」（Reichstag，有382名國會議員，自1873年起增至397名），由全國成年男子（年滿二十五歲，有普遍、平等及秘密之選舉權）每三年舉行一次選舉，自1888年起每五年舉行一次選舉。但它沒有什麼功能，幾近於辯論會，因為聯邦議院具有否決任何方案的權力。德意志的皇帝實際上仍然還是一位專制的君主，因為他可以不經聯邦議院的同意任命帝國首相，也可以不經帝國議會的許可任命帝國總理。俾斯麥從1871年起直到1890年止，一直擔任帝國首相與總理兩項職務。他以帝國首相的身分監督聯邦議院的投票，因為帝國各邦代表的票數足以防止任何裁減稅收與軍備或憲法的提案。同時，他以帝國總

理的身分當聯邦議院的主席，為帝國議會準備起草立法議案，並且處理帝國的一切事務。皇帝、總理、首相及其他大臣的進退，無論人民、聯邦議院或帝國會議都無權過問。可見德意志帝國的體制相當鞏固，但是非常不民主。

建國後，俾斯麥的首要任務是將國內外各行其是的政策劃歸一致，在這方面成效卓著。(1) 統一法律：1872 年頒布帝國刑法法典。(2) 統一財政：改革錢幣，把迄今實行的銀本位制改為金本位制，國幣曰馬克（Mark），代替直到 1878 年帝國諸邦還在使用的各自貨幣。(3) 統一交通、鐵路：在交通事業方面制定一系列的法律，1873 年設立帝國鐵道部。(4) 統一郵政：設立帝國郵政部，使郵政事業適應於現代經濟發展的需要，1874 年設立萬國郵政聯盟，辦理電話和電訊事業。(5) 統一度、量、衡單位：1873 年，聯邦關稅會議決定公尺、公升和公斤，取代迄今存在於各邦之中完全不相同的度、量、衡標準。(6) 統一軍政：帝國政府以法國賠款加強軍事設備，諸如增設海防、修築砲台、充實武器，並訂軍事撫卹制度。

除規畫一致的政策有一定的權限外，在內政、法律、教堂及學校制度則完全由各邦自己管理。俾斯麥用高稅率的關稅保護德國的工業與農業，增進全國物資的繁榮，同時也增加國庫的收入。他的另一項突出的內政政績是「社會福利保障制度」，他先後制定各種社會法，比如法律規定工人的勞動時間、工資、疾病、老年、意外等的保險。1881 年 11 月 17 日，俾斯麥向帝國國會宣讀他擬定著名的皇帝「詔書」，其後十年間，為僱員訂立各種形式的保險制度先後以法律形式記載下來。1883 年，通過法律制定了健康保險計畫，1884 年開始執行意外保險計畫，到了 1889 年又宣布了老年退休和殘廢保險計畫。之後，帝國又於 1911 年在以上法定保險計畫基礎上，重新制定了「國家保險法典」，1927 年，威瑪共和國又補充了失業保險計畫。俾斯麥建立的社會福利政策，尤其是社會保險事業繼續延續到現在（2015 年），成為目前德意志聯邦共和國社會保障計畫的基礎。近代諸國中，德國的社會福利做得最完善，應當歸功於俾斯麥。

俾斯麥深知統一後的德國將一躍而成為強國，必使歐洲的列強感到不安，在帝國成立後，立即正式文告天下，「德國已心滿意足了」，這意味德國沒有進一步要擴張領土的野心，他治國的目標是要鞏固新建立的德意志帝國之安全，並在和平環境中進一步發展。由於普魯士德國打敗了當時的強國，並奪取了法國最難以割捨的亞爾薩斯及洛林兩地。俾斯麥深知法國人的復仇願望對德國的威脅太大了，另外，如果法國和俄國聯盟，德國必陷入東（俄國）、西（法國）兩面作戰的危險。因此，孤立法國成為他外交政策的最主要原則。所以他要與俄國維持良好的關係。為了維護德意志帝國的安全，俾斯麥與歐洲國家達成了很多錯綜複雜的合作與聯盟，簽訂了許多國際協定。

俄國和奧國由於在巴爾幹半島的競爭結下樑子，俾斯麥充當調人，俄、奧兩國逐漸靠近，於是 1872 年，德、俄、奧三國皇帝在柏林見面，簽定「三皇協定」。俄國勢力在巴爾幹半島驚人地增長，威脅了英國及奧、匈帝國，緊張的局勢瀕臨戰爭邊緣。1878 年 6 月至 7 月，德國邀請列強到柏林開會，俾斯麥允諾以「歐洲公正人」的身分，公平地處理當事國的爭端，避免英、俄及奧引發一場戰爭；俾斯麥個人的聲望於柏林會議時達於顛峰。故人稱他為「歐洲的國務卿」。

柏林會議之後，1879 年 10 月 7 日，俾斯麥和奧國簽署「兩國防禦同盟」以對抗俄國。條約中規定一旦締約國之一受到俄國攻擊，另一締約國應幫忙對俄作戰。如果締約國之一方受到其他國家的攻擊，另一締約國應守善意中立。這項兩國的防禦同盟在德國和奧地利獲得極高的評價，咸認是完成了一部分 1848 至 1849 年，兩個德意志欲密切聯繫的理念[1]，這項防禦期滿後一直延長到第一次世界大戰。德、奧同盟對俾斯麥而言還不夠安全，因為他始終認為俄國和法國一旦締結同盟，將是德國揮之不去的最大夢魘；因此，他於 1881 年秘密地與俄國簽訂一項為期三年的中立條約。並且再度拉攏奧國和俄國簽訂新的「三皇協定」。但他仍憂慮德、奧、俄三國之間的秘密協定仍不

---

1. 指法蘭克福國民議會表決德國統一採用「大德意志方案」或「小德意志方案」。

足以鞏固德國西邊（指與法國為鄰）的安全，1882年因為法國和義大利為了突尼西亞（Tunesien）殖民地起了爭執，他趁此機會拉攏義大利及奧國訂立「三國同盟」。

1883年巴爾幹半島又重新騷動不安，奧地利和羅馬尼亞（Rumänien）締約結盟，德國後來也簽字參加。但是1885年又爆發了一場新的危機，導致俄、奧之間的緊張關係，雖然俾斯麥運用其影響力成功地阻止戰爭的發生，但是俄國卻為此與奧國結怨，連帶地也怪罪德國。長久以來，俄羅斯民族主義分子懷恨德國在巴爾幹（Balkan）問題上偏袒奧地利，而要求俄國與法國友好，這下俾斯麥大為緊張，他最大的隱憂似乎又將成為事實，但是沙皇政府不大願意和德國斷絕關係，俾斯麥也深知和沙皇達成諒解的必要性；於是在奧國的同意下，1887年6月18日，他秘密地與俄國簽訂「雙重保障條約」，兩國承諾：締約國的一方遭到第三國的攻擊時，另一方必須保持中立。

俾斯麥主政的二十年，注意維持統一，而未欲拓展版圖。他曾說過「德國於願足矣」。自取得法國富裕的亞爾薩斯、洛林兩地後，帝國領土已不需要向外擴張。他掌政的措施，對內修養生聚，培植國本，對外採取和平政策，保持與歐洲各國維持均勢，與英親善，聯合奧、俄、義孤立法國。他之所以拒絕殖民政策，也是有他的想法，如果取得海外的土地，鞭長莫及，一旦發生爭執，帝國政府恐怕未能善盡保護之職；另外由於外交政策的危險性，很可能與老牌的殖民地主國英國或法國起衝突，德國免不了要陷入糾紛爭執，故前瞻後慮的考量，不宜推展殖民地政策，直到擔任首相的最後幾年，由於德國原本有的雄厚工業基礎，帶動了工商業的繁榮；除此之外，帝國人口迅速地增加，德國人希望取得殖民地，以消納此過剩人口，取得新市場，以銷售其剩餘產品。加以英、俄或英、法之間每每因爭奪殖民地而劍拔弩張，可見殖民地之重要。俾斯麥才同意漢薩商人的請求，為他們的海外商業殖民地提供保護。

德國雖起步較晚，但成績不錯。1883年，首先將非洲西南部的

安格拉─佩奎那港口（Angra Pequena）及其腹地納入帝國保護下，
這意味著德國開始正式實施殖民地政策。同年，在今天的納米比亞
（Namibia）、多哥（Togo）和卡麥隆（Kamerun）升起德國的國旗。
1885 年，東非洲中心地區納入帝國的保護下。1887 年，再獲得其他
一些地區，1889 至 1890 年，俾斯麥和烏干達（Uganda）簽訂一項保
護條約。以後，德國在非洲陸陸續續又獲得幾內亞（Guinea）東南部
的土地，在太平洋又獲得馬紹爾群島（Marshall-Inseln）。德國的醫生、
科學家和傳教士遍布殖民地，一方面也為殖民地的福祉而努力。

　　帝國議會中政黨甚多，這些政黨很少能影響政府的決定，更
遑論能指揮政府。俾斯麥在外交方面可以放手去作。因為他只對
皇帝負責；在內政方面受限於憲法，他必須與帝國議會合作，由
於這個國會控制著預算，故俾斯麥和這些政黨既是處於合作又是
敵對狀態。這些政黨也此消彼長，帝國的大政黨有：(1) 保守黨
（Konservative）(包括忠於俾斯麥的自由保守黨)、(2) 民族自由黨
（Nationalliberale）、(3) 自由思想黨（Freisinnige）、(4) 德國進步黨
（Deutsche Fortschrittspartei）、(5) 中央黨（Zentrum）、和 (6) 社會
民主黨（Sozialdemokraten）。

　　俾斯麥是個極端保守、忠君及專橫的人。他的政策並不全然為
德意志帝國的人所接受。比如一些比較激烈的民主黨派人士，希望推
翻帝國建立真正的民主國。一些信奉天主教的中央黨，因為俾斯麥排
斥了宗奉天主教的奧地利，不滿意新帝國，這些人的思想都是自由
民主的，當然憎恨宗奉新教（Protestantismus）[2] 的普魯士統治他們。
俾斯麥進行過「文化鬥爭」（Kulturkampf）來對付他們。到了 1886
年，因為收效不大，才又取消很多反天主教的立法。社會主義運動的
領袖是馬克思（Karl Marx, 1813–1883）及恩格斯（Friedrich Engels,
1820–1895），他們於 1848 年的《共產主義宣言》（Kommunistisches
Manifest）提出「全世界無產階級聯合起來吧！」的口號。而 1863 年

---

2. 馬丁 ‧ 路德改革的宗教，德國北方大多信仰新教，南方信仰天主教。

由拉薩爾（Ferdinand Lasalle, 1825–1864）建立的「一般德國工人協會」
（Allgemeine Deutsche Arbeiterverein）主張廢除私有產權制度，以勞
動階級來控制工廠與農場。這個工人協會後由李佰克內希特（Wilhelm
Liebknecht, 1871–1919）和貝伯爾（August Bebel, 1840–1913）領導，
改為「德國社會民主黨」（Sozialdemokratische Partei Deutschlands），
他們時常宣稱要用革命來破壞軍國主義，建立民主的共和國。到了
1914 年這個黨成為德國最大的政黨。1878 年俾斯麥就頒布了「鎮壓
社會民主黨危害社會秩序法」的法令，查禁主張社會民主、社會主義
或共產主義的組織，此法一再延長到俾斯麥下台前夕。但「鎮壓法」
並沒有實現俾斯麥的期望，壓力越大，反抗也越大，社會民主力量逐
步深入人心。

　　德意志第二帝國的皇帝威廉一世於 1871 年加冕成為皇帝，
統治了十七年，於 1888 年駕崩。皇位由他的兒子佛利德利希三世
（Friedrich III.）繼位，一向以自由主義者著稱的新皇帝早在登基前
已重病纏身，在位僅九十九天便病逝，俗稱他為「百日皇帝」。皇
位仍在 1888 年內傳給了他的兒子，當時年僅二十九歲的威廉二世
（Wilhelm II., 1859–1941）：一年之內，皇帝三易，故這年又稱「三
皇之年」，隨著威廉一世的逝世，俾斯麥時代也開始走下坡。威廉二
世是德國皇朝最後一位皇帝，從 1888 年到 1918 年即位，到 1918 年
第一次世界大戰結束為止期間執政。他是霍亨佐倫家族的一個典型人
物，由於先天左臂畸形以及從小家教過分嚴格，使他缺乏真正的自信
心。他愛好權力、性格相當自負，他閱歷不深，又缺乏謀略，對於性
格堅強、桀驁不馴的俾斯麥，他始終抱有被迫害的病態心理，急於斥
退俾斯麥。新王即位後，雖然大致上仍採用俾斯麥的政策，但意見時
與俾斯麥相左。待 1889 年 5 月魯爾（Ruhr）工業區發生罷工，擴散
至全國，新王親自出馬平息事件，並允許會摧促帝國議會制定較為完
善的勞動保護條例。此舉和俾斯麥的「反對社會主義法」的一貫政策
背道而馳，他堅決主張延長「反對社會主義法」的期限，又 1890 年德、
俄「雙重保障條約」的期限到期，俾斯麥極力試圖延長此條約期限，

威廉二世卻不表同意。帝相衝突公開化，後來社會民主黨在帝國會議的席次增加，俾斯麥失去多數。1890年3月18日俾斯麥向皇帝遞出辭呈，正式退隱。

當俾斯麥辭職一事公布後，舉世震驚，英國的泰晤士（Times）報紙刊登一張大幅的諷刺畫，標題為「掌舵者走了」，畫著在一艘大軍艦的甲板上，威廉二世著帝服、戴帝冠，目送穿著艦長制服的俾斯麥步下樓梯離去。俾斯麥於1898年去世，他的時代結束了，掌政甚久的俾斯麥與老王威廉一世的帝相關係始終非常和諧，仍因威廉一世的人格可取之處在於他坦率地承認俾斯麥的天才，能以這種胸襟賞識宰相的才華，並支持俾斯麥放手去幹。而俾斯麥也以無比虔誠的信念效忠皇帝，這種帝相關係使俾斯麥可以大展抱負，成就他的豐功偉業，以此報答皇威。史家在寫這段歷史時，有的將標題訂為「俾斯麥和第二帝國（從1850至1918）」〔Bismarck und das II. Kaiserreich（1850–1918）〕[3]。新王即位後，這一艘大船更換了一個掌舵人，航向未知處。

統一後的德意志帝國其外交及內政皆有所作為，帝國憲法明載外交及軍權掌握在皇帝手中；普魯士是崇尚武力的一個邦國，發動三次戰爭才得以建立新帝國，新帝國既然是靠軍國主義而建立的，愛國人士皆深信帝國將因軍國主義而長存下去。因此，已建立統一的民族帝國後，在和平時期仍然擴充軍備。這種舉動當然使它的鄰國深感不安，法國、英國、俄國、奧地利、義大利、匈牙利等群起效法。各國競相增加軍備的連鎖效應，使德意志害怕這些國家會聯合起來對抗它。於是德意志開始尋覓盟友，俾斯麥以成功的外交手段分別與各國締結同盟，俾斯麥合縱連橫的交錯手腕無疑是成功的，但也埋下了危機。俾斯麥與奧匈帝國（奧地利和匈牙利合組的帝國）於1879年訂立一個軍事同盟，1882年義大利加入後成為「三國同盟」（普、奧、義），這個同盟一直維持到第一次世界大戰之後才破裂，這是因為義

---

3. 見 Klaus Schulz: Aus deutscher Vergangenheit. Ein kulturgeschichtlicher Überblick. S.94-116.

大利與奧地利之間的宿仇太深了。俾斯麥深知必須與俄國和英國維持和好的關係，以免腹背受敵，故分別與俄、英訂立和平條約。所以從1871年到1914年世界第一次大戰爆發前的這一段期間，歐洲維持一個「武裝和平」的局面。雖然沒有戰爭，但各國也沒有停止擴充軍備，而各民族之間滋長的仇恨卻一天比一天加深，這也是導致第一次世界大戰的遠因。

威廉二世華而不實，野心相當大，他一直想擴充勢力範圍。就更加積極地擴充軍備了。俾斯麥原本的領土政策是在取得普、法戰爭後的亞爾薩斯、洛林兩區土地後，帝國領土已經不需要向外擴張了，應該在外交政治上與歐洲各國維持均勢，才有和平的日子，故才會與各國訂立錯綜複雜的同盟和約與互不侵犯條約等，其中尤重視與同文同種的奧地利所訂之和約。德國參謀總部曾多次強迫俾斯麥對法國或俄國進行預防戰爭。但他堅決表示，倘如他任宰相還在位一天的話，德國永不進行預防戰。後繼的執政者威廉二世及希特勒都不看重這位宰相的治國理念，極欲擴張德國的領土及勢力範圍，尤其是希特勒征服全世界的野心及其手段令人毛骨悚然。

威廉二世獨自執政後，於1890年在非洲大陸開始擴充殖民地，並兼併太平洋中某些島嶼。1897年因兩位德國傳教士在中國被殺，德國遂占領膠州灣。次年又占領青島及其附近地區約二百方英里的土地，1914年膠州灣及青島被日本占領，1922年歸還中國。他也計畫從土耳其的康亞（Konya）建築一條到伊拉克（Irak）的巴格達（Bagdad）鐵路，以便控制整個奧圖曼帝國。為了要保護德國的商業與殖民地，威廉二世建立一支龐大的海軍，將武力推展到海洋上，其實力與範圍僅次於英國。

世界進入二十世紀，本來是保持平衡狀態的形勢，卻因德國發展太快了，各國在嫉妒與恐懼的心理下，競相增加軍備。加以合縱連橫的秘密外交更使緊蹦的情勢如拉滿了弦的弓箭，一觸即發。當時各國彼此間訂的合約相當多，除了上述的德、奧、義「三國同盟」、

俄、德間的「秘密防禦同盟」等外，尚有 1892 年的「法、俄同盟」、1904 年的「英、法友好合約書」、1907 年的「英、俄友好協定」、義大利又秘密與法國訂立協定，假使德、法戰爭爆發，義大利將嚴守中立。這種環環相扣的條約不但沒有帶給各國安全保障，反而使這愈演愈烈的軍事競賽將各國推入萬劫不復的深淵，只待有一觸媒而已。

1914 年 6 月 28 日，奧國皇位繼承人裴迪南（Franz Ferdinand, 1863—1914）於訪問波西尼亞（Bosnien）時，在其首府塞拉耶佛（Sarajewo），被塞爾維亞（Serbien）的民粹分子普林西普（Gavrilo Princip）槍殺。1914 年 7 月 28 日，奧地利正式向塞爾維亞宣戰。這時候歐洲列強紛紛表態提議召開歐洲議會，將奧、塞爭執交由會議解決，雖有心阻止戰爭，但這已無濟於事。威廉二世發表聲明支持奧地利，俄國支持塞爾維亞，法國與俄國為盟邦，德、法為世仇，英國又是法、俄的同盟。德國的強勢海軍艦隊威脅英國的海上霸權地位，這種錯綜複雜的糾葛，終於如骨牌效應，襲捲全歐，造成人類史上第一次的空前浩劫。

德國皇帝向人民宣稱祖國處於危機和生死存亡關頭，呼籲大家起來保衛國家，一時愛國情緒高漲，年輕人紛紛從軍，認為是為正義而戰。大戰開始，德國懷著極高的希望參戰。剛開始，德軍勢如破竹在東、西兩個戰場均告捷，在西邊越過比利時和法蘭德直深入法國。在東邊也於坦能堡（Tannenberg）大敗俄軍。後來戰線拉得越來越長，1916 年，德、法軍決戰於法國維爾登要塞：經過七個月激烈戰鬥，雙方傷亡達 70 至 80 萬人，德軍始終沒能攻下這要塞；7 月初，英、法聯軍在法國北部索馬河（Somme）一帶進攻德軍，但進展也不大。海戰方面，德國只有 1916 年在丹麥的斯卡格拉克（Skagerrak）大戰英國艦隊。後來德國採用「潛水艇戰略」（U-Boot-Krieg），無限制攻擊英國船隻及任何所遇到的船隻，由於潛水艇擊中的英國船隻內有數百名美國人，引起美國的忿怒，在 1917 年 4 月美國向德國宣戰，同年 12 月又向奧地利宣戰。美國宣戰對協約國（英、法、俄）是一

大良機。1917年另一件大事是俄國發生十月革命，無力再戰，與德國簽訂「布列斯特」（Brest）和約。

1918年戰局逆轉，8月8日，英、法聯軍在美軍增援下，在亞眠（Amiens，濱索馬河）一帶殲滅16個師的德軍。9月底英、法聯軍發動全面攻勢，突破「興登堡」（Hindenburg）防線，把德國軍隊趕出法國北部，決定了德國敗局。這一場殘忍的戰爭對世界各參戰國都一樣，人民生命財產的損失和精神崩潰的悲劇實在難以形容。1918年11月11日，德國被迫與協約國簽訂「停戰協定」，第一次世界大戰以德、奧之戰敗而結束。德國喪失了八分之一的土地，有650萬人犧牲。1919年6月28日，德國與協約國在法國凡爾賽宮的明鏡殿簽訂和約。和約對德國的敗戰賠償相當苛刻（史家稱，如不是第一次世界大戰懲罰德國的和約訂得太苛刻的話，當不致有希特勒及日後的第二次世界大戰）。德國必須解除武裝，放棄強迫軍役制度，停止製造軍火；德國的殖民地分由戰勝國獲得，整個海軍與大多數商船被沒收。亞爾薩斯、洛林兩區歸還法國，將東部地區領土割讓給波蘭。德國必須賠償巨億現款以及煤礦等類的物質，當作勝利國一部分生命與財產的損失賠償。這巨額的賠款使德國的經濟受到空前的重創，賠款未付清之前，協約國軍隊必須繼續駐紮於萊茵河左岸。

當德國投降後，協約國對德國簽訂停戰協定時，有個共識，就是最後的和平條約必須根據美國總統威爾遜（Woodrow Wilson, 1856-1924）[4]的「十四項原則」（Proklamation der Vierzehn Punkte），與德國的和談只能和德國人民的代表進行，而不是皇帝。這意味著霍亨佐倫王朝和威廉二世必須走入歷史，建立一個自由、民主和統一的德國。1918年11月9日威廉二世輕車簡從，流亡到荷蘭，德意志帝國首相巴登（Baden）親王馬克西米里安（Maximillian, 1867-1929）將帝國首相的位置交給社會民主黨的黨主席艾伯特（Friedrich Ebert, 1871-1925），德意志帝國的政權和平轉移成為共和國。

---

4. 於1920年因其1919年的和平條約而獲得1920年的諾貝爾和平獎。

二、威瑪共和國（1918–1933）

　　威瑪共和國是在敗戰後沮喪低沈的時候被建立的，德國人民對此表示冷淡，非但沒有歡心鼓舞，反而將戰敗的責任與損失歸咎於共和國。這一個新的政治體系可以說是在天時、地利及人和皆不順利的情況下，從「零點」開始的，不僅人民對它感到陌生不解，就是那些政治參與者也都覺得百廢待舉，如何整理出一個頭緒，都還在摸索學習當中，雖然威瑪共和國只存在了短短的十四年，但它畢竟寫下了歷史，也留下了一部令人稱道的憲法。

　　工人出身的艾伯特一方面授權代表與協約國簽訂停戰協定，一方面命令選舉國民議會的代表。1919 年的選舉是凡滿二十歲以上的德國公民都有投票權，而這次是有史以來的第一次，婦女也有投票權。1919 年 2 月，在威瑪（Weimar）召開國民會議，社會民主黨、德國民主黨和中央黨三黨合作，形成多數並操控議會，公布德國為「共和帝國」[5] 選舉艾伯特為第一任大總統，任期七年，社會民主黨的謝德曼（Philipp Scheidemann, 1865–1939）開始籌組內閣。此次會議的重點是承認凡爾賽和約，並為德國制定一部民主的憲法「威瑪憲法」（Weimarer Verfassung）。1919 年 8 月，德國的新憲法公布：德國人民在法律面前一律平等。廢除門第、階級與宗教派系等特權。新共和國本身及各邦的政府尊重人民的主權，國家的形式為共和，精神為民主。凡屬德國公民，無分男女都享有國家與地方的選舉權，以平等、直接、秘密的方式投票。新憲法大致上根據在法蘭克福召開的國民會議於 1849 年通過的「帝國憲法」為藍本。這是一部令人欽佩的憲法，之所以有威瑪共和國的稱呼，乃是當 1919 年 2 月 6 日要召開國民會議時，由於擔心如果選在首都柏林舉行，恐怕會發生騷亂，故特別選擇小城市威瑪為集會地點。威瑪為大文豪歌德的第二故鄉，歌德曾經

5.「帝國」之定義為政治實行君主政體，或因包括眾多民族、或因擁有廣大殖民地。第一次世界大戰後的德國政體是民主、共和之性質，而猶稱「帝國」者，係因不忘過去之光榮。

擔任過威瑪小公侯國的宰相。此地環境幽雅，無城市之喧囂，且是德國文學「古典主義」的發源地。而柏林曾是普魯士霍亨佐倫王朝的根據地，第一次世界大戰德國的指揮部。故在此召開國民會議，在此所制訂之憲法就稱「威瑪憲法」，在此新成立的新政權亦稱威瑪共和國。

　　新共和國在艱困的歲月中開始運作，它必須承擔戰敗的責任，與協約國簽訂的條約不孚眾望，凡爾賽和約苛刻的割地、賠款及認罪令舉國上下難以接受，尤其是 1921 年 4 月賠款委員會經過七次的開會，最後達成的協議，德國的賠款總額應該是 1,320 億金馬克（約合 330 億美元）[6]，全國譁然，人民更將戰敗帶來的損失遷怒於共和國。共和國在這種「人不和」的情況下，任勞任怨地收拾這個爛攤子。它先完成國家體制與法制建設，之後得再重建德國的商業經濟。經濟的崩潰使國民生活陷入無止境的通貨膨脹中，鈔票好比廢紙。

　　1923 年是戰後混亂狀況達於顛峰期，而且德國經濟已接近崩潰邊緣了，為一多事之秋。首先是幣值問題，從 1919 年到 1923 年之間，美元和帝國馬克的兌換比值由 1 比 8.9 直線急速下跌為 1 比 4.2 萬億這樣一個難以讀清的可怕天文數字。加上物資短缺，即使裝滿了一輛購物車的紙鈔還買不到一塊麵包。到處人心惶惶，不知所措。德國史的記載，將 1923 年 11 月 15 日達到此 1 比 4.2 萬億數字的那一天稱作「通貨膨脹頂峰」。不止國內坐困愁城，來自戰勝國的挑釁更是雪上加霜。

　　戰敗賠款有一項是德國可用其貨物和原料來償還戰勝國的損失。1923 年 1 月 9 日，法國以當時德國拖欠繳納那些應以實物形式支付的賠款為理由，夥同比利時的軍隊開進魯爾區，法國以此作為逼迫德國金額賠款的手段，因為法國不願意德國在戰勝國的允許下，以三十年的期限延期償付賠款的拖拉局面。政府下令魯爾區的居民實行消極抵抗，這樣又使得魯爾區的工業生產和運輸陷於停頓。法國最後不得

---

6. 此為戰勝國討論出來的結果，德國確定要賠如此多的金額，但事實上不是如此，因為再經過研商，道斯計畫（Dawesplan）定為 750 億馬克，數目逐年遞增。後來，楊格計畫（Youngplan）定為每年賠 20 億馬克，為期五十九年。最後，德國沒有完全賠完。

已，只好自己派數以千計的工程師、鐵路員工和士兵去管理煤礦和鐵路，雖然用這個方法，法國在 1923 年從魯爾區實際獲得了德國的煤炭，得到了以實物形式償付的賠款，但法國也付出了慘重的代價。

共和國政體本身可說內外交困，在國內還得應付敵視的政黨，有君王黨，即晉魯士的地主階級與一些資本家時時在削弱共和國，企圖重建霍亨佐倫王朝的君主專制。還有共產黨要求建立一個蘇維埃政府。1923 年希特勒（Adolf Hitler, 1889–1945）與共產黨都曾發動政變，幸好沒有成功。威瑪政府在君主黨與共產黨這兩種極端中，新共和黨採取與人民站在一線的立場，聯合民主黨、社會黨、天主教黨與中央黨，組成德國人民占多數的政黨，從 1919 年到 1932 年帶給德國一個自由、民主而中庸的政府。

在這令人沮喪、為之氣絕的時候，史特萊斯曼（Gustav Stresemann, 1898–1929）於 1923 年 8 月擔任總理。他宣布停止在魯爾區的消極抵抗，重新向法國和比利時支付賠款，緩和了同法國的矛盾。法、德關係緩和後，1924 年 4 月 16 日，美國芝加哥（Chicago）銀行總經理道斯[7]提出解決德國賠償問題方案，史稱「道斯方案」（Dawesplan）。最重要的一項內容是由美、英、法等國家向德國貸款 8 億馬克（約為 2 億美元，其中美國提供 1.1 億美元），以幫助德國平衡財政預算和穩定貨幣。這方案有如天降甘霖，德國經濟秩序才漸有起色，也改善了同協約國的關係。史特萊斯曼的外交政策使德國在政治上獲得平等的地位，1925 年與英、法、義、比等國在瑞士的羅加諾簽訂「羅加諾公約」（Locarno-Vertrag），保證以和平方式解決國際爭端，以集體制裁侵略來維護歐洲之安全。1926 年 9 月 9 日於瑞士日內瓦加入「國際聯盟」（Völkerbund, 1920—1946）成為該聯盟理事會常任理事國，1926 年與蘇聯簽定「柏林和約」（Berliner Vertrag）。德、

---

7. 道斯（Charles Gates Dawes, 1865—1951），美國財政專家（共和黨）、律師及銀行家，1925 至 1929 年擔任副總統，之後至 1932 年擔任駐倫敦大使。1925 年因其提出緩和德國賠償的道斯方案與張伯倫（Sir. J. A. Chamberlain , 1863–1937）共同獲得諾貝爾和平獎。

法一向為世仇，歐洲如欲維持和平局面的話，德、法必須言歸於好，因此史特萊斯曼與法國外長布里昂（Aristide Briand, 1862—1932）致力於兩國的友好合作，雙雙於 1926 年獲得諾貝爾和平獎。

德國慢慢地步入相對性的安定期，經濟漸漸復甦，1924 至 1929 年間德國的生產力提高了 50%，並且在各領域皆達到世界市場的指標。社會也呈現安定的新局面，貨幣開始穩定了，物資也充足了。威瑪時期的思想自由發展，文學、科學和藝術大放異彩，德布林（Alfred Döblin, 1878–1957）的長篇小說《柏林亞歷山大廣場》（*Berlin Alexanderplatz*），描寫一個普通人在大都市的罪惡環境裡，想要過正直生活的艱辛過程。從社會底層反映了 20 年代世界經濟危機時的柏林面貌。托馬斯・曼（Thomas Mann, 1875–1955）寫於 1901 年的小說，並於 1929 年獲諾貝爾文學獎的《布登勃魯克家族》（*Die Buddenbrooks*），敘述顯赫一時的布氏家族四代的興衰史，小說展示了十九世紀末葉德國社會生活的廣闊畫面，揭露壟斷資本主義的掠奪本性和資產階級的腐朽沒落。卡夫卡（Franz Kafka, 1883–1924）的作品均採用象徵、隱喻、誇張等手法敘述，在他幻想式的作品中所要表達的是近代人的孤獨、無助及受一股無名力量的威脅。對於卡夫卡作品的評價及他所要表達的寓意是什麼，評論界眾說紛紜，莫衷一是。但一般認為其作品以獨特的方式，揭露批判資本主義制度的罪惡與黑暗。巴拉赫（Ernst Barlach, 1870–1938）是劇作家、散文家及雕塑家，他的雕塑作品「囚架上的男人」（Der Mann im Stock）生動地刻劃出喪失自由的人之無奈。柏林的電影製作傲視全球，名導演朗格（Fritz Lang, 1890–1976）及穆瑙（Friedrich Wilhelm Murnau, 1888–1931）拍出多部叫好又叫座的電影。建築師葛羅皮烏斯（Walter Gropius, 1883–1969）於 1926 年在德詔（Dessau）創設的包浩斯學院（Bauhaus），是近代建築最重要的學派之一，在圖畫和建築藝術的設計理念強調實事求是及理性的概念，至今仍為建築界奉為圭臬。

威瑪時期的經歷雖短暫，但卻是一個生氣勃勃的繁榮時期，今

天有人將這短短二十年光輝燦爛的時期稱之為「金色的 20 年代」（goldene zwanziger Jahre）。文藝領域有輝煌燦爛的黃金時期，但政治和經濟則沒有這麼幸運。由於美國挹注大量資本，德意志的資本主義因此得以復興重建。然而這種暫時性的安定與繁榮才維持了五年，1929 年 10 月 25 五日「黑色的星期五」，美國華爾街股票暴跌所帶給世界的經濟危機（Weltwirtschaftskrise），一下子把威瑪共和國推下破滅的無底深淵。靠美國大量的資本才得以挽救通貨膨脹的危機，依賴美國短期信貸的德國，禁不起這晴天霹靂的一擊，股票的大崩盤造成無數的企業破產，銀行關門，隨著而來的是解散大批的雇員。德國失業人數的上升呈現三級跳；從 1929 年的 9 月有 160 萬人失業，到 1931 年 9 月已有 430 萬人失業，到了 1933 年初時，已有超過 6 百多萬人失業。

威瑪共和國真正有實權能發號施令的時期是 1924 至 1928 年。第一次世界大戰期間戰功彪炳的陸軍元帥興登堡（Paul von Hindenburg, 1847–1934），在 1925 年和 1932 年兩度被選為帝國總統，他有根深蒂固的君主思想，雖然遵守共和國憲法，但內心深處對共和國從無好感。興登堡是個軍事專家，而不是政治長才，當選總統是因為他有崇隆的聲望，但年事已高（七十七歲），事事離不開助手，而他的顧問參謀皆為保皇派。此時右翼納粹和左翼共產黨趁著世界恐慌、國民生活紛亂之際抬頭。1929 年 5 月 1 日，在柏林街上發生共產黨的示威者和社會民主黨的警察血腥衝突事件；由於失業率急速上升，共產黨員逐漸增加，深具企圖心的希特勒也於此時展現雄厚的實力，躍上了政治舞台。由於先天不足（背負戰爭原罪），後天又失調（動盪不安）的威瑪共和國，短暫地統治了十四年，卻在這期間更換了十三個內閣，唯一留下的是一部令人稱道的「威瑪憲法」。最後，威瑪共和國在希特勒步步為營下，終於一蹶不振，被取而代之。

三、希特勒的第三帝國和第二次世界大戰（1933—1945）

　　希特勒生於奧地利濱臨英河的布朗奧（Braunau am Inn）小鎮。是奧地利人，他對奧地利懷有莫名奇妙的憎恨與厭惡感，但自認為德國人，對德國寄以特殊期望。二十多歲的希特勒對政治感興趣，他自己從報章、雜誌、書籍、小冊子等閱讀到的資訊，傳遞給他日耳曼是優秀的人種，是統治階級，猶太人是低劣的、是危險的，使他深信不疑，逐漸有了自己的世界觀。1914 年第一次世界大戰爆發，希特勒入伍當通訊兵，以殊勇獲鐵十字勳章。戰後，1919 年他開始從政，加入德意志工人黨（Dt. Arbeiterpartei），黨號 55。1920 年，他將德意志工人黨改名為「德國社會民族主義工人黨」（Nationalsozialistischer Deutscher Arbeiterpartei，簡稱 NSDAP，一稱 Nazi 納粹黨），1921 年 7 月成為黨魁。1923 年，NSDAP 共有兩萬黨徒。1923 年 11 月 19 日，在慕尼黑發動政變，事敗，被捕入獄，判了五年監牢刑。

　　一戰戰敗令希特勒痛苦萬分，他的目的是要向凡爾賽和約報仇，並建立一個大德意志帝國，他的意識形態是一種偏激的民族主義，這種思想體系昇華到使他相信日耳曼民族是比全世界任何一個民族都要來得優越操拔。在獄中他寫作《我的奮鬥》（*Mein Kampf*）一書，於 1925/1926 年出版上、下兩冊。這本書的主要內容是闡揚他的種族主義、雅利安人優越論、消滅如猶太人等民族、對無生活能力的人，比如身心殘障、患遺傳疾病的人不必要給予生存空間（即必須消滅這些人）、反馬克思主義、反共產主義、反自由主義，及德國必須向東擴展，才有希望。他提前獲釋出獄，乃改組其黨，吸收黨員；工人、農人、中產階級及知識分子紛紛加入，甚至連青少年也被 NSDAP 一網打盡。1929 年 10 月 25 日紐約股票崩盤後，希特勒更是利用這大好機會大肆宣傳，作著反政府、反和平條約、反解除軍備、反共產黨、反猶太人的宣傳。他是個有非凡口才、政治洞察力敏銳和政治謀略高

超的煽動者，利用集體群眾的無意識、盲從性及愚昧性的弱點獲得政權。1930 年 9 月 14 日，帝國議會的選舉，NSDAP 大獲全勝，獲得 130 個席位。

世界經濟危機波及到歐洲，德國尤其受到沈重的打擊自是不在話下。當 1930 年 7 月，時任帝國總理的中央黨員布律寧（Heinrich Brüning, 1885–1970）雖然在內政及經濟一籌莫展，但在外交方面卻有斬獲。1931 年底，戰勝國知道德國無力賠償，於 1932 年 7 月在瑞士的洛桑（Lausann）開會，明文規定不再要求德國償還戰債。1932 年 2 月於日內瓦召開的裁軍會議承認德國有軍備平等權。1931 至 1932 年的經濟危機日趨尖銳化，人民生活極痛苦，威瑪政府無法解決失業、通貨膨脹及物資短缺等等問題，遭受人民的指責。因此，希特勒以「選擇 NSDAP 黨，即是選擇就業」的煽動口號擄獲民心，到了 1932 年納粹黨竟擁有黨員 1,000 萬人，聲勢浩大。NSDAP 實際已經成為當時最大的政黨；希特勒於 1925 年自動聲明放棄奧地利國籍，於 1932 年 2 月 25 日正式獲得德國國籍，故希特勒要求參政權。對如何處理 NSDAP 及希特勒，威瑪政府有不同的看法，一派主張用馴服的方式，另一派主張用分化的方式。

1932 年選舉帝國總統時，在第二輪的投票，興登堡獲 53% 的選票，希特勒的 NSDAP 黨獲 37.4% 的選票，取得 608 個總席位中的 230 席，社會民主黨則從 1930 年的 143 席減為 133 席，德國共產黨從 1930 年的 77 席增加到 89 席，納粹黨成為帝國議會中的最大政黨。興登堡經過長久的考慮後，終於在 1933 年 1 月 30 日正式公布任命希特勒為帝國總理（Reichskanzler）。這一定案宣判了威瑪共和國的死刑，因為希特勒一上任後即將威瑪共和國一腳踢開。希特勒的獨裁、恐怖統治及狂人思想，使德國正像一艘離開自由與民主航線的船舶，再次駛向萬劫不復、被終結的災難深淵。

希特勒的上台就是意味著戰爭會被重新開啟。由於有偏執、狂妄及病態思想的希特勒一直心存「報復」。他決心要報復德國在第一

次世界大戰中所遭遇的失敗，他要洗刷這個恥辱，不但要使最優秀的日耳曼民族恢復昔日的光榮，而且更志在使德國取得歐洲甚至於整個世界的霸權。希特勒一擔任總理首先做的工作是集權並排除異己，1933 年 2 月 27 日，由他的宣傳部長歌培爾斯（Joseph Goebbels, 1897–1945）導演德國國會大廈縱火案，然後嫁禍於共產黨，大肆逮捕共產黨員及進步人士，藉此案件制定了「人民和國家保護法規」（Gesetz zur Behebung der Not von Volk und Staat）代替威瑪憲法，他根據此法規更擴大他的權限，掩護他的非法行為，排除異己。為鞏固他的地位，控制帝國會議，製造他是受人民擁戴的假象，於 1933 年 3 月 5 日舉行新的選舉，這是號稱德國最後一次的自由選舉。納粹黨用威脅、恐嚇、軟硬兼施的手段迫使其他的黨支持他們，選舉結果聲稱納粹黨得到 44% 選民支持的選票。改選後的帝國會議在波茨坦的葛尼松教堂（Garnisonkirche）召開會議並簽署文件，希特勒宣稱他是「第三帝國」（Drittes Reich）的領導者（Führer）。之所以稱第三帝國，仍接續俾斯麥 1871 年統一德國的「第二帝國」。而 Führer 一詞的德文是領袖、領導人的意思[8]。但這一詞 der Führer（帶陽性定冠詞的德文）是「元首」的意思，為德國納粹統治時期對希特勒的稱呼，成為代替希特勒的用詞。德國人對他的狂熱與崇拜似乎失去了理智似的，踢正步、平伸右手、口喊「Hai Hitler」的標準希特勒式敬禮風靡了許多德國人，讓很多德國人陷入毫無意義的激情中而不自覺，死心塌地的服從他。

1933 年 3 月 20 日，因為德國社會黨反抗他，於是新帝國會議以 440 票對 94 票通過了一項「授予政府權力法」，簡稱「授權法」（Ermächtigungsgesetz），法律上的授權法則根據此法。議會將立法權授予國家，尤指政府。但是希特勒的授權法第三條即規定成：帝國政府制定的國家法律，由總理制定，並在政府公報上公布。這樣，希

---

8. Führer 一詞可加在一些德文專有名詞的後面，比如 (1)Geschäftsführer 經理，Kompanieführer 連長，Oppositionsführer 反對（黨）派領袖。(2) 嚮導，導遊（者）：指南（Reiseführer 旅行指南）。(3) 較罕用的指駕駛員，司機（Zugführer 火車司機）。

特勒不需要經過帝國議會或總統的批准，便可制定和頒布具有法律效力的政府法律或法令。到了 1933 年 6 月中旬，只有希特勒的納粹黨是唯一合法的政黨。

　　希特勒的政權到了 1933 年底時業已十分鞏固了，但如果要建立法西斯專政就得登上總統寶座和掌握軍隊。於是希特勒親自導演了一齣「奪兵權」的戲碼，以羅姆（Ernst Röhm, 1887–1934）領導的衝鋒隊要暴動為藉口，於 1934 年 6 月 30 日親自率領歌培爾斯及一小隊人馬從柏林到慕尼黑槍殺羅姆。1934 年 8 月 1 日，希特勒政府頒布了第三帝國最高「法令」。法令規定：帝國總統職位和帝國總理職位合一；帝國總統現有的職權因此移交給元首和總理希特勒。1934 年 8 月 2 日，興登堡總統去世，軍隊同意希特勒兼任帝國總統。根據第三帝國的憲法：納粹黨領袖居於帝國之首，是德意志帝國的終身領袖。因此，至此希特勒是總統、總理、黨、政府、國家機構的元首（領導者），他並讓帝國軍隊以他的名字對他宣誓效忠，故他也成為帝國軍隊的最高總指揮。完成了黨、政、軍大權集於一身，希特勒名副其實順理成章地成為第三帝國的獨裁者。

　　希特勒在建立獨裁政權的過程中，同時也加強對人民的思想控制。1933 年 4 月 7 日制定「職業公務員再立法」（Gesetz zur Wiederherstellung des Berufsbeamtentums），將一些頗負眾望的自由、民主官員，特別是猶太籍官員全部解僱，再由加入他的納粹黨人士擔任這些人的職務。凡是與他持不同意見的人不是被抓進監獄，否則就要保持沈默不語，有的更被逼得流亡海外；此時期有德國各專業領域無數的菁英分子不見容於他，紛紛逃亡海外，如名科學家愛因斯坦（Albert Einstein, 1879–1955）、佛洛依德（Sigmund Freud, 1856–1939）；名作家曼（Thomas Mann, 1875–1955）、布雷希特（Bertolt Brecht, 1898–1956）、楚克麥爾（Carl Zuckmayer, 1896–1977）；名作曲家荀伯格（Arnold Schönberg, 1874–1951）、辛德密斯（Paul Hindemith, 1895–1963）；名藝術家克雷（Paul Klee, 1879–1940）、柯科西卡（Oskar Kokoschka, 1886–1980）及名建築師葛羅皮烏斯（Walter

Gropius, 1883–1969）等人都紛紛離開祖國，避難他鄉，有的則老死他鄉。因此，德國的文化有十五年是「放逐文化」或稱「流亡文化」。1933 年 5 月 10 日，在歌培爾斯的指揮下，將一些納粹認為有害德意志精神思想的書籍和刊物查禁，並在柏林的廣場燒毀了總共有 500 噸書籍。

　　希特勒莫名其妙地憎恨猶太人，認為他們是低劣的民族，應該在地球上消失。他對猶太人的迫害就是制定各種法律限制猶太人的行動，比如禁止猶太人和非猶太人通婚。尤其恐怖的是希特勒用武裝建立「黨衛軍」（Schutzstaffel，通常以其兩個字母縮寫 SS 稱之）和「秘密警察」（Geheime Staatspolizei，簡稱 Gestapo，中文音譯為蓋世太保），由海德利希（Reinhard Heydrich, 1904–1942）和希默勒（Heinrich Himmler, 1900–1945）領導，執行希特勒的命令。在 1938 年 11 月 9 日深夜到 10 日，納粹黨搗毀全德國的猶太教堂和商店，從這時刻起開始大肆拘捕猶太人，將猶太人和一些德國籍異議分子送到集中營加以殺害。在慕尼黑的達浩（Dahau）和在波蘭的奧許維茲（Auschwitz）等地的集中營，以不人道的方式殘殺猶太人，光只在奧許維茲一地的集中營就殺死了約 400 萬的猶太人，其他地區的集中營也有 260 多萬的猶太人被殘殺。猶太籍的少女安妮・法蘭克（Anne Frank, 1929–1945）與其雙親、姊姊及另一戶三口人家庭在納粹占領荷蘭時，於 1942 年 6 月 14 日到 1944 年 8 月 1 日躲藏在阿姆斯特丹（Amsterdam）市內的一座後屋閣樓裡，於 1944 年經人密告納粹，兩家人全被送入集中營。後來，安妮死於集中營。戰後，只有安妮的父親歷劫歸來，重返閣樓憑弔時，才發現了安妮那時候所寫的日記，敘述這一恐怖時期猶太人悲慘的命運，渴望自由及平等的心聲溢於言表。1950 年譯成德文版，並譯成世界各種語文，曾多次改拍成電影，廣受歡迎。1933 年在希特勒命令之下成立「希特勒青年團」（Hitlerjugend），按年齡分成十歲到十四歲與十四到十八歲的少年和少女各兩種組織。1936 年 12 月 1 日納粹政府頒布「關於希特勒青年團」的命令，宣稱德意志民族的未來靠青年，強迫全國青少年參加，青年團到了 1938 年發展到

有 870 萬人，他們都要宣誓永遠效忠希特勒。

希特勒的經濟政策是以重新武裝為導向的。在他上台前六個月，德國的經濟危機基本上已經克服。希特勒為解決失業問題，由國家出面幫助債台高築的農夫，公共工程則大量開工：比如建築房屋、進行市政建設、修築高速公路及建蓋軍需工廠、兵營和軍事防禦工程等等皆大量地動工。1932 年時，失業人數仍然高達 6 百多萬，到 1937 年 8 月底，失業人數減少到只有 16 萬 4 千人。德國的生產事業、商業與銀行業都在國家的控制中。為了集中一切力量來製造軍火、軍需及軍隊之訓練，就減少對國外貿易。又命令科學家發明各式各樣的代用品，以彌補某些原料的缺乏，比如橡膠、石油乃至於某些食物；他們在國內動員全力發展，以期使德國在經濟方面自給自足。在希特勒的統治之下，似乎一切欣欣向榮，1936 年的奧運在柏林舉行，希特勒親自參加開幕典禮，每年固定在紐倫堡舉行的帝國黨大會也如期召開，看起來似乎瀰漫著國泰民安、風調雨順的氣氛，殊不知這只是粉飾太平，一種表面的假象而已。

1936 年 10 月 18 日由戈林（Hermann Göring, 1893–1946）草擬的一項「四年計畫」（Vierjahresplan），經希特勒下令執行，以最精簡的人力和各經濟領域妥善搭配，創造高效率，製造並增加坦克車、飛機與軍艦的數量，「凡爾賽和約」所加於德國的軍備限制，於 1935 年 3 月 16 日被納粹政府正式否認。同時也開始實行普遍的兵役制度，以上種種措施及作為都是一項項更大規模的重新武裝計畫。「四年計畫」只實施了兩年，德國的石油（包括人造石油）、橡膠、炸藥、粗鋼生產、鉛等等，到 1939 年年底，納粹德國的軍備工業已經達到在第一次世界戰爭中最大限度的生產能力。這不由得不令人懷疑，希特勒在他當總理的第一天就想要發動戰爭。

希特勒採取凌厲的外交政策。德國在第一次世界大戰戰敗，法國占領薩爾區（為德國第三大工業區，盛產煤礦），作為補償法國戰後的損失。但英、美反對法國吞併面積計有 2,570 平方公里的薩爾

區，根據凡爾賽合約將薩爾區由國際聯盟託管十五年，並於 1920 年生效，但法國仍然較希望將薩爾區納入自己的領土。1933 年，由於納粹的宣傳活動，大德意志民族主義思想傳播到薩爾區，喚起了人民共同反對外國的思想，於是 1935 年 1 月 13 日時，國際聯盟舉行一次全民自由且秘密的投票，來決定薩爾區日後的命運——歸還德國？歸還法國？或繼續讓國際聯盟管轄？結果德國獲得壓倒性的勝利，90% 強的人民都希望歸德國管，於是薩爾區又重新回歸德國的懷抱。1935 年 6 月 18 日，與英國成功地簽訂了「德、英海軍協約」（das deutsch-britische Flottenabkommen），允許德國發展海軍；至此，希特勒等於已重建了陸、海、空三軍。1936 年也順利地與法西斯的義大利墨索里尼（Benito Mussolini, 1883–1945）簽訂條約，與日本則簽訂一項反共產黨和約。1936 年 3 月 7 日，希特勒宣布廢除「羅加洛公約」，悍然不顧盟國的抗議，命令德國軍隊開入萊茵區，並且在那裡構築防禦工事。1938 年 3 月 12 日，希特勒併吞奧地利（1938 至 1945 年劃入第三帝國），實現了 1848 年聖堡羅教堂國民會議的「大德意方案」及 1919 年威瑪國民會議社會民主黨人的希望。同年的 3 月 28 日，希特勒決定併吞屬於捷克的蘇台德地區（Sudetenland），在此地居住的大部分為德國人，準備於 1938 年 10 月 1 日出兵占領捷克時，英國及法國出面干涉，這才會有 1938 年 9 月 29 日的「慕尼黑會議」（Münchener Konferenz），由英國首相張伯倫（Arthur Neville Chamberlain, 1869–1970）、法國總理達拉第（Edouard Daladier, 1884–1970）、墨索里尼和希特勒於 1938 年 9 月 30 日達成協議的「慕尼黑協定」，合約的主要內容是蘇台德區割讓給德國，但德國得保證不再擴張領土。但是希特勒仍然於 1939 年春天以保護國自居，兼併捷克的波爾梅和梅爾仁（Mähren），1939 年 8 月 23 日與史達林（Iossif Stalin, 1879–1953）簽訂「德、蘇互不侵犯條約」。

當希特勒為了擴展德國東部的「生存空間」，於 1939 年 9 月 1 日，藉口 8 月 31 日晚上在德、波邊界有波蘭義勇軍戰士襲擊德國的廣播電台，當然這是德國的黨衛隊自導自演的，冒充波蘭戰士的一

場鬧劇。英、法於 1939 年 9 月 3 日向德國宣戰。和第一次世界大戰一樣，大戰初期德國所向無敵，以閃電戰術占領波蘭，1940 年 4 月 9 日占領丹麥和挪威（Norwegen），並無視於荷蘭和比利時的中立，5 月 10 日越過荷、比進攻法國。法西斯的義大利助紂為虐，與德國並肩作戰。希特勒在開戰之初大獲全勝。他的下一個作戰目標是反英，1940 年 8 月下令空襲英國，但取得的成效並不大。他最主要的目標是要進攻俄國，這一步棋重蹈拿破崙 1812 年的錯誤。當 1940 年 11 月 12 日蘇俄外交部長莫洛托夫（Wjatscheslaw Michailowitsch Molotow, 1890–1986）出現在柏林，要求將芬蘭（Finnland）到土耳其（die Türkei）的土地併入俄國時，希特勒認為這是一個好藉口，於 1940 年 12 月 18 日下令向俄國宣戰。希特勒打的如意算盤是到 1942

年美國如參戰時，他已攻下俄國，並將他的領土勢力範圍擴展到東部。連同沙漠之狐隆美爾（Erwin Rommel, 1891–1944）在西北非取得的殖民地，必可下挫英國的銳氣。

1941 年 6 月 22 日，希特勒入侵蘇俄，並且強迫鄰近蘇俄的小國，如羅馬尼亞、匈牙利和芬蘭加入德國陣營，將戰線從黑海（Schwarzes Meer）拉到波羅的海，長達 1,000 英里。起初的三星期中，德軍勢如破竹，長驅直入蘇俄腹地，後來蘇俄的抵抗逐漸加強，德軍的攻勢才慢慢地頓挫下來。1941 年 12 月 7 日，日本突然偷襲美國的珍珠港（Pearl Harbor），次日美國便正式向日本宣戰，三天以後又繼續向德國和義大利宣戰。此時（1942/43）戰事逆轉，與希特勒結盟的義大利於 1943 年退出，匈牙利於 1944 年退出。1942 年英國開始猛烈轟炸德國的城市和工業區，最嚴重的當以 4 月的羅史托克（Rostock）城被炸得幾乎面目全非，人民的生命財產損失難以估計。盟軍最猛烈的一次轟炸是 1945 年的 2 月 13 和 14 日，在德勒斯登光這二天就有 3 萬 5 千人死於轟炸。

1943 年 1 月，美國的羅斯福總統（Franklin D. Roosevelt, 1882–1945）和英國的邱吉爾首相（Sir Winston Churchill, 1874–1965）會於卡薩布蘭加（Casablanca）要求德國無條件投降。11 月的「德黑蘭會議」（Die Teheraner Konferenz），羅斯福、邱吉爾與史達林三巨頭更決定德國將來的前途，波蘭的領土向西推進到奧德河，將東普魯士波羅的海之土地劃入蘇俄地圖，幾星期之後，又決定將來占領德國後，分界線劃分的問題。1944 年初，史達林格勒（Stalingrad）完全解除了德軍的威脅，於是蘇俄集中它的兵力準備向西方大舉反攻。同年 6 月，盟軍自法國西北的諾曼第（Normandie）登陸之後，也猛力向東進攻。8 月間盟軍又從法國的南部向東與北兩方推進，解放了巴黎，同時也驅趕了羅馬尼亞和保加利亞兩地的德軍，納粹軍隊仍然頑強抵抗。希特勒於 10 月下令要全國十六歲到六十一歲的男子武裝參戰。

希特勒瘋狂地進行無意義的戰爭，在德國早就引起許多人的反

抗，有社會主義者、工人、軍官、貴族、教會人士和知識分子。這些愛國志士前仆後繼地反抗希特勒，都遭到逮捕及被判死刑的下場，眾多烈士比如，有慕尼黑大學的學生組成「白玫塊」（Weiße Rose），宣傳反納粹政府，休爾兄妹（兄：漢斯 Hans Scholl, 1918–1943，讀醫學系；妹：蘇菲 Sophie Scholl, 1921–1943，攻讀生物與哲學）他們兩人於 1943 年 2 月 18 日在慕尼黑大學散發最後一份的傳單被捕，並於五天後和他們的一些朋友在 1943 年 2 月 22 日被處死[9]。另外尚有貴族出生的兄弟檔：史道芬伯格的申克伯爵（兄：貝特厚德 Berthold Graf Schenk von Stauffenberg, 1905–1944，律師；弟：克勞斯 Claus Graf Schenk von Stauffenberg, 1907–1944，軍官）也起來反抗希特勒。弟於 1944 年 7 月 20 日以上校身分行刺希特勒，暗殺事件失敗後，連同 158 名參與行刺的人員及家屬全部被希特勒槍殺[10]，兄於 1944 年 8 月 10 日被判處死刑。曾為希特勒在北非及西戰線立下汗馬功勞的隆美爾也參與此次的行刺事件。行動失敗後，希特勒給他兩種選擇，接受人民法院審判或自殺，隆美爾選擇自殺。

1945 年 2 月在克里米爾（Krim）的雅爾達（Yalta），美、英、蘇三巨頭之會議，接納法國為第四個共管國，管理分配給它的占領區。並一致決議，波蘭將從德國獲得土地賠償。三強在「解放歐洲的宣言」取得一致意見，即中歐與東歐應該成為一個被解放的國家。

希特勒有計畫地消滅遍布全歐集中營的猶太人，特別是在東歐的猶太人（華沙集中營）之處境最為殘忍不人道。天理不容的希特勒已成強弩之末，1945 年 3 月 7 日，英、美與加拿大聯軍強渡萊茵河，4 月中旬占領魯爾區。1945 年 4 月 30 日，當俄軍正向柏林市中心推進時，狂妄的希特勒在柏林的總統官邸地下室以手槍自殺身亡[11]，其親近黨羽多人也追隨領袖步上自殺之路。5 月初，盟軍與蘇俄的

---

9. 電影《帝國大審判》描述休爾兄妹宣傳反希特勒始末。

10. 德國影片《刺殺希特勒》及美國影片《行動代號：華爾奇麗雅》（由湯姆 · 克魯斯飾演史道芬伯格），描述史道芬伯格行刺希特勒始末。

11. 電影《帝國大毀滅》描述二戰末期及希特勒自殺之始末。

雅爾達三巨頭（前排從左至右：邱吉爾、羅斯福、史達林）。

軍隊會師於柏林近郊。1945年5月7日至8日，德國宣布無條件投降。希特勒的伙伴墨索里尼在1945年4月28日也被義大利的愛國分子槍殺。太平洋的激烈戰爭雖然仍在進行，但到8月6日和9日，美國在廣島（Hiroshima）與長崎（Narasaki）先後投下兩枚原子彈後，日本於9月2日在美國旗艦米蘇里號（Missouri）的甲板上向麥克阿瑟將軍（Douglas MacArthur, 1880–1964）投降，第二次世界大戰正式結束。

　　歐戰死了4千多萬人，其中德國就有450萬士兵陣亡，50多萬人死於空襲，被從東方家園驅逐的1,600多萬德國難民中，有4百多萬人死亡和失蹤。還有被希特勒消滅掉的數不清的猶太人、斯拉夫人、吉普賽人、「無生活能力者」和政治反對者，這就是希特勒十二年恐怖統治的可怕結果。戰爭結束時，德國的大、中、小城市幾乎全部被夷為平地，有50%的交通網及工業設備被摧毀。流亡美國的德國大文豪湯瑪士・曼[12]密切地注意他的故鄉的一舉一動，他寫道：「今天德國倒下去了，被惡魔所纏繞，……由上而下是絕望又是絕望……一個孤獨的人十指交叉並說道：神憐憫你們這些可憐的靈魂，我的朋友，我的祖國。」

---

12. 曼氏於1933年納粹上台時，發表題為《理查・華格納的苦難與功績》的演說，譴責法西斯對德國作曲家華格納和德國文化的歪曲，後被迫流亡美國。(按：華格納是希特勒最喜歡的音樂家。)

德國城市被摧毀的程度圖

資料來源出自 Martin Vogt 編，辛達謨譯：《德國史》(*Deutsche Geschichte von den Anfängen bis zur Wiedervereinigung*)，國立教育研究院出版，台北，2000 年。

在二十世紀裡，全世界的人歷經兩次毀滅性的戰爭，第二次世界大戰比第一次世界大戰更淒慘恐怖，光在波蘭就有 600 萬人死於戰爭，蘇俄有 2 千萬人喪生，在德國戰俘營共有 570 萬人，存活的不到兩百萬；二戰喪生人數共有 5,500 萬人，比第一次世界大戰多三倍。戰後物資匱乏，衣服、用品短缺，住宅嚴重缺乏，饑荒、瘟疫與社會案件層出不窮。逃亡的難民更是流離失所，戰後總計有 1,200 萬難民，約有兩百萬死於飢寒交迫。第二次世界大戰結束至今已七十年了，世界各地每年皆舉辦「終戰紀念日」，每每看到當年參戰有幸存活下來的老兵，熱淚盈眶地回憶往事，無非是警惕世人不可再發動戰爭。但綜觀目前的世界局勢，似乎並未領會到「前車之鑑」。

四、敗戰後四強共管的德國（1945-1949）

戰敗後的德國由美、英、法、俄四強共管，這是早在 1945 年 6 月 5 日就已決定好的。對於位在蘇聯管區的首都柏林，也分成四區由四國共管。這項決定德國未來進一步的命運，明文記載在 1945 年 8 月 2 日的「波茨坦會議」（Konferenz von Potsdam）的決議事項裡。德國的領土大為縮減，東普魯士的一部分及柯尼斯堡割讓給蘇俄，波蘭的領土則從德國的東部一直推到奧德河及奈塞河的界限（Oder-Neiβe-Linie）。因此，住在那裡的德國人，還有包括所有住在捷克和巴爾幹半島的德國人都要撤退。大約有 1,200 萬的德國人被驅逐，二戰之後，人口的大遷移是人類史上一項大悲劇，總共有 2 百多萬人死於往西的途中。奧地利獲得自主權，首都維也納則被四強共管。

1945 年 11 月 20 日在紐倫堡舉行軍法大審，懲治納粹集團中的主要戰犯。經過 216 次開庭，於 1946 年 10 月 1 日宣布戈林等 11 人死刑，依罪行輕重各判無期徒刑（4 人）、有期徒刑（3 人）及 3 人無罪開釋。10 月 16 日晚上，除戈林在上絞刑架前服毒自殺外，其他 10 名死刑戰犯被送上絞刑架。

四強討論要如何處置德國，消滅德國納粹和軍國主義是四強一致的共識。當初在波茨坦會議時，四強還是把德國看成一個整體的國家。到了討論德國應該建立一種什麼樣的政體，則產生分歧的意見，西方盟國想要建立一個實行議會制度的民主國家，蘇俄則想建立一個實行共產主義的社會國家。在共管委員會裡，蘇聯要求對於西邊由美、英、法三區各管的事務也有決定權，特別是針對魯爾區。西方三強拒絕，所有共同管理的方案破裂了，演變成每一個國家各自管理自己的領區，這就是德國分裂的第一步。「我們對於德國應該成為怎麼樣的一個國家，無法達成共識。」這是當時的美國外交部長馬歇爾（George Catlett Marshall, 1880–1959）的評語。而邱吉爾的希望「一個歐洲」和美國總統杜魯門（Harry Spencer Truman, 1884–1972）希望的「一個世界」的幻想都破滅了。戰爭結束還不到一年，邱吉爾於1946 年 3 月 5 日訪問美國的一次演講說：「從波羅的海一直到亞德利亞海（Adria）有一道『鐵幕』（Eiserner Vorhang）已經垂下來了……這不是我們為它奮鬥而又要重建被解放的歐洲。」所以列強之間這種思想體系和政治的對立終於形成「冷戰」（Kalter Krieg）的局面。「鐵幕」和「冷戰」一詞由此而來。當時美、蘇之間的矛盾日益尖銳，美國憑著它的經濟實力和軍事力量要控制歐洲，稱霸世界；而蘇俄則要

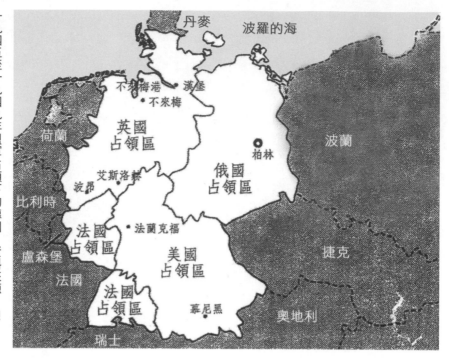

一九四五至一九四九年盟軍占領下的德國。資料來源：Eleanor Ramrath Garner 著，繆靜玫譯《一個小孩子的希望》（*An American girl in Hitler's Germany*）

維護它戰勝納粹德國獲得的勝利果實，捍衛本身的利益和安全，進而赤化全世界。美、蘇兩國由起先的合作形成後來的敵對關係，兩國長期的冷戰始於 1946 年。戰敗的德國就在美、蘇兩強的競爭中生存，國土及國家體制被一分為二，這也是歐洲的分裂之始，並且是在俾斯麥建立帝國七十五年後，德國的再分裂，接下來則要遲至四十五年後方重新統一。然而非常奇怪的是，在德國被撕裂成二半處於「冷戰」之下，這二個分裂的地區卻同時開始繁榮起來。

當西方列強看到蘇俄極力在德國推行共產主義時，他們方感覺到德國的重要性，不能夠再像第一次世界大戰後對德國簽訂苛刻的和約，將它逼向共產黨那方，德國應該是西方盟國將來的政治伙伴。1946 年 9 月 6 日，美、英兩國於斯圖加特（Stuttgart）敲定德國應立即成為一個非共產的民主國家，並於 1947 年 1 月 1 日，將美占領區巴伐利亞（Bayern）、黑森（Hessen）、烏騰堡–巴登

（Württemberg-Baden）、不來梅（Bremen）及英占領區北萊茵－威斯特法倫（Nordrhein-Westfalen）、下薩克森（Niedersachsen）、什列斯威－霍爾斯坦（Schleswig-Holstein）杜漢堡（Hamburg）合併為雙區制，美國深怕德國變成共產黨，於是在 1947 年 6 月 5 日，由外交部長馬歇爾宣布援助歐洲的一項「馬歇爾計畫」，這項經援計畫有貸款、供應糧食和原料。1948 年 8 月，法國占領區巴登（Baden）、烏騰堡－霍亨佐倫（Württemberg-Hohenzollern）和萊茵蘭－普法茲（Rheinland-Pfalz）加入成為三區制（Trizone），而薩爾蘭（Saarland）則保有特殊地位並未納入 [13]。

　　美、英、法三國在其共管的西占區以民主、自由和法治為準則來治理他們的占領區。(1) 為行政機構之再造，即由各邦建立邦政府機構。(2) 非納粹化，制定「非納粹化」的法條，即排除一切納粹的體制與思想。但在 1949 年之後，很多邦都通過了停止「非納粹化」之法條。(3) 政黨之重建，希特勒獨裁時，禁止了一切政黨的活動，只有他的納粹黨是合法的。戰後，根據波茨坦宣言，准予在全德國籌組民主性質的政黨。這些政黨有歷經俾斯麥時代、威瑪共和國與第三帝國的政黨，比如德國社會民主黨（SPD）和德國共產黨（KPD）。1948 年 12 月改名的自由民主黨（Freie Demokratische Partei，簡稱FDP）[14]，真正在戰後才以超宗教理念而屬於人民的黨則是（德國）基督教民主聯盟（Christlich-Demokratische Union），簡稱「基民黨」（CDU）和（德國）基督教社會聯盟（Christlich-Sozialistische-Union），簡稱「基社黨」（CSU）：（CDU/CSU）兩個是姊妹黨，合作無間。

---

13. 位於德、法邊界的薩爾，其歷史可以說是一部德、法恩恩怨怨的歷史，由於盛產煤礦是個工業區。從十七世紀開始，這塊土地成為法國與德意志爭奪的目標。歷史上幾度易幟，法王路易十四世及拿破崙都曾占領此地。一戰德國戰敗，薩爾區委託國際聯盟管理十五年。1933 年，由於納粹成功的宣傳活動，1935 年由國際聯盟舉行一場全民自由及祕密的投票，90% 強的人民都希望歸德國管，於是薩爾重新劃歸為德國領土。

14. 原德文黨名為 Partei der Freien Demokraten。

波茨坦宣言已明確聲明了是剷除中央集權，根據民主的基礎由各地方自我管理的政治體制；並在全德國允許建立所有的民主黨派時，蘇聯早於 1945 年 6 月 10 日宣布准予建立反法西斯的民主黨派，搶在西方三國進駐西柏林之前（1945 年 7 月），以便能對這些黨派施加壓力。「反法西斯」即是蘇聯所謂的「非納粹化」。蘇聯決心牢固地控制他們的占領區，在蘇聯的卵翼之下，流亡蘇聯的德國共產黨員烏布里希特（Walter Ulbricht, 1893–1973）於 1945 年 4 月 29 日返回德國，受蘇聯駐德國軍政府的委託，籌組共產黨，並貫徹蘇占區的共產主義制度。所以德國共產黨（KPD）、德國社會民主黨（SPD）和基督教民主聯盟（CDU）立即重新獲准成立了。在蘇俄施壓下，東德於 1946 年 4 月 19 至 20 日批准共產黨和社會民主黨合併，兩黨於 4 月 20 至 22 日的兩黨聯合代表大會，合併成立「德國統一社會黨」（Sozialistische Einheitspartei Deutschlands），簡稱「統一黨」（SED）。

　　1948 年 6 月 20/21 日，由美、英雙區制的經濟主管艾哈德（Ludwig Erhard, 1891–1977）宣布實施幣制改革：每一個西區的民眾可將六十個已形同廢紙的帝國馬克兌換為 40 德國馬克，在 8 月時，還可以再一次拿到 20 馬克。薪資、工錢、養老金、退休金、房租和租賃利息皆以 1 比 1 兌換，大部分其他的債務（支付義務）則以 10 比 1 的等值兌換。一時之間黑市交易消失得無影無蹤，並且商店貨架上也有充裕的物品供應。艾哈德的幣制改革同時促使西德的經濟制度走上軌道。這種經濟制度叫做「社會市場經濟」（Soziale Marktwirtschaft）。即是國家放棄繼續主宰經濟生活，不再干涉市場上的詢價與報價，給予自由競爭。1948 年的幣制改革之後，經濟超乎所料，極其順利地步入軌道。一位法國新聞記者回顧當年的情景：「從那一天開始，日復一日，機器又開始轉動了……前一天晚上，臉上浮現的是失望的表情，隔天之後，整個民族以充滿希望及快樂的心情迎接未來。」蘇俄在它的占領區也推出舊貨幣改為東馬克，於 6 月 23 日發給每個人民 70 東馬克新幣，舊馬克以 10 比 1 兌換新馬克，以此與西方的幣制改革相抗衡，並想強迫擴及全柏林實施，西方三國則宣布新的馬克幣制

（die DM-Währung）在他們三個柏林占領區比照實施。以此新幣制阻止了西占區因戰爭而引起的通貨膨脹。蘇俄則惱羞成怒，加以倫敦（London）的六強會議，準備批准德國加入北大西洋聯盟，在這種情況下，史達林決定把西方盟國趕出柏林。

　　1948 年 6 月 23 日深夜到 24 日，蘇俄封鎖柏林，將通向西柏林的鐵路和公路全數封鎖，幾天之後，連水路也一併封鎖，完全切斷了柏林西占領區與外界的聯絡。英、美兩國則以「空中橋樑」（Luftbrücke）的方式回應，在十一個月的封鎖中，盟軍總共出動約 20 萬架次的飛機，將 150 萬噸的食物、煤礦、建築器材、藥品和其他的貨物及民生日用品等等空運至西柏林，幾乎平均每二到三分鐘就有一架飛機降落在三個西柏林的飛機場，供應西柏林 250 萬市民日常生活用品。當蘇俄認識到封鎖柏林並不能達到目的後，1949 年 5 月 4 日，美、英、法、蘇四國代表協議取得妥協，取消柏林的封鎖與反封

空中橋樑（一九四八・六・二十六─一九四九・五・十二）

鎖，方結束柏林危機。

　　「封鎖柏林」是舉世矚目的大事，「空中橋樑」策略的成功，雖然迫使蘇俄讓步，但是「柏林危機」卻加速了兩個德國的形成。東（蘇）、西（美、英、法）雙方雖然都呼籲讓德國統一，卻又各持己見，德國分裂的局面卻已無法挽回了。於是，他們就在各自的占領區建立了聲稱合法，皆代表德國的「政權」，西部的「德意志聯邦共和國」在 1949 年 5 月成立，同年的 10 月，東部的「德意志民主共和國」也成立了。就這樣，戰敗的德國正式分裂，硬生生地被拆為兩個不同體制的「國家」。

五、四戰勝國主導的國家

　　柏林危機解除之後的幾個星期，美、英、法這三個戰勝國賦於他們的占領區政治獨立權，成立了一個新國家——西德。同年，在蘇占區也成立了第二個具有國家體制的另一個同文、同種的國家——東德。**1949 年德國正式分裂為兩個國家**，兩個德國問題仍然是美、蘇冷戰的焦點，同時也是第二次世界大戰後的歐洲問題之核心。1950年 6 月 25 日韓戰爆發，北韓入侵南韓，是否會再引發第三次世界大戰？是大家所擔心的，西德的武裝問題也是最大的難題。

（一）美、英、法支持的民主國家：德意志聯邦共和國（BRD 1949-1990）

　　1949 年 5 月 8 日在西方三區制定「基本法」（Grundgesetz），並於同月的 23 日正式生效。基本法的制定仍參考威瑪共和國的憲法，並強調此法是暫時性與過度性的，它開宗明義呼籲全體德國人民，擁有完全的自主權，建立一個統一、自由的德國，人民有權自由地決定基本法的廢止以及憲法的生效。1949 年 8 月 14 日舉行首次國會選舉，9 月 5 日選出基督教民主聯盟（CDU）的黨魁艾德諾（Konrad

Adenauer, 1876—1967）為聯邦總理。此時，聯邦共和國並無全權，最高主權仍握在占領國的手中。德意志聯邦共和國（Bundesrepublik Deutschland，間稱西德）為防止希特勒的獨裁及類似威瑪共和國的中央統治，聯邦共和國相對地以十個邦組成，這是由美、英、法三占區的邦合組成的。1957 年薩爾邦回歸德國 [15]。回溯過去的歷史，這些邦大都有其各自的政治和文化傳統，現在它們再一次地擁有自己的議會和政府。另外，四面被東德包圍的西柏林形同一座孤島。它的憲法、經濟和文化組織是與西德結合在一起的，然而它在西德的國會並不像其他的各邦擁有全權。

德意志聯邦共和國（die Bundesrepublik Deutschland）簡稱 BRD（西德），首都定在波昂（Bonn）。它的政治體制的基準有五個，即是一個民主的、法治的、社會的、聯邦的及共和的國家。人民的自主權可由代表人民的組織「聯邦眾議院」（Bundestag）看得一清二楚。它是全體人民的代表，眾議員是由人民依普及、直接、自由、公平及秘密五項原則選出來的。正當希特勒的「帝國會議」毫無意義時，「基本法」賦予聯邦眾議院以一種國會式的民主代表人民行使權力和義務。眾議院的主要任務為立法、選總理及監督聯邦政府。艾德諾及艾哈德所屬的 CDU 政黨在 1949 年 8 月是最強的政黨。SPD 黨和 FDP 黨依序名列第二及第三。今天這些政黨在眾議院要決定議事案件。參議院（Bundestag）是各邦代表參與立法及管理國家的一個組織，參議員的選舉是依　定的比例規定，從各邦政府官員中選出來的，任期一年。參議院的院長每年輪流由一個邦的邦首長來擔任，當聯邦總統因故無法執行任務時，由參議院院長代理之。聯邦總理（Bundeskanzler）訂調正確的政治方向，並選部長，和他們一起組成聯邦政府。

---

15. 1945 年 7 月，薩爾邦成為法國的佔領區。當 1949 年德國不再受聯軍控制時，薩爾區的人民想回歸德國的心變得熱切了。1950 年 5 月 15 日，薩爾區成為歐洲議會的一員。1955 年 12 月 18 日，薩爾邦議會選舉，薩爾邦的居民以壓倒性的多數票決定重歸德國。所以在 1956 年 10 月 27 日，法、德再度簽定同意書，決定 1957 年 1 月 1 日把薩爾區歸還德國。

艾德諾是第一任聯邦總理，他確立年輕的共和國和西方國家合作的方針。他擔任了四屆總理（1949、1953、1957 及 1961），1969 年由布蘭德（Willy Brandt, 1913–1992）領導的 SPD 黨和 FDP 黨組成政府。1974 年布蘭德的政府由史密特（Helmut Schmidt, 1918）繼續

艾德諾總理

領導。接下來則由柯爾（Helmut Kohl, 1930）接替。第一任聯邦總統是霍伊斯（Theodor Heuss, 1884—1963），鑒於威瑪共和國的總統特別是在緊急事情有全權，這可能導致他的濫權，並很容易使他成為獨裁者；相對的，聯邦共和國的總統僅有對外代表國家的任務。國家組織、政體或政策產生爭議時，不是由總統、總理或黨派來裁決，卻是由位在卡斯魯爾（Karlsruhe）的聯邦憲法法院處理。這種政治架構係各邦的議會和政府、眾議院、參議院、聯邦憲法法院和聯邦政府都是各自獨立的國家權力機構。分權的意義是限制政府的權力並阻止其濫權。「政治的自由只有在限制政府的權力時才能確立起來」，這個句子剛好是在德意志聯邦共和國成立的二百年前，法國思想家孟德斯鳩（Montesquieu, 1689–1755）在他的書《法意》（*Esprit des Lois*）所寫下的句子。聯邦共和國接受了分權的原則，由此，它下意識地豎立西方民主的傳統。

西德舉國上、下的目標是有朝一日能復興民族，完成統一，要統一必須先從斷簡殘垣、支離破碎中復興。得自「馬歇爾計畫」（已達 50 億美元）的援助，方能實施「幣制改革」（見 95 頁引發「柏林危機」），幣制穩定才能談經濟建設。德國人的勤奮及講究實際、效率的特性在此重整家園可略窺一二；德國、義大利與其他一些國家同時獲得馬歇爾計畫的經援，而能將這筆美援妥善運用，發揮了百分之百

的效果是德國。政府特別成立了一個美援執行部，由聯邦副總理擔任此經援部長，詳細地規畫，成立工廠、鐵路、橋樑、公路及勞工住宅等五個部門。德國原本就有紮實的工業基礎，是時工廠林立（修復戰前原有的工廠及增設重工業之工廠），濃煙蔽空，分三班制，日夜繼續開工，無論政府機構、工廠、以及私人營業都在增加工作時間，不分日夜的埋頭苦幹。勞動者每週要工作五十二至五十四小時，平均超出其他國家十小時以上，可是大家甘之如飴，毫無怨言。就這樣僅僅八年的時間，在全國人民刻苦耐勞及政府勵精圖治下，西德已經是歐洲政局最穩定的國家。

西德復興的狀況無論工業生產總額、原料（煤礦）生產量、出口總額或是新屋建築的幢數都有輝煌的成績。當時傳誦一時的德國「經濟奇蹟」（Wirtschaftswunder）的確令自由世界刮目相看。能夠摒除西方盟國的疑慮，促成西德整軍的因素亦即在此。因為歐洲聯軍的真正實力，不在法國或英國，而是在西德。美國明白，為了自由世界的團結，抵抗蘇俄共產集團力量的擴張與威脅，西德的人力和工業生產是西歐聯軍的骨幹，西方盟國知道這事實，蘇俄更明白此點，所以西德與東德（德國問題）成為以美、蘇為首的兩大集團對抗的焦點，美國並將西德視為一張王牌。分裂的兩個東、西德要統一的困難點何在，德國人心中清楚：因為是戰敗國，當務之急是重新站起來，等待「時機」及運用「智慧」。德國政府（西德）一直沒有忘記要統一這件事，四十五年的努力，漸漸的，一點一滴的累積成果，俟「時機」成熟了，不費吹灰之力，順利地以「和平」的方式統一，展現了高度的「智慧」。

西德在戰後初期的社會生活及政治情況可說百廢待舉，幸有睿智的政治家，比如有「經濟奇蹟」之父美譽的經濟部長艾哈德，推行社會市場經濟，穩定國內的經濟。聯邦總理艾德諾掌舵的政策是與西方盟國合作。鑒於 1950 年，前東德已加入東區的「經濟互助委員會」（COMECON），同年，法國的外交部長舒曼（Robert Schuman, 1886–1963）提議法國和西德成立「煤、鋼工業聯盟」，並且呼籲

西歐國家加入，這是德、法跨出和解的第一步。接下來是西德進入於 1950 年成立的「歐洲議會」（Europarat），先是以聯盟的身分列席，1951 年始成為正式的會員。1951 年歐洲成立「煤鋼同業聯盟」（Gemeinsamer Market für Kohle und Stahl），也即一般稱為「歐洲煤鋼聯營」（Montanunion），這是由西德、法國、比利時、荷蘭和盧森堡五國共同發起的，後義大利再加入。1952 年，「煤鋼同業聯盟」的合約生效。五年後，在「煤鋼同業聯盟」的基礎上，1957 年，這六個國家的合作再擴展為有十二國的「歐洲經濟共同市場」（Europäische Wirtschaftsgemeinschaft，簡稱 EWG），新加入的有英國、丹麥、挪威、愛爾蘭（Irland）、西班牙（Spanien）及葡萄牙（Portugal），並於 1957 年 3 月 25 日再成立一個「歐洲原子能和平用途聯盟」（Europäische Atomgemeinschaft zur friedlichen Nutzung der Atomenergie，簡稱 EURATOM）。此即為今日「歐洲聯盟」（Europäische Union，簡稱歐盟 EU）的前身。歐盟的貨幣叫 Euro（歐元），已於 2002 年 7 月 1 日正式使用。歐盟的委員會、議會及行政管理設在斯特拉斯堡（Straβburg），歐盟的火車頭目前是德國和法國。

德、法兩國原是世仇，八十多年期間，法國受德國三次侵略（普、法戰爭、第一次及第二次世界大戰），所以法國對德國的疑慮恐懼遠超過蘇俄，因此西歐聯軍的計畫，法國始終拖延不肯批准。艾德諾崇拜法國文化，他操流利法語，並有親法的傾向，致力與法國和解也是他的外交政策之一。1953 年，美、蘇冷戰方興未艾，艾德諾再度當選為總理，美、英對西德政策一致，兩國會商的結果，於 1954 年在巴黎簽訂條約，給予西德以獨立地位，即賦予西德全權（最高自主權），並同意讓西德重整軍備。同年西德也參加在瑞士首都伯恩（Bern）舉行的世界杯足球賽。1955 年 5 月 5 日，巴黎合約（Pariser Verträge）生效，西方盟國撤銷占領區的管制，西德加入西歐聯軍的「北大西洋公約」（Das Atlantische Bündnis，簡稱 NATO）。幾天之後，1955 年 5 月 14 日，東德也宣布加入由蘇聯成立的「華沙公約」（Warschauer Pakt）。1956 年，西德宣布成年男子服兵役制度，而東

德則成立「民族國民兵」（Nationale Volksarmee）。

1963 年 1 月 23 日，艾德諾與法國總統戴高樂（Charles de Gaulle, 1890–1970）簽下德、法「友誼條約」（Freundschaftsvertrag），為兩國世世代代的宿怨劃下休止符。1966 年 12 月，西德政壇上又起了巨大的變動，艾哈德政府（1963–1966）解閣，由基民黨（CDU）、基社黨（CSU）和社民黨（SPD）三大黨合組「大聯合政府」（1966–1969），在總理基辛格（Kurt Georg Kiesinger, 1904–1971）領導下，共同處理內政、外交。有關一個德國問題，西德為求有效避免承認德國之分裂，於 1955 年曾由哈爾斯坦[16]提出所謂「哈爾斯坦主張」（Hallstein-Doktrin）。從性質上看，此主張是堅持西德單獨代表德國的要求之具體政策，即凡是任何已與西德建交，而後又與東德加強關係的國家，皆被西德政府視為對西德不友善之邦，西德政府可採取一連串包括斷交的因應措施。1955 年後，蘇俄本著「兩個德國」的論點來解決德國問題。該年夏天即主動提出願與西德建立外交關係的請求，艾德諾基於長遠的考慮，蘇俄屬於戰後四個占領國之一，與蘇俄建交可直接與蘇俄談判，有利於解決德國分裂，重新統一，故於 1955 年秋決定與蘇俄建立外交關係。

雖然汎阿拉伯聯盟抗議西德與以色列（Israel）建立外交關係，但西德仍視此為德國和解政策的重要一步。1967 年初，波昂也與羅馬尼亞（Rumänien）建立外交關係。1967 年 6 月在波昂和布拉格設立使節代表團。1967 年 12 月已出現緩和跡象，西方盟國已準備與東區展開對話。同時北大西洋公約的伙伴確信歐洲和平秩序的建立，其先決條件則是看能否克服德國的分裂。除了與歐洲鄰居和解並和西方國家整合之外，艾德諾特別將重點放在和猶太民族的和解上。6 百多萬的猶太人成為納粹殲滅性戰役的犧牲品。艾德諾於 1961 年在國會時特別強調，西德的德國人要和過去的納粹徹底地劃清界線，只有在

---

16. 哈爾斯坦（Walter Hallstein, 1901–1982），係德國律師及政治家，於 1951 至 1958 年擔任外交部長。

物質方面給予以色列特別的補償。1952 年已經在盧森堡簽下第一個條約，幫助在以色列的猶太難民，使其定居並重新適應環境。總共有 900 億馬克的賠償，有三分之一撥給了以色列和猶太機構，特別是撥給了遍布全球的一個被追捕的猶太人減稅福利基金會。西德和以色列則在 1965 年才正式建立外交關係。

1969 年 10 月，政權輪替，SPD 和 FDP 組成聯合政府。布蘭德當選為聯邦總理。他提出洋洋灑灑的內政改革，他的口號是致力於更民主的要求。在外交政策方面，他聲明支持艾哈德 1966 年提出的和平方案和基辛吉 1966 年 12 月的施政聲明。布蘭德同意簽署禁核條約，為了確保和平，他採取和美國及西方盟國維持友好的關係；同樣的，也和蘇聯及華沙公約的其他國家尋求諒解，在這個前提下，政府決定在「東鄰政策」（Ostpolitik）[17] 朝新的道路前進。布蘭德改變了以往處理與東德相關事宜的模式，除了與東鄰的國家和解，也與兄弟的東德和解，承認東德為另外的一個德國（見第 141 頁，「1. 西德的新東進政策」）。

布蘭德因毫不知情，其私人秘書紀堯姆（Günter Guillaume, 1927）竟然是東德的間諜，1974 年 5 月，他辭去聯邦總理一職。1974 年 5 月 16 日，聯邦眾議院選舉施密特（Helmut Schmidt, 1918–2015）為總理。他繼續推行前任總理的政策，亦從現實的眼光出發，以務實的步驟處理兩德事件，主張持續有利於所有德意志人民的「條約政策」，並與東德建立正常、友好、合作之關係，另一方面與美國及西歐盟國緊密的團結，並藉著與蘇俄及東歐集團國家的接觸逐步取得諒解，以這種方式維持歐洲的和平秩序。在此和平狀態中，德意志民族才能以自由的自決方式，完成國家之再統一大業。1975 年，

---

17. 德文 Ostpolitik 直譯為「東方政治」，當時指的是與東邊（東方）的共產國家，如東德、波蘭、匈牙利等國之間的政治處理方式，每屆執政黨皆有不同的處理方式。至布蘭德執政時，決定改善與東邊鄰居國家的政治關係，故筆者改譯為「東鄰政策」，後來等到執政的布蘭德兩次訪問東德，也訪問波蘭；接替他執政的施密特也訪問東德，希冀改善東、西德的關係時，筆者再譯為「新東進政策」。

西德和東德同時在芬蘭的赫爾辛基（Helsinki）與 33 個歐洲和北美國家簽署「歐洲安全合作條約」（簡稱 KSZE）。1978 年，由施密特和法國總統居斯卡（Valéry Giscard d'Estaing, 1926）共同推動的世界七國經濟高峰會議（G7），第一次在德國舉行。1979 年，歐洲議會第一次直選，同年 12 月，蘇俄進軍阿富汗（Afghanistan）。1981 年，在德國舉行大規模的和平示威運動，反對 NATO 的雙重決定，拒絕在德國境內布署潘興飛彈。

1980 年後，SPD 和 FDP 兩黨聯合政府在經濟危機和失業政策的意見逐漸呈現分歧。FDP 為了排除危機，要嚴厲地限制國家貸款的對象，要求政府照顧弱勢階級，而不是保護高收入階層者，應該先處理重大的社會政策，拒絕 SPD 對高收入者的補增捐稅。SPD 黨對 FDP 黨越來越不滿，對施密特政府精簡財政也很惱怒，因為這已無法使人信服這就是社會民主政策了。1982 年 10 月 1 日在眾議院，反對黨 CDU/CSU 和 FDP 黨聯手，以「建設性不信任投票」罷免施密特總理，並史無前例於 1983 年 5 月 6 日由眾議院提前舉行大選，選出現任的反對黨 CDU 主席柯爾（Kohl, 1930）繼任總理。

柯爾的統一政策基本上仍以基本法中所確立的規範為取向，即實現全德意志人民基於自由意志的民族自決。1985 年魏柴克總統（Richard von Weizsäcker, 1920–2015）是第一位以西德最高元首的身分訪問以色列的國家官員。柯爾的執政黨在競選時承諾要拚經濟，然而失業人數卻從 1982 年的 180 萬人急劇上升到 1984/85 年的 220 萬人。

除了失業的問題，西德還有客籍工人（Gastarbeiter）的頭痛問題。西德膾炙人口的「經濟奇蹟」背後貢獻者是外籍工人的心血。二戰時，德國成年男子為國捐軀者不在少數，戰後要重建家園，以工業立國的德國缺少人力，勢必要引進外國勞力，於是大量招募來自東、南歐的成年男子。光從 1950 年至 1978 年的出口值從 67 億上升到 2,850 億馬克，1990 年甚至達到 6,800 億馬克的數據，不得不佩服德國人，還有這些大批默默無名的幕後英雄。目前德國在世界上是最重要的出口

國，僅次於美、日。機器和汽車、電子技術的產品和化學工業產品是最重要的出口產品。因此在戰後的十年也有人稱為這是第三次工業革命。形成不少全新的工業支脈，從化學工業發展製成人工原料；特別是電子學和資料處理是這波新革命的開路先鋒。工業化的高度水準在經濟和社會方面也產生特別嚴重的問題。產品製造的直線上升和勞力的短缺引來的後果是僱用大批的外籍工人；德國富裕的生活環境吸引一股來自東歐的移民潮和來自世界各地發生戰爭的地方尋求政治庇護的難民潮，也在在加深政府額外的負擔。

二戰戰後，德國人要重整家園，由於勞力短缺，極力歡迎客籍工人；現在時過境遷，除了客籍工人，還有大批想到德國過好生活的難民，使政府頭痛萬分，德國人民也不像以前那麼友善地對待外國人了。1985 年，德國作家瓦拉夫（Günter Wallraff, 1942）發表了一篇毫不留情的報告文學《被踩在腳底下》（Ganz unten）。裡面有這麼一段描述：「……我現在知道，（一個外國人）要忍受什麼……在我們這裡發生了種族隔離[18]——在我們的民主國家。」瓦拉夫為了探討客籍工人在德國生活的處境，他化裝成土耳其工人，混入工廠應徵工作，與土耳其工人一起生活了一年多，將其親身經歷寫出來。他指出外國人必須常常忍受敵視、受排除及處於困境中求助無門。當時在 80 年代，在前西德有超過 450 到 500 萬的外國人。

柯爾執政時，國內政治生態起了變化，一個新政黨成立並逐漸茁壯，迄今它仍在國內政壇具有舉足輕重的地位，那就是 1983 年選舉後進入國會的「綠黨」（die Grünen）。綠黨是在 70 年代結合各次民眾自發性的運動、婦女運動及社會運動而組成的一個政黨。綠黨開始問政則始於 1985 年，在黑森邦與 FDP 黨組聯合邦政府，顯示西德政壇上加入有問政能力的新血。綠黨的黨綱訴求：排除近代化工業令人不舒適的社會及為人類保有自然的生活環境，這是它政治上重要的課題及努力的目標，期望能在西德實現。

18. 種族隔離這個詞彙，瓦拉夫使用南非語 Apartheid，係南非聯邦使用的「種族隔離政策」。

1987 至 1989 年 [19] 的國會大選，基督及自由聯盟繼續執政，柯爾再次被選為總理。此時的傳統價值觀已改變，大多數的公民將獨立、自由意願和自我發展看得比義務和秩序這種傳統價值來得重要，這些改變也影響對政治的治理與行為。對穩定的政治保持距離和批評，以新方式表達對社會和政治的義務感。無數自發性的民眾組織和社會運動，幾乎不再和一些大型的組織或運動有關，只為爭取各自的權益，如火如荼地展開抗議運動。

80 年代的政治焦點是蘇聯的總書記戈巴契夫（Michail Gorbatschow, 1931）提出「開放」與「改革」的口號及東、西方衝突明顯地逐漸消失了。1987 年 12 月 8 日在美國的華盛頓（Washington）美、蘇兩國簽下了「限武協定」（INF-Vertrag），所有美、蘇部署在各地的中程導彈都應該拆除掉。這是自 1983 年以來中斷了的限武談判最大的突破，兩德對此事給予正面的肯定，因為兩德同時是兩大強國部署飛彈的目標地及軍隊駐紮基地。其中最令人感到不可思議的是戈巴契夫在 1989 年 6 月 12 日到 15 日訪問西德，這對「德國問題」似乎透露了一些曙光。尤其更耐人尋味的是戈氏於 1989 年 10 月 7 日，前東德慶祝建國成立四十週年，應邀訪問前東德，其致詞的一句話：「遲到的人，會受到生活（生命）的處罰。」戈氏講出這句潑冷水的話，其背景則是當時位在東歐的前東德，其鄰居國家早已陸陸續續地實施改革；它們都已放棄了社會主義的那一套社會形式，並引進了基於人權和自由的憲法，看來只有前東德不具有「改革」的能力，所以戈氏向當時已年老的社會統一黨的領導人提出警告。

（二）前蘇聯主導的工農國家：德意志民主共和國
（1949-1990）

東部占領區在蘇俄扶植之下，與聯邦共和國同一年的 1949 年

---

19. 原本的任期為四年，1989 年底，前東德發生巨變，促成並加速兩德統一，故國會提前舉行大選。

10 月 7 日選出統一黨（Sozialistische Einheitspartei Deutshland，簡稱 SED）的第一書記烏布里希特為領導，成立第二個政治實體，即德意志民主共和國（Deutsche Demokratische Republik，簡稱東德，DDR）。它是工人和農人的社會國家，是勞動人民在城市和鄉村的政治組織，共同在工人階級和馬克斯－列寧黨的領導之下實現社會主義的國家。東德憲法明載著「在馬克斯－列寧黨的領導之下實現社會主義是這個國家最高的目標。」

　　早在 1946 年東德就在蘇聯的壓力下成立了統一黨，這個黨的一些領導人皆納入「政治局」（Politbüro），二十五年來，直到 1971 年都是由統一黨的第一書記烏布里希特掌控。1971 年方由洪內克（Erich Honecker, 1912－1994）取而代之。統一黨的主要目標之一是將生產機構國有化；將私人企業組成屬於全民所有的「國營業」（Volkseigenen Betriebe，簡稱 VEB），1961 年把以前屬於農民私有的田莊（包括牲畜）組成「農業生產合作社」（die Landwirtschaftlichen Produktions-genossenschaften，簡稱 LPG）。1952 年把以前舊的德國各邦，比如布蘭登堡、薩克森等等解散，重新劃分國家的區域。前東德的國會是座落在前東柏林的「人民議院」（Volkskammer），號稱德意志民主共和國最高人民代議機構，是國家最高的權力機構。它在他們的全體大會決定有關國家政治的基本問題。但理論上由憲法所賦予最高權力的人民議院卻毫無實質的政治意義。他們的委員選舉基本上和西方民主國家的選舉不一樣。委員名單早就在選舉前規定好了；人民的選舉動作只要對這個統一黨列出的名單投下贊成票即可。這是不可能從競爭的黨派中選出候選人，因為也沒有反對黨。

　　前東德政府毫無例外皆由人民議院選舉。一直到 1960 年唯一的「部長會議」（Ministerrat）皆由葛羅特渥（Otto Grotewohl, 1894－1964）擔任部長。1960 年國家機構才改組。在烏布里希特的領導之下，將它改名為由 16 名會員組成的國務委員會（Staatsrat），由他擔任主席。國務委員會幾乎成為全東德政治勢力的領導。1973 年烏布里希特去逝，有一陣子看起來國務委員會好像喪失了其意義。然而在

1976 年統一黨的主席洪內克接了這個位置，並且完全將權力掌控在手中。在東德這種國家體制的改變並不會影響它們的基礎：即統一黨的絕對權力毫不受影響。西方民主國家的國家統治權是分散到各個機構，而在前東德是集中在一個人的手中。這即是由黨領導及由其國務院和國務委員會的成員領導。前東德即是統一黨的國家。烏布里希特自己就在人民議院說，在東德那所謂的分權規範終於被破壞了。列寧（Wladimir Iljitsch Lenin, 1870–1924）要求共產黨獨自統治和他的「民主式的中央集權」思想，在前東德幾乎完全實現了。

　　1949 年 5 月 12 日，通向柏林的街道再度暢通無阻。柏林封鎖的危機雖然解除了，但這並不意味冷戰也解束了。美國及蘇聯都不願意放棄它們在中歐已獲得的影響力，而西德和東德也不願意中斷與它們的保護國之聯繫，因此經濟和政治的對立越來越尖銳。西德比東德更早並更快地強盛起來。50 年代初，西德的生活水準已遠遠超越了東德。隨之而來的是一股來自東德的逃亡潮。由於經濟陷入困境，統一黨於 1953 年 5 月 28 日作出決議，宣布在不增加工資的情況下，增加工作定額 10%。這一用行政命令強行增加工作量的作法，使工人們非常憤慨。

　　6 月 16 日，東柏林的建築工人領頭發難，80 名建築工人首先自動自發地舉行罷工，並舉行示威遊行，人們的訴求如下：「同事們，這並不是事關工資標準化和價格的問題，這還涉及更多的問題……我們要自由。政府必須從它的錯誤承擔它的行為後果。我們要求自由和秘密的選舉！」6 月 17 日，示威運動在全東德變成一個民族起義運動，在 560 個地方所有的工業區各行各業的 30 萬工人全都起來抗議，各地工業區大多數工廠的罷工、怠工運動持續多月。這項原本只是經濟事件，源自要求收回增加生產量的事而已，卻很快地發展成為政治事件。6 月 17 日那天在東柏林舉行的遊行本來很有秩序，但因有不良分子混入滋事，很快轉為普遍的暴動。出現了放火燒毀書報亭、工會大廈、德蘇友好大廈和警察局等建築物。除了罷工，人民要求 SED 政府下台、烏布里希特辭職，並舉行自由選舉。東德農村出現反共文宣，

要求解散蘇式集體農場。民眾的怒吼響徹雲霄，SED 對此束手無策，只好向蘇聯求救。於是蘇聯駐紮在波蘭的坦克開入東柏林驅散人群，示威者直接對抗蘇軍，這些場景皆可從檔案照片上看到，東德人民跳上坦克把木棍塞進射擊孔，或拿石頭及裝有汽油的玻璃瓶投擲坦克。整個「6·17 事件」總計有 300 人喪生，1,400 人被判長期監禁。

起義事件之後，烏布里希特的政權有蘇聯的庇護，更是屹立不搖，他的黨內反對者則緘默無言。西方列強在這起事件的處理態度不免讓東德人感到失望，東德人希望列強干涉的構想落空了，原因是西方列強幾經考慮協商，在避免引起戰爭的考量之下，作出放棄了介入此事件的決定，並在這示威事件表現得非常低調；而西德政府則將 6 月 17 日這天定為國定假日，直到 1990 年兩德統一，方將此假日取消。這起事件的後果則是更加劇東德人逃向西柏林。

比起西德，東德的經濟復甦不但較晚，而且甚為緩慢；人民的生活條件也一樣不能與西德相比較。與西德相比，這個位在東邊的

東柏林人民起義事件，蘇聯駐紮在波蘭的坦克開入東柏林驅散人群，示威者直接對抗蘇軍。

分裂國家實在處於相當不利的環境：由於戰爭之因，損失慘重的蘇聯特別向它的占領區要求一大筆賠款；相對於西德獲得馬歇爾計畫的一大筆援助款，東德可說處於一無所有的窘境。與魯爾區鋼鐵工業的聯繫中斷了；因此必須非常辛苦地重新恢復自己的重工業。經濟的國有化造成了大問題，雪上加霜的，特別是許多最好的專業工人、技術師和科學家都逃到西德去了，造成了有十年之久，日常生活必需品嚴重地短缺。

西邊實施的自由市場經濟大大地成功。相對之下，在東德其生產卻非常死板板地一定要透過計畫去實行。統一黨制定經濟計畫，並規定以每五年為一期。東德的經濟被稱為「實現計畫」。烏布里希特說：「東德經由達到世界水準的科學和技術，必定能在經濟競爭中贏過西德……這種經濟競賽對德國的將來是有決定性的。」像他所說的，在經濟競賽中要贏過西德，是統一黨最大的目標之一。東德有可能達到這目的嗎？除了褐煤與鉀鹽之外，東德的原料相當貧乏。與西德一樣，高價值的工業產品之製造與出口是極其重要的。如同西德加入「歐洲共同體」這個組織，東德在經濟方面也緊密的地向東區的「經濟互助委員會」（Rat für Gegenseitige Wirtschaftshilfe，縮寫：RGW，簡稱經互會）靠攏。來自蘇聯的石油和薩克森的煤是東德能源的來源，同時也是化學工業最重要的原料。那時還屬於全民的「羅伊娜工廠」（Leunawerke）也是歐洲最大的化學工廠之一。

在濱臨奧德河的第一座社會主義城市艾森胡藤城（Eisenhütten-stadt）設立了鋼鐵聯合企業。統一黨盡了一切努力，成功地發展出機器、電子和紡織工業，特別是近代的技術，比如電子學，取得相當好的成績。靠近波羅的海的羅史托克（Rostock）被建設成一個新的國際商業中心，像西德的漢堡一樣，東德有了自己的「通向世界的門戶」。東德屬於世界上最具代表意義的十大工業國家之一。在整個東區之內，它是最重要的機器和電子工業出口國家，特別是化學產品獨占鰲頭。然而東歐國家的經濟陷入嚴重的困境，這是由於它們實施社會計畫制度的因素而引起的。這對前東德的經濟特別不利。

完全由中央來計畫、檢查和監視癱瘓了公民進取的意願。雖然「失業」這個名詞在東德幾乎很少被聽到，不過對於一個工業國家而言，其「工作效率」實在不能令人滿意。因為光要維持一個萬能的，但少有成效的國家官僚機構，所需要的計畫和管理，警察、國家安全服務和軍隊就需要十幾萬的勞動力，這種體制形成的缺失，造成很多企業只能獲得微薄的利潤，甚至虧損累累。三個東德工人平均所創造出的產值，西德只需要兩個工人即可達到目標。這也就說明了東德缺乏勞動力、較低的工資，還有婦女工作的必要性都是問題。所有從十五歲到六十五歲的婦女 80% 都是有職業的，在勞動生活和男士一樣享有平等權。在這一點，東德絕對破世界紀錄。雖然不能與西德相比，但東德人民的生活水準在所有的共產國家之中仍名列前茅。

　　在 70 年代東德仍然無法達到其經濟目標。烏布里希特雖然努力於要超越西德，但仍然力不從心，接任的洪內克卻設法慢慢改善人民的生活水準，一步一步地要提高物質和文化的生活水準。然而以社會主義式的經濟和社會缺陷要達到這種微小之目的都還成問題。在東德的生活水準仍然遠低於西德。民眾早就對統一黨失去信心了，並把對一個好一點的未來之希望寄託在他們社會主義國家的希望也破滅了。接著而來的是東德人民深深地不滿意，並有離開他們的國家之意願。然而被嚴密地守衛的邊界仍然緊閉著。就連東德著名的馬克思批評家哈烏曼（Robert Havemann, 1910–1982），或是著名的新聞記者巴羅（Rudolf Bahro, 1935）在他的書《二者擇一》（*Die Alternative*, 1977 年在西德出版）都批判統一黨掌握全權的官僚制度，限制自由，並且要求一個全新的開始。巴羅寫道：「在這樣的黨派裡的共產黨員（比如統一黨）都是反對自己及反對全體人民的一個組織。……我們必須選擇一個全新開始的方向。」

　　出乎意料的，1989 年和 1990 年提供給這個改變的可能性一個新開始。統一黨的政府經由一場和平革命被推翻了，這也意味著社會主義的經濟計畫結束了。1990 年 7 月 1 日是德國經濟統一的日子。「我們現在處於本來就是屬於一個休戚相關的整體，又要在一起成長的狀

況。」在柏林圍牆被打開時，布蘭德對這個被分成兩個國家的祖國，寄以如上述能夠快速且毫無阻礙一起成長的厚望。然而，經由突如其然的劇變，在前東德的經濟危機不但沒有被解決，反而更尖銳化。因為以前屬於國營的企業都已經老化了，在自由經濟市場已不具有競爭力，全部被停擺了，隨之而來的狀況是生產倒退和失業戲劇性地上升，毫無效率可言的行政管理之缺失、交通網和遠程通訊的不足阻礙了一個近代工業的重建。要排除嚴重到無以復加的環境污染、重新修建受損的建築物和重新整頓一個行政管理機構，直到今天要投入大量的人力，還要支出一筆天價的數目以彌補財政的匱乏。對重新整頓東德的看法，布蘭登堡邦的總理史托波（Manfred Stolpe, 1936）說得頗中肯：「分隔了四十年的東、西德，兩邊的人民要達到同樣的生活水準，這可需要花很多很多年的時間啊！在我們前面還有一條很長很難的路。」[20]

由上面的概況敘述應該可以稍微瞭解東德大致的情形。那麼東德的問題出現在那裡？為什麼與西德人具有同樣特質的東德人要反對體制、要抗暴及要奔向自由，逃往西德？共產黨國家的統治一向深不可測，其人民生活的狀況也鮮少為人知，這就符合了邱吉爾的「有一道鐵幕已經垂下來了」的說詞了。兩德統一之後，德國方有大量的專書深入報導東德的真相。根據德國的一本歷史雜誌《GEO EPOCHE（地球新紀元）》圖文並茂的報導，方使人窺知前東德的真相。

1933 年，希特勒的納粹黨大肆逮捕共產黨的骨幹，柏林的黨幹部烏布里希特被逼得逃亡，首先逃到巴黎，1938 年逃到莫斯科，連同他共有九個共產黨最高階層的幹部逃過希特勒劊子手的追捕。在莫斯科他們和其他的國際幹部被安置下來，兩個在那裡自然死亡，七個當中有五個後來被帶走了，不知去向，只有兩位通過史達林的考驗：皮克（Wilhelm Pieck, 1876–1960），他是 1918 年共產黨的創黨黨員之一，且是自從 1935 年以來，流亡共產黨員們的主席；另外一個就

---

20. 見肆 . 前東德的重建 (1990–2015)，第 178 至 206 頁。

是烏布里希特。他受命返回荒蕪一片的東德，他及他的團隊非常積極地分頭去找知名的人士來整頓這個被摧毀得亂七八糟、雜亂無章的國家，比如找了柏林著名的外科醫生紹爾布魯賀（Ferdinand Sauerbruch, 1875–1951），說服他來執掌衛生局。就這樣子，在被洗劫得一空、被糟蹋得一塌糊塗、簡直是被戰爭蹂躪得差不多的地方，在烏布里希特身邊的人、蘇聯的軍官和民眾的幫助之下，讓人值得欽佩地，在短暫的時間可以說差不多恢復正常了。

當 1941 年希特勒的國防軍侵入史達林的帝國時，他迅速地改變戰爭的形式，由烏布里希特以薩克森方言在莫斯科廣播電台替蘇聯宣傳，招募在蘇聯被捕的反法西斯德國軍官和士兵組成一個「自由德國民族委員會」。沒有一個民族像當時的「蘇維埃社會主義聯邦共和國」（簡稱蘇聯，UdSSR）被希特勒的國防軍和納粹衝鋒隊屠殺得那麼慘：大約有 1,200 萬的紅軍 [21] 被殲滅，1,300 多萬的俄國平民被殺死。1943 年初，蘇聯的紅軍勝利成功攻入德國。1944 年 9 月 12 日，蘇聯和它的兩個重要結盟的國家——美國和英國擬定出第一梯次、具體的一些處置德國的計畫，將被擊敗的德國分成三區（後來同盟國又從自己的占領區劃分出一區給法國）。柏林位在蘇聯的管區，但是應該由所有的同盟國共同管理。不到一個月，紅軍越過了希特勒帝國東普魯士的邊界。史達林下令他的士兵在美國人及英國人尚未來之前，盡量地掠奪，特別是重要的首都——柏林。

史達林在 1945 年 2 月的雅爾達會議向美國總統和英國首相要求，德國人應該要賠償 100 億美金。四強也取得一致的意見，每個戰勝國可從他們的占領區獲得補償，也可以拿走正在生產中的德國工業產品。而紅軍真的成立了一個「戰利品委員會」，從地主的莊園、宮殿和古堡收括了大批財物，光在 1945 年就掠奪了 45 萬台收音機，6 萬

---

21. 紅軍（Rote Armee）即指前蘇維埃社會主義聯邦共和國（UdSSR）的軍隊，於 1918 由工人和農人軍隊組成的，旗幟顏色為紅色，故稱紅軍。現在仍為蘇聯的軍隊，也屬於獨立國協的一個政治體系。

架鋼琴，94 萬件傢俱。蘇聯動用了 7 萬名男人把 2,200 間企業和工廠裡能夠拆得下來的及能夠搬得動的機器及原料，比如製造武器和飛機的原料，還有機器工具和汽車、磚窯、傢俱工廠、麵包廠通通運回蘇俄。那段時間占領者就將數十萬件博物館的文物、幾百萬本書、12 萬公里長的鋼軌、全部半數尚可使用的火車頭、幾百萬頓的檔案資料據為己有。

德國東部有三分之一的工業設備被搬走，比在戰爭中被毀壞的還要多，這其中有居世界領先地位的企業，比如在耶拿（Jena）的蔡司（Carl Zeiss）眼鏡和在圖林根（Thüringen）的 BMW 工廠。此外，搜括大隊還把電話金屬線、印刷機、船隻和設備齊全供研究用的實驗室全部搬得精光。

更恐怖的是德國婦女所要付出的代價。在蘇占區共有 1,600 萬德國人和 150 萬紅軍，在德國和在奧地利被紅軍占領的地區有 190 萬的婦女被蘇俄士兵強姦，有的甚至被多次輪姦。光在 1945 年春天的柏林，估計有 140 萬的婦女守候在那裡，接近 10 萬名犧牲者失去自制力被強姦。每五個就有一個懷孕，每十個就有一個生出不久就被她的同胞所恥笑辱罵的「俄國孩子」。至少有 1 萬名被強姦者沒能活下來，或者是幸而活下來，但已經被蹂躪得不成人形。沒有人計算由於恐懼、羞恥或痛楚而自殺的婦女到底有多少人。

1945 年 5 月 13 日，廣播電台再度開播了（雖然占領國命令交出所有的收音機，因此幾乎沒有人聽到廣播），隔天之後，第一輛地下鐵開始行駛了，六天之後，電車也開始運做了。在 5 月 18 日交響樂隊開了一場歌劇音樂會。5 月 26 日柏林愛樂交響樂的團員慶祝戰後的首場演出。而在 6 月就有 18 萬名柏林小孩在臨時搭蓋的學校上課了。

烏布里希特領導的政府印製糧票，食物是被配給的，不久就有第一批援助物資運進來了，看每個成年人工作的輕重而得到多少配給。理論上，是每個成年人一天獲得 300 到 600 公克的麵包、20 到 100 公克的肉、7 到 30 公克的奶油、15 到 25 公克的糖、400 公克的馬鈴薯，

還有再加上每一個月獲得 100 公克的替代咖啡、20 公克的茶、400 公克的鹽。這是在一種廢墟生活裡的食物配給量，然而，這也是第一次的整頓和一個新的開始。

接下來，共產黨的幹部們和他們的贊助者在每一區裡尋找自願者：存活下來，且能夠回到他們工作崗位的管理官員，或者是在納粹時期能夠適應環境，因此現在是謹慎小心的老師，他們再度被准許回到學校去。但是這種建設也有一個代價，就是一個政治代價。因為對烏布里希特而言，不只是要決定在柏林這一區的管理能夠再上軌道，還有一個問題是由誰來管理。「這一定要看起來很民主，但是我們必須把所有的一切掌握在手中。」他這樣地對他的小組成員說。共產黨員應該要接管一切權力，然而他們應該要用掩飾的方式，為了不使受盡折磨的人民不安，也不要激怒不久將要推進過來的西方聯軍。因此，這些同志們，雖然他們非常厭惡這個工作，不得不在這些地區去尋找昨天的敵人：從納粹黨手中逃出的社會民主主義者和自由主義者加入共產黨。之外，也找來了一些中產階級的政治家們，專業知識是不重要的，只要政治路線忠誠即可。經由此方式，共產黨員們不只接管行政單位，他們也到處擴張，在准許其他黨派組黨前（因為所有的同盟國禁止德國人正式組黨），他們已經有了組織架構及經驗。

共產黨員們在蘇聯占領區擴大了他們的權力。四個當時被准成立的政黨計有：德國基督教聯盟（CDU）、德國社會黨（SPD）、德國共產黨（KPD）和德國自由民主黨（Liberal-Demokratische Partei Deutschlands，簡稱 LDPD），組成「反法西斯民主的大聯盟黨」，它是議會的備胎。1946 年 4 月 31 日在蘇聯政府的壓力下，KPD 領導者皮克和 SPD 的主席葛羅特渥以握手的方式代替蓋章，同意合組成立「德國社會單一黨」（Sozialistische Einheitspartei Deutschlands）；簡稱統一黨（SED），它控制並檢查蘇占區的政治和經濟。為了要從東部的德國地區建立一個屬於自己的國家，他們需要蘇聯的准許。在 1949 年 9 月 16 日，有一架蘇聯的飛機從柏林飛往莫斯科，機上有

SED 的領導人物：皮克、葛羅特渥和烏布里希特。時間非常緊迫，西方三個西區自從 1949 年 5 月 23 日成立聯邦共和國，已經是一個真正的國家了；東方必須要回應此一事件。這三位男士曾多次由於軍事、經濟方面的事情在莫斯科向上級做過定期的會報。隔天，蘇聯的領導人在克里姆林宮（Kreml）命令德國人成立政治局。他們花了三個小時之久，討論在蘇聯占領區的土地上成立一個自己的國家，就這樣，一個「德意志民族共和國」，簡稱東德，被建立起來了。

　　將近 1,400 公里長的界限將兩邊的德國人彼此分開來，這條邊界多年來只有一個方向是透氣的：從西邊向東邊看。絕大部分的東德人相對的像個囚犯留在自己的國家，他們自己必須在一個國家適應下來，而另外的一個國家則是比較好的德國，他們漸漸地和西德做比較。就官方而言，東德是一個由五個黨派和一個議會所組成的國家，事實上，統一黨單獨統治並且滲透到社會的各領域。成員們不只是在思想上，連在道德上也要非常堅定：婚姻問題、小孩子在學校的成績不理想及過度的酗酒都被公開提出來討論。在東德全民都要投入工作，然而工作在「勞動者的天堂裡」（指東德）也要受社會和政治的檢驗。每一個成年人都有義務要從事一項職業。沒有找到一個實習場所的年輕人會被安置在療養院裡工作，政治上不受歡迎的人必須常常在生產上接受考驗，而大部分都是去做粗重的工作。工業幾乎完全國有化，並和全部所有東德的經濟一樣，隸屬於 SED 的中央經濟計畫裡。留在東德的一些蘇聯占領者以他們所拆除的工業設備，在戰後設立鑄鐵廠，這個重要的經濟命脈直到圍牆倒塌時，這些損壞的機器也沒被修繕好。1960 年開始，比如在奎德林堡（Quedlinburg）一個農業生產合作社，大家是要集體工作的，這時已經幾乎沒有私人的農莊了，田地、家畜和機器全部屬於公有財產。在東德各地，所有的公民都要響應並仿效蘇聯的「星期六義務勞動」，自願地投入戰後重建工作，比如修築屬於國家的財產，像建築物或是道路等。

　　東德人日常生活的兩件事情，即是集體活動和耐心地等待。「集體」指的是人們一起工作、慶祝或者甚至一起去度假。等待指的是等

到有一間公寓住宅，這是要排隊申請的，比如道地的新建築是一棟棟事先已完成的鋼筋混凝土材質，按照統一的規格蓋成的住宅是大家所渴望的。比起其他很多老舊的房子，這種新住宅有冷、熱水供應、中央系統控制的暖氣和一個浴缸。想要自己蓋房子則要耐心地等待到有建築材料，要安裝一具電話也要申請等待。東德人民到退休時，方准許到西德去，這時還得再經得住一次的等待：等到他的旅行許可證被批准。1978 年，洪內克鼓勵年輕人多生小孩，政府提供年輕的家庭在婚後一筆無利息的貸款，每生一個小孩給 1,000 東馬克獎勵，並且母親可以有一年領薪水的育嬰假。東德的經濟積弱不振，年輕的成年人通常在他十八歲生日後，皆馬上向汽車工廠登記，預購一輛汽車，然後這有得等了，他可能要等二十年才能拿到他的車子。

東德是一個布滿眼線的國家，據統計，在東德政權存在的最後幾年裡，平均每一百八十個公民由一個國家安全局的人員負責監視。在各種抗議的聚會場所常可看到國家安全局的人員拿著照相機、對講機等器材搜證。更讓人匪夷所思的是他們偷偷地刺探的功力：國家安全局的人用一種通常是用來貯藏蒸煮食物的密封大口玻璃瓶，收集他們所監視的人的體味，在追捕這些長久以來被他們列為嫌疑犯的人，這些觀察者藉助狗的幫助，由狗去嗅放在瓶裝裡面的嫌疑者的體味，追尋著這個蹤跡逮到他們所要的人。在東、西德的邊界或柏林圍牆都可看到偌大的警語：誰要是用暴力撞開國家的邊界，在圍牆旁邊進行挑釁行動，只會使一切更糟糕。這警示語是用來擋住西方的間諜、破壞者和煽動者的。

1949 年 10 月 17 日，統一黨決定廢除國會和內閣這兩個花瓶單位，所有的法律條文和規定必須呈送統一黨最有權力的委員會——政治局審查。同時盡量打擊 CDU 和 LDPD 這兩個民間政黨，因為在1950 年 10 月的人民議院選舉，這兩個政黨呼籲公開及自由的選舉，如果讓這兩個政黨勝選，則大勢不妙。因此統一黨向人民散布反對「CDU 和 LDPD 激進政治家」的消息，並進行公開的審判，在很多地區的中產階層的部長被逼辭職，或以一個所謂的與西方有生意上的

來往之罪名將他們逮捕或控告。諸多剷除異己的案例中，以波茨坦的 CDU 市長的下場最為淒慘，他極力為自己辯護並沒有收受政治獻金，卻被所謂的以當間諜的罪名，和他的太太雙雙被送到蘇聯的一個法院去審判，稍後即被判死刑，並被處決了。東德在成立一年後，即大幅度地擴充其政權。批評者皆被追捕、驅逐或者關押。如此的恐怖統治，有數不清的稍有良知的人士起來反抗 SED 黨的統治，其下場不外是依罪名的輕重被判若干年的監獄刑期，最重的罪刑就是死刑了。最著名的例子就是福拉德事件了。

福拉德（Hermann Josepf Flade, 1932–1980）在歐伯恩豪爾（Olbernhauer，屬於肯尼茲城的一個地區）長大。十二歲時，即接近納粹政權崩潰時，他就退出納粹黨的「德國青年團」。他具有一種非比尋常的倔強性格，不會輕易地順從統治集團政治上的等級變化、命令的組織和政治制度。福拉德想成為工程師，但因家貧無法如願，如果他加入「共青團」則可如願，但其母禁止他如此做。十七歲時，為了籌足學費，他向學校辦了休學，他在一個鈾礦場（專門供給蘇聯製造原子武器）找到一份工作，這是個薪水高，但頗危險的工作。1950 年他被掉下來的石頭打中了，所以辭去了工作。他把握時間將荒廢的課業補全，秋天的時候，又回到歌德高中上課。但是學校拒絕他升級，雖然他的成績很好，這是因為他不是共青團的成員。如果他不能證明有社會的合群性，就沒辦法繼續他的學業也不能夠畢業，福拉德屈服了，他只好加入這個團體。

有一個男孩子在假期時拒絕加入共青團的行動，多數人決定要叱責這名學生，經過兩次或三次的表決，最後秘書問有沒有人反對？福拉德和少數幾個學生舉了手。他現在被做了記號，從此以後，他覺得被老師歧視，減免學費的申請再一次地被拒絕。他非常生氣這種明目張膽的專斷行為，決心以一種小小的敵對行為做報復：當他被委託販售共青團的紀念郵票時，他故意地帶著很多套票回來（表示沒有銷售出去）。

這期間已經快接近「人民議院」的選舉，統一黨要大大地做競選宣傳，印了上百萬份的宣傳單，就連許多偏遠的小村莊也設了競選總部，在那些地方應該可以證明還沒有決定投票的人到底投給了誰。統一黨要盡可能達到百分之百的投票率，因為也可以從不投票的人中，看出是哪一種人反對統一黨的統治。統一黨的宣傳鼓動者支持一些在企業、管理和國有地產單位統一陣線的積極分子。共青團的成員福拉德也要去貼海報，一個朋友必須將幹部交給他的宣傳在一處宣傳場所替統一黨的「民族陣線」做宣傳：西方譴責這些選舉是不自由的，是無意義的；統一黨必須要共同克服這些等待處理的任務，因為沒有必要有一個反對黨存在。

福拉德 10 月 4 日應該在他的故鄉發宣傳單。他故意缺席，和他的女朋友去散步。第二天，歌德高中的學生又被召集起來：這一次福拉德必須為自己辯護。他固執地解釋，他已為他以前工作的威斯慕特股份有限公司（Wismut AG，即指鈾礦場）做了比他現在的同學更多的宣傳事情。事實上，他是要逃脫這訓斥。然而他必須和高級中學其他已成年的學生們，簽名寫一份他贊成統一黨名單上所列的候選人（這種自我負責的聲明，在東德每一個租屋而住的居民也要為了支持宣傳，必須簽名）。簽名厚紙板將被裱框起來，並掛在學校的走廊裡。兩天之後，在 10 月 7 日，福拉德聽到在歐伯恩豪爾附近出現了反對選舉的傳單。他內心非常的激動：一方面感覺他被迫著做此事會使他墮落，另一方面也害怕這種非法反抗的風險，有可能毀了他將來全部的機會。然而他現在受夠了，沒有讓人知道，本能地自己做了決定：他決心進行自衛，反對這種經過策畫的、同心協力要去完成的事情。

他很快地開始製作宣傳單，以笨拙的口號印了十二張紙。晚上他開始行動，將宣傳單貼在城裡的公告欄看板上。他沒有被發現，兩天之後，他又印了新的傳單「十月發生了仿蘇聯模式的令人難以相信的選舉舞弊」，上面寫了一則他偶然聽到的笑話：「鵝像皮克懶散地走著，像葛羅特渥嘎嘎地叫（暗指嘮叨），而就像德國人民被撂了毛。」福拉德並沒有意識到他是在拿生命開玩笑，因為在蘇占區光

在 1950 年就有 180 位持不同觀點的人被判死刑。1950 年 3 月在阿滕堡（Altenburg，屬於萊比錫的一個區域）就有一部分的反抗集團被逮捕。9 月時，有 19 位學生和老師在蘇聯的軍事法庭被審訊。在个公開的審判有 3 位因為所謂的與西方組織接觸，並投靠美國的特務而被判刑，二個月之後在莫斯科被槍斃了。

在人民議院選舉的那天，福拉德印了一系列的宣傳單：足足的有 200 份。他應該在選舉時貼傳單，而他偏偏使用民族陣線的宣傳單背面來印製——因為紙張很貴。他在文宣裡警告統一黨的國家會崩潰，提醒人們對納粹的處罰，他甚至預告從布爾什維克的獨裁解放出來：「然後對積極的統一黨員會給予合乎正義的處罰。想想這一點吧！」當他出發時，他帶了一把刀子，這樣方感到安全，但是這一次他被發現了。約十點左右，傳單被發現了。他用刀子刺了便衣警察，才得以抽身。

第二天，福拉德好像若無其事地去投票。官方公布的結果是：98.73% 有選舉權的人投了票，這之中有 99.72% 的人投給了隸屬於統一黨的「民族陣線」。發現福拉德的警察這時躺在醫院，他的同事根據其描述，幾個小時之後，逮捕了福拉德。公開審訊時，當他回答：「自由對我而言，比我的生命更可貴。」時，法庭立刻將擴音器消音。他被判以有負擔費用義務的死刑。法官的判決在東德引起了非比尋常的憤怒。福拉德的訴訟過後，在德勒斯登多處房屋的牆壁和許多座橋都出現如：「讓福拉德活著」、「給福拉德自由」或「自由是給福拉德的」等標語。在維爾道（Werdau，屬於肯尼茲的一個城區）流傳著一張傳單上寫著：「要處決這一位可能而且也將要成為全德國人民榜樣的學生這件事，必須被阻止。」東德人民，甚至有些人也具名了，紛紛寫信和明信片給法院，要求將死刑改為監禁刑。從西方也有很多人寄信、決議和電報給東德政府。在西柏林的一次大集會上，政治家們要求再次審查這個判決，甚至聯邦總理艾德諾都稱這事件為一個「恐怖主義的行為」。

無法想像的事發生了：東德讓步了——顯然對福拉德事件引起的

騷動感到訝異。薩克森的安全局主任指示重新開庭。這一次沒有公眾和照相機，將福拉德的判決減為十五年的監禁。自從 1949 年還有一個名為「反人性之戰鬥群」（Kampfgruppe gegen Unmenschlichkeit，簡稱 KgU）的反抗組織。它是「冷戰」的產物：這是一個人道組織，專門搭救陷入東德監獄或被蘇聯拘留而不知去向的人，同時它也是一個私人的通訊事務處。在東邊佈下一張網並收集資訊。KgU 的財務是由波昂和美國的秘密警察支持的。誠然，東德的特務不久就滲透了 KgU。東德的安全單位越來越嚴苛並成功地對付反抗者。1951 年 3 月，有一個反抗群體在萊比錫展覽會發傳單時被逮到。1951 年 5 月在帕爾辛〔Parchim，屬於斯威林（Schwerlin）區〕的一個協會也被破獲了。1951 年 9 月在東柏林捉住了一位 KgU 以前的工作人員，至少有二百人被捕。在「戰鬥群」成立的期間，總共有 1,000 多個人因為和 KgU 合作而被控告，並有 100 多人被判死刑並被處死。

在維爾道也有 19 名高中生因對福拉德的判決提出抗議，他們就被捕了，並在公開的審判總共被判了一百三十年的牢刑。1950 至 1953 年間，占領者在政治訴訟判了 1,110 次的死刑。基於保密的理由將判決秘密地送往莫斯科，並在那裡槍殺死刑犯，他們的屍體被燒掉，其餘的部分草草掩埋在公墓裡。其後 1952 年開始，東德法庭有增無減地完成血腥的工作：他們將好幾打死刑判決回溯到早期的 1950 年代。年輕的東德是個名符其實的恐怖國家。

史達林和統一黨的領導人在莫斯科見面時，他要求東德邊界的檢查要做得更好一點——即有關於廣泛的、不堅固的「綠色邊界」（指的是穿過圖林根森林的逃亡途徑，見第 205 頁），一再地有很多人離開社會主義的德國。SED 黨直到那時在逃亡潮這件事寧可將它視為要離開毫不成問題，因為另外一邊（指西德）也是一樣的情況，而且供給狀況仍然很緊張，因為在兩個德國的國家裡，食物、住宅和工作都是短缺的。光在福拉德被捕的三個月裡，就有 6 萬多的人離開東德；在 1951 年幾乎有 18 萬 8 千人離開（在同一段時間，當然也有約 6 萬 5 千人從西邊移過來，由於理念的因素，但是也有基於職業的理由）。

當時的東、西德分隔界限是很容易跨過去的，被抓住的非法偷渡者在東德，直到 1952 年春天，只罰了一點錢。自從 1945 年以來，就已有超過 50 萬人逃到西邊去。1952 年 5 月，史達林開始催促一項新的政策——東德應該以一個獨立的國家確定它的邊界。現在在約 1,400 公里長的邊界開墾出一片 10 公尺寬的「檢查地帶」，「將來有人沒有經過許可而擅自停在那裡話」，烏布里希特在 1952 年 6 月 4 日的一次會議上宣布，應該「被槍殺」。到 6 月 15 日止，有 8 千名東德人在邊界被捕，這些人必須在一、二個小時內離開他們的家，被強迫遷徙到後方去。在 7 月，又有 1 萬 6 千人取道邊界只有一輛電車開往柏林城西區的地方。直到這年底共有 10 萬多人離開東德。現在統一黨的領導人這時才驚覺逃亡浪潮的嚴重性，因為有太多的專業人員，比如工程師、醫師及技術人員。1952 年 9 月政治局成立了一個特別委員會，探討人民移民的原因及建議政治上要如何處理的方式，花了三年半的時間他們才完成報告。

福拉德這期間在以前的一個軍事監獄服刑，1954 年又被移到一處監獄，被捕七年後，他方准第一次去探視他的母親。1960 年，東德第一位總統皮克去逝，國家頒布了大赦，雖然福拉德不完全符合大赦的條件，但東德怕這又會變成一個醜聞事件，只好赦免他了。福拉德准許探望在這期間已經住在西德的雙親，他留在西德，補完他的高中課程，在大學唸政治學和哲學，並攻讀到博士學位，在聯邦政府的「全德機構」當研究員。他認為西德對東德及蘇聯缺少戰鬥士氣。1980 年福拉德腦中風去逝，享年四十七歲，這和他在被捕期間被折磨有關。

1950 年的人民議院選舉確立了東德的政治體系，一直到 1989 年的秋天革命都沒有改變。這些選舉既不自由也沒有秘密，卻只是浪費選票單而已。這一切政治操作全部皆由國家的黨決定，議會和政府都得聽政治局的指示。直到 1952 年統一黨、所有結成聯盟的政黨和群眾組織，連成一線，沒有人敢公開對這些社會主義者在政治、文化和社會的領導角色提出質疑。

在東德實施的政策即是集體化，這是把私人財產，即私人所有（制）改變為集體所有（制）。他們在 1945 年就已經把大地主的私人土地收歸國有；之後，東德的掌權者於 1952 年開始第二階段的土地改革：越來越多的農夫必須放棄他們的農莊，並被逼迫進入合作社。1952 年春天，農夫們為他們的土地擔驚受怕。七年前，蘇聯占領者就已經勒令把大地主和富農的土地收歸國有，以「在農夫手中的大地主土地」的宣傳口號，把全部附帶有 100 公頃多土地的企業都要充公，並將這些土地無須賠（補）償費分配給住在東邊，來自以前德國地區的農夫、小農或者難民。

現在有了 SED 黨要將全國的農莊國有化的謠言，黨領導人為了消除這些懷疑和恐懼，要它的傳聲筒「新德國」（Neues Deutschland）寫道：「一個所謂國有化的閒話被揭穿了是個謊言口號」。但事實上，東德的層峰早已計畫好將 85 萬的私人農莊納入「農業生產合作社裡」。用這種方式農夫們將要集體工作，如有必要將使出國家公權力強制執行。烏布里希特完全仿照蘇聯的模式，1945 年已經開始實施這項新規則了：將一些蘇占區的工業設施拆卸下來運往蘇聯，同時將許多工廠國有化了。在 1947 年中期時，已經將約三分之一的農地和草原劃分成將近 10 公頃的小區塊土地，並且大部分給了新農夫。共產黨的政治宣傳一方面是向自己的人民宣示已經照顧了貧窮的農夫，另一方面是向西方的三個列強展示，一如它們也允許組黨（見第 114頁），還有要走德國社會主義的路，即農夫們不需要害怕「集體化」這件事。然而事實上並不是如此，由於戰爭的損失、搶劫和充公，很多地方缺少拖拉機和拉車的馬，每四個農夫只有一個擁有豬隻，每三個只有一個擁有牛隻，幾乎沒有一個農夫有足夠的肥料和種子。還有新手農夫不知道如何經營農莊，特別是農地實在太小了，常常只夠養活農夫自己一家人而已。幾個月之後，有上千個農夫放棄了他們的農莊。只有大約十分之一的新手農夫能夠賺到錢。

1948 年夏天，在蘇占區的德國經濟委員會模仿蘇聯的一項二年

計畫，即每一個經濟領域要生產什麼東西和製造出多少產品。比如鋼鐵業、能源設備和機器工廠從 1950 到 1951 年應該要提高 30%。當權者要求達到一定的產量，而諷刺的是，這一點就是他們常常批評的資本主義在剝削工人。比如一個礦工如果他挖出比計畫裡還多的煤礦，他可獲得較多的工資，如果相反的是他沒有達到要求，就會處罰他，比如工廠就不會再供給他衣服；有一些職工甚至拿不到蘇占區發給住民的糧票。之所以如此處理，是為了要「反對怠工」。反正 SED 的經濟政策將人民在衣服及糧食的消費需求列為第二順位；他們特別集中在重工業的擴建，稍後也替成立的軍隊製造武器。此外，加入「經濟互助委員會」的東德，必須從 1950 年起向東區國家（比如：波蘭、匈牙利、南斯拉夫、保加利亞等共產國家）供貨。

大部分的農夫都無法達到這不實際的目標。現在尚有一部分農地多於 20 公頃的農夫，他們雖然可以比小農較容易地租借到拖拉機和聯合收割機，但是他們的稅卻增加了三分之一，同時他們的生產定額提高了：1950 年，他們必須像小農夫們一樣上繳（交納）幾乎三倍多的穀物、蛋、牛奶或者肉類。更糟糕的是國民警察和律師團經由告密者查出自耕農，比如一個農夫他沒有達到他生產的定額，每天卻因為自己的需要而留下一些牛奶則會被起訴。一個七十三歲的農夫必須在 1953 年 2 月進入監獄服刑兩年，因為他沒有交納足夠的牛肉和豬肉、馬鈴薯和牛奶。為此他被法庭判以破壞人民的糧食、削弱經濟和加強階級對立的罪名起訴。在實行了生產合作社後的七個月裡，東德的法庭判決了 1,250 名農夫罰款或是服刑的罪名。直到 1953 年底，有一萬多個農莊被收歸國有。老農夫和新農夫都紛紛放棄了，有些沒有辦法交出生產品，有些則是打從一開始耕地面積就是太小了。集體化實施一年之後，私人農莊減少了 10 萬戶。

在其他的經濟領域也好不到哪裡去，為了要解釋工業方面的成績不好，政府不但大力的施壓並公開從事恐怖活動，SED 黨在鋼鐵工廠和煤礦區緝捕自己臆想的一些破壞者。1953 年初，警察在波羅的

海岸對私人經營的旅館和客棧進行大搜捕。他們沒有找到可作為罪證的材料，於是就嘗試向對方以勒索的方式逼取口供。旅館老闆被起訴了，一些如此可笑的供詞：因為老闆將沒有暖器、床單和棉被的房間租給客人；因為客人要洗溫水澡，就向客人要了 50 分尼，或是販賣美國香煙；因為在旅館的頂樓被發現有一個皮箱裝滿西德的《星辰畫報》（Stern），因為緝查官員在老闆女兒的玩具屋裡面發現新的咖啡豆和一罐可可粉。有時候法官立刻判決一個家庭多位成員入監獄服刑，私人財產則被沒收，未成年的小孩則被送到當地的行政機構。有一些人稍後則准許以公務員的身分回到自己的旅館。

集體化和國有化都未能使經濟好轉：東德的經濟生產在 1953 年繼續下降，常常有管制用水及用電的事發生，缺少基本的糧食、泳衣和泳褲及夏天的布料。比如在 1952 年時，商店要在秋天才能供貨；冬天的衣物在 11 月時還看不到影子。為了解燃眉之急，增加工作定額 10%，引發了東德工人的抗議（見第 107 頁）、同時提高了無數消費品的價格、提高了收入稅、刪除了獨立業的疾病和社會保險。「人民財產保護法」則嚴厲地處罰小規模的經濟違法行為。在 1952 年 7 月和 1953 年 5 月之間，被拘禁者高達 13 萬 2 千多人。自從 1945 年以來，當權者的東德經濟政策逐步地吻合蘇聯的要求。在史達林要求賠償之下，解除了私人化、成為國有化和集體化。一個被摧毀和被剝削的工業，一個得付出高額稅收的中產階級，一個被強迫集體化和被利用職權刁難的全體農民應該要生產得更多，以便提高東德和它的人民富裕的生活。每一個月皆有上千人逃向西方。而留下來的工人和農人則對政府告訴他們說，這地方是屬於他們的國家這件事情，就越來越憤怒。

東德是一個遍布著密探、間諜及特務的國家。陌生的車子停在屋子前面、藏在插座裡的竊聽器、猜疑、害怕、逮捕、禁止睡眠、無休止地審訊。以下由幾則犧牲者和加害者（指密探）敘述在一個被嚴密監視的國家不寒而慄的生活。

國家安全局——它真的出現在我的生活中？一直到我能夠思考時，它都陪伴著我的生活。那時候它還沒有真正的臉孔，我只從我父母恐懼的、未雨綢繆的、輕聲低語的臉孔認識了它，我父母討論著，他們是否應該到西方去。那時我八歲。

波萊（Bärbel Bohley, 1945—2010，民權女律師）

在我們的住宅（另有幾家住戶同住）住著一對年老的夫妻，和他們將近六十歲、但未婚的女兒。李希特（Richter）小姐令人值得同情她，她智力缺陷，但卻是和善的。沒有人會想到她是國家安全局的密探。她的報導清楚、精確、且詳細。她描述我的住宅布置、我的習慣、我與住戶互動的情況，她一定暗中監視了很久。

連格斯費德（Vera Lengsfeld）

在接受完了訓練之後，我才瞭解我的特殊任務，是要在國家安全局工作。並不是每一個人都會被錄用，沒有人可在那裡提出申請。在那裡是被徵募的。我很驕傲我被選上了。

（在國家安全局工作的一位上校）

我們知道我們的電話被監聽了。我們有一次打電話給同事並說「早上八點半」，而我們注意到了，六點開始的時候，已有國家安全局的人站在門前，還有更多輛汽車停在那裡。從那時候起，我們知道我們被監聽了。

佛萊馬克（Hans-Peter Freimark，牧師及民權律師）

在我書桌旁的一個插座鬆掉了，我向一個在社團認識的做手工藝品的業餘愛好者求助，請他幫忙修理。他斬釘截鐵地說插座背面有一個洞。而竟然真的有一條導線穿過插座的後面，再穿透牆壁，我們在那後面發現了一個用石膏固定的東西。我手上拿著第一個竊聽器。在一個桌燈腳下，我們又發現了第二個竊聽器。第三個非常聰明地被放在收音機裡。

艾普曼（Rainer Eppelmann）。

我學會了如何徹底地搜索一棟搞陰謀活動的住宅。我們要花了數星期之久來查明住宅或房屋的使用者。我們製作一覽表，誰在什麼地方、什麼時間出現，這些人有哪一些習慣。這個男人不是在一座工廠工作，就是在家裡；這個女人為了將買來的食品安置好，在休息時間隨意地進到住宅裡。小孩子們的作息計畫、一所幼稚園的日常作息表和電話的設備等，它們必須被監視。必須將住在租來的房子裡的人或者鄰居連起來起監視。一切必須盡可能地給人真的印象，我們用包括寫卡片敦促的方式，把住戶的鄰居從房子裡帶出來，去城裡、去市議會或者去國民警察那裡辦理事情，不准節外生枝，不許任何人起了疑心。

（在國家安全局工作的一位上校）

有一次我必須清洗一間「小暗室」（指牢房）的血和糞便。這種小房間有二間位於新蓋建築物側翼的地下室。牆壁貼著橡膠片，既沒有木板床，也沒有（在牢房內解大小便的）便桶。房間沒有窗戶、沒有小板凳、沒有電燈。無論如何，我都可以瞭解，被拘禁者必須忍受這種嚴屬監禁的方式，這是一種多麼可怕的經歷啊！

保羅（Sigrid Paul）

晚上時，這毫無疑問一定是八點左右，小房間的門突然打開了，一個軍官站在房間裡並命令我跟著他去。他一直和我走到大門口。在那裡他們（由官方正式）交還我的東西，那些都是我在被捕的時候被拿走的，突然間我就站在街上了。我不能夠理解這件事，我現在自由了嗎？這是被捕十九個月後的被釋放出獄嗎？或者這也許只是一個夢？不知什麼時候，我走在回家的路上——在一個我已經很久很久不曾體驗它的美好的晚上。

保羅（Sigrid Paul）

我被以現款支付。常常在每個月的 15 日，我都正確地得到我的 700 馬克，後來拿到 900 馬克，我都必須用我的假名簽（字承認）收（到）。

黑格爾（Monika Haeger）

西德有一個國際人權協會組織，它對全世界的政治犯伸出援手。茲從它的專書裡摘錄兩則政治犯的報導：

　　(1) 波諾德（Klaus Bönold，男，三十二歲），鎖匠及焊接工，自從 1981 年住在西德，他敘述釋放後的過程：

　　「在我被釋放時，我得到一本 PM12 的證件，記載著我最後被逮捕的日期：1980 年 12 月 17 日。給我的這證件內容包括第一點：我必須——也即假如我沒有被逮捕的話——每星期到警察局那裡報到一次；第二點：我不准離開我住的範圍；第三點：申請到國外社會主義國家旅行的事，不會被批准；第四點：我不准在有西邊公民過境的街道逗留或開車。

　　還有在很多特定的日子，我不准離開我的住宅，比如慶祝東德成立三十週年，我必須在 10 月 6 日晚上 8 點到 10 月 7 日晚上 12 點待在家裡，並且在家接受三次的檢查。同樣的，當國家主席洪內克在 1980 年 9 月，他的車子開過懷森費爾斯（Weißenfels）時，每天從早上 11 點到晚上 12 點我不准離開住宅。我有好幾次都被審訊很久，當在懷森費爾斯的街上或房子出現了反政府的文宣時，比如任何一個地方有一張文宣寫著『結畢爾曼自由（見參.一、一夕之間統一始末，第 153 頁）』，我就被審訊了三小時。

　　基於私人的理由（去找一個女朋友），我有時不能去履行報到的這項義務，而我就被逮捕並被判刑了。」

　　(2) 克倫茲（Sybille Krenz，女，三十四歲），女售貨員，自 1984 年 6 月 9 日居住在西德。

　　「在 1983 年 6 月 9 日，我被從監獄釋放了，然而我出境到西柏林去的事要在 1984 年 4 月 2 日才會實現。之前我又一次被叫去那裡面（指監獄）並被告知，如果我的出境沒有被批准的話，就站到圍牆旁邊去吧。

　　國家安全局的人員以逮捕威脅我，並要求我應該撤回申請，否

則的話，我的小孩子將會被安置到另一間托兒所去。很幸運的，這件事沒發生。

在我出境前還必須到國家安全局去簽名，聲明我不會去尋找外國的領事館，否則的話，我會被追究刑事責任。

在我從監禁被放出來後，我得到了一本我從 1971 到 1973 年早就擁有的 PM12 證件。我那時是因為以『污衊國家』的罪名被判九個月的剝奪個人自由刑。

有一些熟人，他們因為『社會行為的關係』，他們的 PM12 證件會再被註記加上民法第 48 條，得到下列的版本：

—— 警察有住宅的鑰匙，

—— 在自家住宅讓陌生人留宿，只有得到警察的許可，才算合法，

—— 禁止去幾家特定的飯店，

—— 禁止和一些特定的人交往，

—— 晚上十點一定要留在家裡，

—— 禁止離開縣或區的地帶。」

由上述東德人民個人的親身經歷及控訴，可以得知這究竟是怎麼樣的國家。當洪內克以向莫斯科告密的方式，將提拔他的烏布里希特拉下台，於 1971 年 6 月 15 日成為 SED 黨的領導者及國家最有權勢的人時，他宣布要改善人民的生活，大量蓋住宅、同時非常慷慨地允諾國家將給予房租津貼補助、提高兒童津貼與疾病補助。他雖然加強製造日常生活用品、生產汽油、瓦斯、柴油發動機和人造纖維，以提高生活水準。但是同時卻加強僵化的專制統治，反對政治上的任何變革。准許年輕人穿 T- 恤，但卻對西洋的熱門音樂抱持懷疑的態度。他禁止人民收看西德的電視，尤其嚴厲禁止軍人、軍眷、警察和消防人員收看西德第一電視台（ARD）和第二電視台（ZDF）；但是上至政府的公務人員，下至一般人民早已偷偷地以克難式的方法架設電視天線，大量接收西德的電視節目了。難怪洪內克的繼任者克倫茲（見第 161 頁）曾自我解嘲說：「白天是我統治東德，下班後，則是西德

的電視台統治東德。」

跟西德針對自由的、可互相聯合的及不必一致的文化機構之特色呈相反的現象，東德將全部的文化和教育設置方向完全掌握在中央的控制下。「我們必須控制並檢查所有文化和文化傳播的方式，比如在新聞、廣播電台和電視等方面的問題。」洪內克公開地這麼說出來，SED 黨決定哪些消息可以印製或傳播，哪些書籍可以出版、哪些影片可以放映、哪些戲劇准許被演出及哪些藝術家獲得可以到外國去旅行的許可。

二戰以前在全德國實施的國民小學、實科中學和文科中學三管齊下的教育制度，在東德被代之以新的、完全統一的學校形式，即所謂的十年級制的「多元技術高等學院」。從名稱就可以證明技術教育在前東德深具意義。以前在東德的生活從來沒有像現在在洪內克統治下那麼地軍事化。在「軍事學」這門課程也和武器的使用密切地結合，小學生就已經開始接受軍事宣傳了，少年先鋒隊隊員舉行軍事演習，在體育課，高年級的學生要練習投擲手榴彈。高中畢業生如果拒絕武器的訓練課程，就得冒著不能上大學的風險。這軍事教育特別著重在「有創造能力及具社會性的人格」。從「馬克思主義的理想」、「和蘇聯的友誼」及「批判在西方的帝國主義及資本主義」這三樣價值裡面建立起東德的教育基礎。

「我們有任務教育年輕人和光榮的蘇聯民族維持信守不渝的友誼……誠心誠意地準備保衛他們的社會主義故鄉。」這是 1978 年在東德舉行的第八屆教育代表大會上的主旨。只有經過一種嚴格的挑選，最好的學生才能進入「擴展的高級中學」。在此學習二年之後，方得以進入大學。東德除了在萊比錫、哈勒、耶拿等大學和位於東柏林著名的宏堡大學之外，還成立了新的特別注重科學及技術訓練的高等學校。洪內克政治的底線其目的在於文化，SED 下意識地阻止介於西德和他們國家之間的文化接觸。西柏林和巴黎、倫敦、紐約及東京的關係比和東邊城市的關係更密切。然而在統一之前人們已經訝異地注視很久了：雖然由於政治的界限，由於文化方向和教育價值的差

異，東、西德在這個範圍都接近一致地瞄準文化創作領域的發展。這種趨勢在建築藝術、繪畫藝術、音樂和文學也有同樣的情形。

東德為了在世界體育競賽方面獲得獎牌，有天份的運動員很小就接受訓練，除了嚴苛的訓練，尚使用不人道的方式，即是在比賽前給運動員服興奮劑以提高成績。據統計，在東德已經約有一萬名的運動員在不知情的狀況下，服用了組成代謝劑和賀爾蒙成長激素。少女們在接受體育訓練時，常常還在青春期之前或是正處於青春期，即接受嚴酷的訓練並接觸到興奮劑：她們會長出鬍子、沒有月經，有些人稍後得了腫瘤或是肝臟嚴重受損；另外一些則變成不能生育，或者是容易早產，或生下畸型的小孩。1976 年 7 月 19 日，在加拿大蒙特羅（Montreal）舉行的奧運賽，有一位新聞記者問東德的女田徑運動員們的聲音為什麼這麼低沈時，她們的教練制式回答：「她們並不是為了在這裡唱歌的。」

自從十多年以來，東德無節制地（指超過收入）過著揮霍的生活。洪內克為了鞏固其政權，一上台即答應給東德人民過好日子，為此，他著手從其他的經濟領域挪用資源給類似生產消費品的工業部門。他為低收入者提高多倍的工資和養老年金、擴大國立托兒所，並指示建蓋十萬多戶的住宅。他從國家資金中撥出補助金保證低價格的基本糧食和房租，補助能源消耗、近程交通費和兒童的衣服。工人可獲得更多天的度假。1980 年開始，東德人在東區享受高水準的生活。然而他們不和波蘭或捷克來比較他們的日常生活，卻和住在西德的親戚或是他們從西德電視看到的畫面做比較。洪內克希望他的人民能過一個更好一點的生活，他對東德的國民經濟過分要求，因為這個地方消耗的實際上比它能夠生產的還要多。許多工廠的機器和設備都已經很老舊了，而且也沒有被更新、替換。因為實施計畫經濟，減少了很多生產品，企業也對革新不感興趣，還有他們的產品之品質也是次級品。

因為很多企業都不信任國家所謂的配件供應，他們盡量儲藏很多原料，這樣他們能夠比較輕鬆一點達成他們的目標，並對國家掩藏他

們事實上擁有的庫存貨物和生產能力。另一方面，工人也沒有太多要積極工作的動機，因為他們在一個計畫經濟裡不會失掉他們的職務和收入。在 1971 年的時候，專家們就已經跟洪內克說過東德的經濟太弱了，不能夠替社會政策負擔費用，也不能夠供應人民消費品（指一般的日常生活用品），為了要實現洪內克的目標，東德必須從西方進口更多的物品，並且要向外國借貸。特別是化學原料、機器和生產的設備裝置必須從西方引進來，連牛仔褲或是熱帶水果也需要進口。

洪內克不能夠忍受這件事，即東德不應該落得像波蘭的下場一樣：在那裡的工人於 1970 年對物價上漲激烈地抗議和示威，重重地打擊他們政府的威信。這樣，洪內克就讓東德陷入越來越深不見底的負債。在他 1971 年接掌職務時，東德已欠了西方的債權人 20 億馬克；到了 1982 年的負債又急劇上升到超過 250 億馬克。1983 年，東德的經濟危機導致整個國家破產，到了快要接近 1989 年這段期間，東德人想到西德去過好生活的人越來越多，終於提供東、西德統一的契機。

六、兩德事件始末

1949 年德國正式分裂為兩個國家，迄至接近兩德統一之前，兩個德國問題仍然是美、蘇冷戰的焦點，同時也是第二次世界大戰後的歐洲問題之核心。1950 年 6 月 25 日爆發韓戰，北韓入侵南韓，是否會再引發第三次世界大戰？是大家所擔心的事情，西德的武裝問題也是最大的難題。1952 年，好像德國的統一機會來了，史達林於 1952 年 3 月 10 日向西方列強及西德建議組成一個中立的德國，允許有微薄的軍備及在四強共同監督下成立民主體制，西方三列強拒絕此提議，西德也不同意，因它深信一個與西方盟國合作的西德，勢必勝於一個軟弱、介於東、西方左右搖擺不定的統一德國。但是西德並沒有忘記要統一，它等待的只是時機而已，首先它必須復興，建設自己的國家，國富民強才有足夠的本錢與列強在一張桌子談判協議。直到今日仍然有人在討論，是否當時曾與統一的良機失之交臂？日後，當蘇

聯的檔案公布後，方知史達林此計旨在破壞西德的整軍計畫，並阻止西德加入西方盟國的防衛聯盟與經濟聯盟，然後再步步為營地誘導西德傾向東德，慢慢地與東德合併成為一個共產國家。

（一）第二次的柏林危機（1958-1959）

世界名城柏林起先是一個只有兩百多人聚居的小村落。然後從 2 千人、2 萬人、20 萬人慢慢地發展。約介於 1230 年和 1240 年間，布蘭登堡伯爵在施普雷河（Spree）右岸建立名為「柏林」的城市。1443 年柏林成為布蘭登堡選帝侯的京城，開始興建宮室。布蘭登堡君主晉位為普魯士國王，把柏林定為王都。柏林成為當時逐漸強盛的普魯士王國的都城，著名的「菩提大道」（Unter den Linden）、「布蘭登堡門」（Das Brandenburger Tor）及「選帝侯大道」（Kurfürstendamm）陸續建成，這些名勝古蹟成為今日遊客到此一遊必須參觀的景點之一。1871 年，在「鐵血宰相」俾斯麥的領導下，統一了德國，定都於柏林，柏林一躍而成為德意志帝國的首都，此後更成為德國政治、經濟、科學和文化的中心。之後，柏林人口迅速增加，被烙印為工業城市，根據 1880 年的統計，柏林人口已達 131 萬 5 千人。

1939 年，柏林已有 400 萬人口。希特勒錯誤的領導使德國陷入萬劫不復、悲慘痛苦的深淵。座落在東德土地上的名城柏林也由美、英、法、蘇四個戰勝國占領。世界名城四分五裂，四十多年之久，象徵著德國的分裂、東方和西方的爭執及陷入介於西方戰勝國和蘇聯的冷戰中。1948 年爆發了第一次的「柏林危機」，導致 1949 年正式分裂為共產的東德和民主的西德兩個國家。第二次的柏林危機更是舉世譁然，其爭執點仍然是在「德國問題」上，危機始於 1958 年。遠因仍然是美、蘇兩大國的核武競賽。

1957 年 8 月，蘇聯洲際導彈在太平洋地區試驗成功。10 月 4 日，蘇聯又成功地發射了世界上第一顆人造衛星。兩天以後，蘇聯又進行了新型氫彈的試驗。這些成就表明蘇聯在各方面的競賽皆領先美國。美國為了與蘇聯抗衡，決定在歐洲布署中程核武器。1957 年 11 月，

美國向北約宣布將在歐洲建立中程核武器基地，12 月北約巴黎外長年會一致通過在歐洲布置中程核武器的決議。1958 年 3 月，聯邦德國議院通過決議，批准政府用核武器和火箭武器裝備聯邦德國軍隊。這很明顯地意味著蘇聯的領土處在聯邦德國布署的中程核武器的射程之內。1958 年 3 月 31 日，蘇聯政府發表了最高蘇維埃致聯邦德國議院的呼籲書，警告聯邦德國如果照北約的決議及計畫去實行，在聯邦德國將產生危險的後果，但聯邦德國對此毫不理會。1958 年 4 月，北大西洋公約在聯邦德國將軍參與下，計畫將北大西洋聯盟（NATO）的武裝力量增加到三十個師，並用核武器進行裝備軍力。這將使聯邦德國的武裝力量大為增加 [22]，這一連串的進程導致蘇聯與美國及聯邦德國的關係急劇惡化。以此為背景出現了第二次柏林危機 [23]。

1958 年 10 月 27 日，東德在蘇聯的授意之下，首先發難，指出西方違背波茨坦協定，武裝西德，他們沒有權利再留在西柏林。11 月 10 日，赫魯雪夫（Nikita Chruschtschow, 1894–1971）在莫斯科歡迎波蘭政府代表團的大會上講話時，提出柏林問題，強調西方三強國沒有權力繼續駐紮在柏林；表示要收回西方國家對柏林的最高權和占領權，要求西方三強退出西柏林。11 月 14 日，三輛美軍卡車在柏林郊外被蘇軍扣留達八個多小時，緊張氣氛步步高升。11 月 27 日赫魯雪夫給西方列強一份最後通牒，內容是要求讓柏林成為一個政治是獨立且統一的，並且非軍事化的和平城市，要求美、英、法三國的占領軍限六個月內撤出柏林，建議西柏林成為一個由聯合國管轄的自由城市。如果六個月內沒有依上述期限就西柏林地位達成協議的話，蘇聯將把自己在柏林的權力（包括管理進入西柏林通道的權力）全部移交給民主德國。這個帶著恐嚇、威脅的最後通牒頓時使美、英、法大為震驚。西方盟國對保持西柏林完整的地位堅定不變，表示拒絕撤出西柏林，也拒絕承認民主德國。早在最後通牒下達之前，東德的民主警

---

22. 西德於 1955 年 5 月 5 日加入 NATO。
23. 參見范軍著：《德國：分久重合的歐洲大國》，五南圖書出版社，1993 年，台北，第 95-96 頁。

察就已開始阻撓美國經過東德的運輸，甚至有時候還扣押運輸貨品。此舉使得北約的最高指揮官提出警告，聲稱如果東德控制通道不讓西方車輛通過的話，西方將採取報復措施，必要時將對東德警察動武。接著美國艾森豪（Dwight David Eisenhower, 1890–1969）總統下令在西德和西柏林備戰，歐洲局勢頓時緊張起來。

　　1958 年 12 月，北約召開會議討論此事，參加開會的國家作成決定，拒絕蘇俄的要求。1959 年 1 月 5 日，聯邦德國聲明，堅決反對把西柏林變成自由城，堅決反對以通牒或單方面宣布取消協議的方式處理國家間的事情，主張就德國問題、歐洲安全和裁軍問題正式、坦誠地交換意見。1959 年 1 月 10 日，赫魯雪夫又出招，他更改主意，並提出和西方列強簽定和平條約的一份草案，這份草案要東、西方得接受兩個德國存在這一事實及一座沒有軍隊駐紮的柏林城。聯邦眾議院和反對黨展開辯論，並要西方列強拒絕這份最後通牒及重新保障柏林的安全。最後，柏林問題在東、西兩大陣營的拉鋸中，同意兩個德國有權自行決定本國的社會制度；兩造雙方各自退出北大西洋公約及華沙公約的組織；限制德國的武裝力量；外國軍隊撤出德國；德國中立化，確保西柏林成為非軍事化的自由城市。柏林問題亦即德國問題，這突顯出德國這個國家在兩大陣營的重要性，蘇聯在西方態度由強硬趨向緩和，並同意舉行協商會議後，赫魯雪夫在西方的強硬態度下終於被迫讓步。於 1959 年 3 月 19 日，決定收回六個月內解決西柏林問題的期限，並發表聲明，承認西方在柏林的權力。第二次柏林危機遂告結束。

（二）柏林圍牆的建立（1963-1989）

　　座落在前東德領土內的西柏林雖然在體制上屬於西德，但圍繞著它的問題卻風風雨雨不曾間斷；這座曾於 1987 年盛況空前地舉行慶祝活動，隆重紀念其建城七百五十週年的名城，其命運多舛。柏林在納粹獨裁統治之前和第二次世界大戰被摧毀前時，不僅是德國的經濟中心，且在其「黃金的二十年」[24] 期間係一座全歐洲公認的精神生活

的中心點。被視為歐洲的文化首都。昔日這樣一座輝煌的名城，多次陷入紛爭中，成為層出不窮的事件之導火線。1948 年西占區推出的幣制改革事件造成第一次的柏林危機，導致德國正式分裂為東、西德（見第 94–96 頁）。1958 年第二次的柏林危機使東、西兩大敵對政府陷入劍拔弩張的處境。

西柏林距西方邊界 110 公里，被人稱為「前線城市」，自從戰後以來一直是冷戰的焦點。西柏林可說是一座展示「自由」的最佳櫥窗，猶如萬「紅」叢中（指東德共黨政權）一點「綠」（指西德自由民主世界）。因此，美、英、法三主權國刻意經營將西柏林變成一個富裕繁華的地區，借此來吸引民主德國，尤其是只有一線之隔的東柏林居民。東德的共產黨體制不孚眾望，時常有東德人嚮往自由民主，先逃到西柏林，再從西柏林逃到西德。1958 年發生的第二次柏林危機，赫魯雪夫最後通牒發布後，由於人們當時猜測，蘇聯有可能從蘇聯的利益出發，關閉東、西柏林的通道，所以東德人民通過西柏林逃往西德的人數不斷增加。僅 1958 年到 1960 年從東德逃亡西德的就有 54 萬 7 千人。

1961 年 6 月 15 日，在東柏林舉行國際新聞會議，東德的國家主席烏布里希特對管理進入西柏林通道的問題還矯揉造作，裝成一幅茫然無辜的神態，回答一位西德新聞記者的問題如下：「我了解您的問題，西德有人希望我們的建築工人 [25] 動員起來，替首都修建一堵圍牆。我不知道怎麼會有這樣子的想法，我們首都的建築工人是從事住宅建築的，他們的工作力也是用在這方面的。沒有人有要矗立一堵牆的意願啊！」這一段訪問被公開後，逃亡的浪潮又一次急劇上升，光在 1961 年 8 月，就又有 47,433 人從東德和東柏林逃亡西方。蘇聯見西德（西柏林）親西方，極思報復；東德政府認為其人民逃到西柏林，讓他們顏面盡失。蘇聯為遏止列寧說的名言「用腳投票」

---

24. 指第一次大戰戰敗後存在約十四年的威瑪共和國及希特勒掌權十年左右的這段時間。
25. 暗指 1953 年由建築工人的示威引發全東德的抗議及暴動。

（Abstimmung mit den Fußen, Lenin），在赫魯雪夫的授意下 [26]，與東德政府悍然於 1961 年 8 月 13 日深夜動工，共用掉了 473 萬噸鐵絲網、32 萬噸金屬絲網和 4 萬 8 千噸的紮筋鋼絲。還動用一萬名荷槍實彈的人民警察及邊界警察在工人施工時，嚴密地監視；覺得還不夠安全，又將睡覺中的 4,500 名特種部隊的士兵喚醒，命其配備武器幫助防守。一夕之間築成一道布置地雷、炸彈的柏林圍牆，遏阻東德人逃向西柏林與西德，無數爭自由的逃亡者喪命於這座圍牆。

當柏林人在這天早晨醒來時，鐵絲網把所熟悉的道路都封鎖起來，親友被阻隔了，有些人無助地站在圍籬邊，互相揮手，有些人越過鐵絲網握了最後一次的手。8 月 22 日，有一名五十八歲的婦人希克曼（Ida Siekmann）從她三樓住宅的窗戶一躍而下，跳到屬於西柏林的人行道，送醫後，傷重死亡，這是第一個圍牆犧牲者。不久之後，洪內克命人直接將靠近邊界的房屋清空，將窗戶和門全部封死。1952 年，東德邊界的警察可以射殺逃亡者的這一道命令，現在也適用於柏林。圍牆蓋起來之後的第十一天，二十四歲的李特分（Günter Litfin）嘗試游過洪堡德港口（Humboldthafen）時，被警察射殺了。

西柏林周圍被封鎖後，多多少少阻止了一些逃亡的人，但當天從緊挨著封鎖線的住宅後院，從運河泅渡過去的仍有 1,500 人之多，因為東、西柏林是以街、河為界的，所以它成了東德人逃亡西德最容易的通道。從 1949 年德國正式分裂到建造「柏林圍牆」止，從東德逃亡西德的居民竟達 3 百萬人之多。這使東德當局採取了進一步的措施。8 月 18 日，東德再開始建立一道高 6 英呎的混凝土牆，上面鋪有帶刺的鐵絲網，以後又將柏林圍牆逐步加高加固，並分內、外兩層，外牆高 4.3 米，內外牆之間為 100 米寬的「無人地帶」，並配備了探照燈、電網、瞭望塔及 280 個觀察哨、137 個地下堡壘和 274 個警犬岡哨。柏林圍牆全長 165 公里，其中有 45 公里貫穿柏林市區，硬生生地將大柏

---

26. 赫魯雪夫也許是在 1961 年 7 月 20 日同意建立圍牆，因為他和甘迺迪在維也納談判時，他的將大柏林定位為一個自由城的提議沒有被西方列強接受。

林城攔腰截斷，其餘 120 公里的圍牆則將西柏林同東德其他地區隔開；與此同時雙管齊下，更將東德與西德的邊界更加嚴密地封閉起來。柏林圍牆使 483 平方公里，當時擁有 220 萬人口的西柏林成了名符其實的一座孤島。大約有 5 萬 6 千名來自東德的所謂「住在邊界的人」在西柏林工作和就讀大學，其他一些東德人會去西柏林劇院或是去看電影。西柏林人往東去找親戚或朋友。大家都會交換兩邊的購物：東柏林人在西柏林買到社會主義國家沒有生產的西方東西，西柏林人買到在東柏林較為便宜的日常生活用品。圍牆在一夕之間矗立，使白天進到東柏林工作的人晚上回不了家，一些生離死別的鏡頭每每在東、西柏林圍牆上演。每天隔著一條街，揮巾落淚的景象比比皆是，不自由、毋寧死的逃亡者更使這一道牢不可破的圍牆成為德國人的恥辱。

自從柏林圍牆 8 月 13 日一夕之間被矗立起來後，已有上百個東德公民逃走了，因為有些部分的邊界只用鐵絲網和拒馬圍著。而當政府越加鞏固設備時，逃亡者也就有越來越多富於想像力的逃亡方式。就在東德認為其防禦建築萬無一失時，就有兩個年輕的西柏林人在邊界底下挖通了一條地道，其出口處是在一座墳墓上，通過這個洞口有二十個東德人逃出來了，這是被認為第一個安全且成功的逃亡隧道。還有其他一打之多類似此逃亡方式成功的例子。最可歌可泣、且也是最成功、人數最多的集體逃亡是 1964 年 10 月 3 日「57 隧道」的例子；贊助逃亡的人不露口風地秘密地工作。他們把挖出來的土，倒在一個空的地下室裡，這一切任何東西都不可向外滲透出去，嚴格到不可以有一點泥土、一點聲音、甚至一點氣味外洩。這些人是蹲著在 57 隧道工作的。他們把土剷到裝有輪子的一個木盆裡。這個滿滿的雙輪或四輪小車子被每一台電動絞盤拉上去，把土倒掉，然後再滾動轉回去。這條隧道的起始點，位在東柏林史德雷利茲街 55 號（Strelitzer Straße 55）後院一個隱密的小廁所，逃亡的整條通道貫穿圍牆底下，總計 145 公尺長，出口處是西柏林的柏恩奧爾街 97 號（Bernauer Straße 97）的地下室。他們以一種用密碼書寫的方式通知有意願逃亡的人，在入口處積滿了地下水，逃亡者必須爬行穿過。這

條隧道在圍牆底下 12 公尺的深處，兩邊的高程差由西柏林的支持者以一種滑輪升降的探井方式克服其障礙，然後一台電動絞車將坐在一個鞦韆上的逃亡者往上拉。57 隧道的出口處，則有支持者幫忙將權宜之計的升降機拖曳到安全的地上。一個接一個的逃亡者以此方式被拉上去：直到 1964 年 10 月 5 日，共有 23 個男人、31 個女人和 4 個小孩到達西方。「57 隧道」集體大逃亡的例子轟動了全世界，美國好萊塢曾以此背景拍攝成一部黑白影片，記得黑白影片中加進了一個鏡頭，描述一位母親每天推著一輛嬰兒車到那附近去找朋友聊天，她抱著嬰兒進朋友家，嬰兒車則被謹慎小心地送到隧道裡面去裝挖出來的泥土，再推出去倒掉，這母親則在傍晚高高興興地推著嬰兒車回家。另外德國官方拍的黑白紀錄片，則有一個東德看守圍牆的小兵，趁人不注意，還穿著制服，背著槍，一躍而過圍牆到西柏林的真實鏡頭，令人印象深刻。

直到 1973 年為止，約有四十多個類似此逃亡通道，然而並不是抵達西柏林就算安全了，一勞永逸了，不必再害怕什麼了。因為國家安全局的密探還是契而不捨地追捕已逃到西柏林的人。他們不只在兩德的邊界搜捕，在西方（指西德）也有 SED 黨的秘密警察在搜尋「階級敵人」，因為他們認為在東德每一次的反抗事件和每一次的騷動都是西方在控制的。東德除了國外秘密服務處、首席偵查管理局和執行間諜工作處之外，東德還派遣特務、間諜及密探滲透到西德的軍事行政局、政治家的辦公室、研究機構和企業界裡，在西方有無數的人替東德的國家安全局服務。國家安全局的人甚至嘗試，將已經住在西柏林或西德反對 SED 黨的人綁架。1952 年的夏天，國家安全局雇用犯了刑事罪的人將批評東德的律師，那位住在西柏林利希特費爾德（Lichterfelde）城區的律師林瑟（Walter Linse, 1912）粗暴的在光天化日之下拖進汽車裡。他在一年多之後，被一個蘇聯軍事法庭判死刑，並在莫斯科被槍擊頸部處死了。

從東德逃走的反 SED 黨的布蘭特（Heinz Brandt, 1902）在 1961年 6 月被一位女的國家安全局人員誘惑到在西柏林的一棟公寓裡去，

在那裡，他被其他的特務們用麻醉藥給迷昏，並被用暴力拖到東德去。當人們到處抗議暴力行動時，1964 年，SED 黨在國際壓力下屈服了，並將布蘭特釋放了。大約有四百個人在介於 1943 和 1961 年之間從西柏林和西德被非法地拖走或者被綁票；有一部分出於政治原因被公開審判，有一部分在不公開的情況下審判。士兵被判以長年的牢獄刑，逃跑的、位居要職的國家安全局人員則被判無期徒刑——有時候甚至被判死刑。「積極的原則」，國家安全局是這樣美化殘暴的行動。為自圓其說引用劊子手說的話：「只有少數人是殘酷的，才會去綁架一個人。」

前東德著名的女作家沃夫（Christa Wolf, 1929–2011），寫於 1963 年的長篇小說《分裂的天空》（*Der geteilte Himmel*），描寫以 1961 年 8 月 13 日柏林圍牆一夕架起為背景，兩個分處於東、西柏林的戀人因國家的分裂、意識形態及思想的背道而馳，不得不分手；其中的一段對白情節：「『至少他們不能夠把天空分開』，曼佛雷德（Manfred，男主角名字）譏諷地說。『天空嗎？這整道希望、渴望、愛情和悲傷的蒼穹嗎？可以的』，她輕輕地說。『天空自己本身是最先分裂的』。」這部廣受討論的作品曾被譯成多國語言，次年並被搬上銀幕。東德當局對沃夫的寫作也有一個容忍的限度，當她寫於 1968 年的作品《有關克莉絲塔 T 的思考》（*Nachdenken über Christa T.*），則被東德當局禁止出版。

西柏林人形同住在一個孤島中，其精神上的苦悶可想而知，難怪當美國第三十五任總統甘迺迪（John F. Kennedy, 1917–1963）即是在這背景之下，於 1963 年 6 月訪問西柏林。為了振奮西柏林人，甘迺迪文情並茂的演講，著實感動了西柏林人，尤其一句：「我是一個柏林人」，使柏林人團結起來。甘迺迪全程以英文演講，只有這一句用德文講，雖然德文文法犯了一個小錯誤[27]，但是柏林人並不介意這

27.「柏林人」和柏林的一種馳名全德的圓形甜點麵包的德文名詞是同一個詞（Berliner）。按指「人」時不必加一個不定冠詞 ein。甘迺迪加上了這個不定冠詞，句意卻變成了「我是

句錯誤的一個用詞，因為當時真的振奮人心，溫暖了柏林人；美國第四十任總統雷根（Ronald Wilson Reagan, 1911–2004）於 1987 年，柏林建城七百五十週年紀念時，在布蘭登堡門[28] 附近的演說也呼籲蘇聯拆除圍牆。

柏林被一堵恐怖又醜陋的圍牆牢固地隔開來，東德大肆慶祝圍牆的落成，統一黨將它宣傳為「反法西斯的護牆」，並認為是社會主義戰勝了資本主義。而這一堵醜陋的牆除了象徵一個分裂的國家，也意外地成為一個名勝觀光景點。到 1970 年代中期，凡是和東德無邦交的國家，其人民如要到西柏林去的話，是不准踏到東德的土地上去，只能以搭飛機的途徑到西柏林。之後，於 1970 年代末期方才修法，可使用陸上交通工具赴西柏林，但在邊界各關卡得接受東德警察嚴密的盤查。歷盡滄桑的柏林圍牆在 1989 年 11 月 9 日一夕之間倒下來了[29]，而這一次不再又是一個危機事件了，卻是一個令人歡欣鼓舞、普天同慶的大好消息，在世人的欣羨、讚嘆聲中，否極泰來的柏林又成為世界鎂光燈的「嬌」點。

（三）兩德關係的解凍

戰後被一分為二的兩德各自加入對峙的兩大集團，形成冷戰的局勢：再度武裝的德國。被併入敵對的「北大西洋公約」與「華沙公約」

一個（塊）柏林甜麵包」。

28. 「布蘭登堡門」如同凱旋門是巴黎的象徵一樣，是柏林的標誌。它是位於前東德菩提樹大道的柏林紀念碑，為德國建築師朗格漢斯（G. G. Langhans, 1732—1808）於 1788 至 91 年豎立的。上面駕著戰車的勝利女神青銅雕像，在 1807 年被拿破崙當作戰利品帶走。但 1814 年德國的軍隊又將它帶回來了。柏林人對布蘭登堡門有特殊的感情，稱它為「命運之門」。在過去的兩百年裡，布蘭登堡門目睹了多少興衰榮辱：1871 年普魯士的軍隊從門下凱旋而歸，1939 年希特勒從門下去「征服世界」，造成多少生靈塗炭。1961 年一堵柏林圍牆一夕矗立，布蘭登堡門被隔在大牆以東數十米，成為德國分裂的象徵。1989 年柏林圍牆倒塌時，統一的呼聲響徹雲霄。1990 年德國統一。今天，布蘭登堡門為旅客最喜歡拍照留念的景點之一。

29. 見〈參 . 兩德再次統一（1989–1990）〉。

兩個集團裡，形成兩德的軍隊在易北河對峙的局面。關於形成兩個德國的局面之看法，聯邦德國本著初衷，一直呼籲要在全德國以通過自由選舉的方式達成德國統一。但是民主德國則自認為自己完全是一個合法的國家，1967 年時，烏布里希特還莊嚴的公告「只有實現共產主義才有可能形成一個完整的德國」。他繼續闡述著「對於要讓社會主義的民主德國回歸資本主義的說法，社會主義的民主德國和被壟斷資本統治的聯邦德國是不可能合而為一的。」這兩個被分開的國家，每一方都要求「民主」才能代表真正的德國。這種對立似乎是不可能克服了。直到 60 年代末要來解決「德國問題」或者只是要緩和緊張的對峙都失敗了。

對於處理兩個德國問題的方式，東德早在 1953 年的「6．17 事件」後，在調整對內政策，穩定國內局勢的過程中，東德的統一黨感到除了聯邦德國及西方國家不斷地抵制之外，民主德國的國際地位尚不穩定，也會連帶地影響國內的局勢，對於建國初期列為目標的「統一德國」之外交政策也必須要再調整。因為如果統一過程真的有所進展的話，不是民主德國統一聯邦德國，就是民族德國被對方統一。因此，統一黨也在 1953 年開始調整對外政策。1953 年 9 月，烏布里希特在統一黨的第十六次全會首先提出了「兩個德國」理論：「在目前形勢下，德國事實上分成兩個國家，並且並立存在著，德國的統一只有通過這兩個國家之間的談判及協商才能完成。」兩個德國都自認為合法代表全體德國人，相互希望並要求對方放棄自己的體制。

1. 西德的新東進政策（1970）

對於統一政策，因隨著時間的推移，局勢的改變，西德步入安定繁榮的局面，國際地位大為提升，聯邦德國的大聯合政府基本上仍採取與蘇俄及東歐共產黨國家為友鄰的「東鄰政策」。1969 至 1972 年由社民黨和自由民主黨聯合執政，布蘭德擔任總理，實行「新東進政策」（Neue Ostpolitik），更進一步積極推行與蘇聯、東歐社會主義國家以及與東邊的鄰國為善的政策，推展實質外交。雖然前東德固執

地繼續實施「界限準則」（指介於西德和西柏林的通道交通，往返時，仍然需要備齊護照和簽證），還有華沙公約明白地指出反對捷克布拉格的改革政策（指 1968 年被鎮壓的布拉格之春事件），西德仍然本著初衷，致力於推展緩和政策。1969 年 4 月，波昂政府即聲明已準備要透過合約的方式，在國際法的門檻下承認東德。1969 年 10 月 21 日，由社民黨（SPD）和自民黨（FDP）成立的新政府，決定繼續推展不在國際法的框架裡把東德當成一個外國，即是承認東德是在德國這塊土地上的第二個國家。

此時的國際形勢大為好轉，莫斯科和華盛頓在談判有關戰略上的軍備設限問題，而北大西洋公約組織也建議美、蘇雙方裁減軍備。1969 年 11 月 28 日，西德也同意禁用原子武器，並簽署條約。正當莫斯科和華盛頓談判放棄使用武力時，波昂和東柏林同樣的也進一步改善了關係。1970 年 3 月 19 日，兩個德國的國家首領，東德總理史托夫（Willi Stoph, 1914–1999）和西德的總理布蘭德在東德的艾福特（Erfurt）見面。於 1970 年 5 月 21 日，繼續又在西德的卡塞爾（Kassel）見面。針對這兩次的高峰會談，西德政府決定確保德意志民族的統一，但是拒絕東德代表提出，要西德承認它是個有國際法根據的國家，因為布蘭德在 1969 年 10 月 28 日的聲明：當在德國有兩個國家存在，彼此絕對不是異國，它們間僅存有特種關係。1970 年 8 月，兩德在莫斯科簽訂放棄使用武力的條約。東、西德同時保證不向對方提出領土的要求，此條約的一部分後來也記載在德國內部（指東、西德）的基礎條約，即《針對德國統一的函件》裡；聯邦政府的解釋為本條約不得與其政治目的相抵觸，得在歐洲致力於謀求和平，以此使德意志民族以自由、自決的方式達到統一。

同年，即 1970 年 12 月 7 日，布蘭德與波蘭達成諒解，簽訂華沙條約，承認波蘭西邊的新界線為奧德河－奈塞河線，這意味德國終於承認，並放棄在戰敗後所喪失的東區領土。兩國並且同意合作與改善彼此的關係。有關於人道方面的處理問題，華沙同意在波蘭的德國人

可以自由遷徙，並可以透過紅十字會與其家人團聚。與波蘭達成協議並簽約後，布蘭德又至華沙為國捐軀的軍人公墓獻花，在眾目睽睽之下，他跪下膜拜，此畫面經媒體迅速傳遍世界各地，無人不動容他的致哀示意，此舉被視為東、西方和解的象徵與開始，當年曾轟動一時，布蘭德因而榮獲 1971 年的諾貝爾和平獎；獲獎理由為「因為他幫助弭平戰爭的舊傷，越過多年敵對的界限，伸出和解之手。」

施密特執政時也致力於改善和東德的關係。當時東、西之間的緊張關係起因於蘇聯革新其軍隊的裝備，即配帶有核彈頭的 SS-20 型火箭。西方世界，還有施密特的政府都向北大西洋公約（NATO）反應，應該要和莫斯科協商，雙方都可以同時使自己的武器更近代化。另外，施密特的黨友譴責他，謂他不像他的前任布蘭德那麼的關心西德和東德的政治。在此背景之下，施密特決定訪問東德。

東德這邊的洪內克也有意與西德接觸。當時人們揣測，他也許是接受了社會主義作家布雷希特（Bertolt Brecht, 1898–1956）的建議。布雷希特在 1953 年 6 月 17 日事件（見第 107–108 頁），見政府血腥地鎮壓民眾，他憤怒地以冷嘲熱諷的句子記載這件事，「這難道不是更簡單一點嗎？民眾只要解散這個政府，然後再選一個其他的（政府），這不是更好了嗎？」

現在兩德的領導人都有意要見面，但更多的衝擊事件使這會面落空了。這之間來了一個蘇聯入侵阿富汗，之後又有波蘭的但澤（Danzig）工人示威抗議，成立「波蘭團結公會」（Solidarność），這時兩邊都認為這不會有一個愉快的談話氣氛。但是不要忘了，蘇聯可不許有一個反對德─德高峰會談的藉口。莫斯科對於一個像東德如此忠誠的朋友產生了懷疑。終於到了 1981 年的晚秋，一切好像有譜了。

1981 年的 12 月 11 及 12 日，兩德領導人在東柏林見面。聯邦總理的訪問對東德極具重要性，因為這一次在國際上，終於被視為是平等的德對德會面，而不是和莫斯科老大哥的跟班見面。第三天，也是最後一天的會面，依照行事安排是和東德的民眾見面，出生在漢堡的

施密特很希望能訪問東德像西德的漢堡一樣有「通向世界的門戶」美名的羅史托克。然而東德不願意像 1970 年 3 月布蘭德訪問艾福特時，所到之處幾乎萬人空巷，且又高興地喊著布蘭德的小名「威利！」「威利！」的事件重演，特別選了一個離羅史托克 30 公里的一個人口只有 3 萬 8 千人，名為居士特羅（Güstrow）的小鎮。

這個小鎮在施密特抵達前一天，根據國家安全局的主任密爾克（Erich Mielke, 1907–2000）的報告，已逮捕了 644 名嫌疑犯（這其中有 520 名批評國家制度，安全局認為他們是墮落的，且又好惹事生非的人；42 名年輕人被認為可能會利用「負面目的」生事；40 名民眾向國家單位遞交呈文；21 名民眾申請出國旅行；13 名犯了刑事罪，8 名可能隨時會跑到駐在東德的西德領事館），有些被軟禁，有些則被隨便找一個藉口，強迫他們離開居士特羅。施密特參觀了一個聖誕市集，這是官方策劃好的，但是來聖誕市集的民眾清一色都是男士。當兩位政治家來到市集時，准許民眾零星地揮手，也有人呼喊，且是多次的「埃利希！」「埃利希！」（Erich，洪內克的小名）。此外，現在偶爾也允許喊一下「赫爾穆特！」（Helmut，施密特的小名）。所以施密特在此散步過的地方幾乎沒有一處是真的，他走過的應該皆是布景。

由於國家安全局的協助，洪內克以一個美好世界的假像欺騙西德的聯邦總理。一位歷史學者將洪內克統治下的東德稱為「領救濟金的專政」，人民應該有東西吃，一點點的消費，他們應該按時地獲得宣傳品，並且小心翼翼地被監視，這就是洪內克的治國藥方。然而，國家的收入仍然不夠用。他特別從西德一而再，再而三地借了大筆的貸款—而這利息不久就必須以新的貸款來償還。在他執政時，洪內克只有唯一的一次參觀了百貨公司，而這當然是為了他的賞光而極盡鋪張地裝飾的。在每天由車隊護送他去上班的那一段路上，所有的房屋隨時都被粉刷的光鮮亮麗，而房屋的高度剛好是這位國家主席從他的大型轎車窗外能夠看得到的高度。當施密特在居士特羅火車站登上即將開出的火車時，出現了第一次，而且也是在這三天裡唯一的一次，真的有些未預料到的，沒有寫在腳本上的：洪內克從他的大衣口袋拿出一顆咳嗽糖，從火車的窗戶

遞給施密特當路上的零嘴。兩位總理之間的會談幾乎沒有談出什麼結果來，但是卻送出一個訊號：德對德的關係緩和了。雖然施密特這次的訪問都依照著東德的劇本安排，照本宣科的演出，但也透露出一個訊息，兩德的官方與民間的互動又更進了一步。

2. 基礎條約及兩德進入聯合國（1973）

每一屆的聯邦德國政黨執政其施政方式及手段各不同，但基本信念是不變的，即以和平的方式完成德意志民族的統一。社民黨的布蘭德執政，一改漢賊不兩立的固執思想，他的「新東進政策」一推出，在當時是石破天驚的創舉，他除了親自訪問東德，也邀東德的總理回訪西德，他並積極地與莫斯科協商，其繼任者施密特也訪問過東德。東德的領導者欣然接受此友好的表示。東德希望獲得西德承認它在法律上是個合法的國家。在此背景之下，產生了兩德訂立「基礎條約」。

西德和東德彼此之間也開始架設橋樑。眾多重要問題之一是有關於西柏林的問題，1971 年 12 月，西方三強與蘇聯協商有關這座城市的問題。美、英、法三國重申自從戰爭結束以來，他們就擁有該城的權利。同時，東德也保證從西德到西柏林之間的通道可自由出入。以上種種及布蘭德在卡塞爾與史托夫會面時，提出一項有關兩國改善關係的二十點計畫，為下一個重要步驟打開一條寬敞的道路。即「東、西德關係基礎條約」（Vertrag über die Grundlagen der Bcziehungen zwischen der Bundesrepublik Deutschland und der Deutschen Demokratischen Republik，簡稱基礎條約）。

兩德基礎條約的產生之談判過程困難重重，這對當時的朝野及兩德民眾來說，無不認為是一件相當聳動的大事。除了國會、各議會的開會、辯論之外，全德的一些公民團體、論壇等組織無不熱烈地討論，除了透過電視的轉播，民眾私底下在親朋好友的聚會場所也暢所欲言，紛紛陳述個人的看法。

擔負此重任的為東德的國務秘書柯爾（Michael Kohl, 1929–

1981）及西德的巴爾（Egon Bahr, 1922）[30]，兩人談論的主題是有關雙方互相承認對方、邊界的交通問題和在經濟、科學與文化方面的合作。然而 1972 年 9 月初時，好像談不下去了，因為柯爾在德國問題堅持聯邦德國要承認東德在國際法的定義下是個合法國家，而巴爾認為它違反了「基本法」的前言提到要求「再統一」的條文規定。而西德大部分的政治家認為要和社會主義的東德展開官方談判真不堪設想。光只是和 SED 的權勢者接觸，長久以來都被認為是在向世界共產主義投降。第一任的聯邦總理艾德諾和他的繼任者們，長久以來一直為「東區」是否是一個國家的問題爭論不休。

「哈爾斯坦主張」（見第 101 頁）事實上有兩次被西德的聯邦政府徹底實行。即和兩個共產黨國家南斯拉夫和古巴斷決了邦交。然而世界政治改變了：蘇聯和美國於 1963 年夏天，開始了一個謹慎的「緩和政策」。而 1963 年的西柏林市長布蘭德直接和美國展開新的一輪談判：在同一年要訂立一個新的條約，准許西柏林人訪問東邊的城市。布蘭德和巴爾想出一個計策叫「經由接觸就能轉變」，因為政治家們都認為沒有辦法可以推翻 SED 的政權，取而代之以經濟援助東德，希望東德政府可以放寬出入東德的旅行政策。因為通向西方的邊界，自從 1961 年被蓋了圍牆之後，越來越嚴密，逃亡者皆被射殺。只有滿六十五歲的退休者方准許進入西德探視親戚。東、西柏林之間也無電話可聯繫，寄到另一邊（指東德）的信件和包裹需要非常長的時間。

1969 年成為聯邦總理的布蘭德，提出一系列新的外交政策，並且由他親自執行（見第 102 及 142 頁）。他和東德訂立「過境及交通條約」，規定邊界交通得遵守的事項，保證簡化兩邊的旅行規則。最後他又委託巴爾研議和東德訂立「基礎條約」，主旨為提高德對德關係的品質、簡化德國人之間連繫的手續及尊重西柏林與西德的聯結關係。與西德的意願相反，SED 的領導者特別注重東德一定要被承認

---

30. 巴爾是自從布蘭德於 1957 至 1966 年擔任柏林市長時，即是布蘭德的顧問，受布蘭德之託，研議德國的新東進政策方案，1966 年擔任特使，1969 年擔任國務秘書。

為一個國家。

　　洪內克後來也認清了事實，兩德基礎條約的簽訂對東德是有利的，因為除了東區的共產國家、鐵幕那邊，只有智利、幾個非洲和亞洲國家承認東德而已。如果這個基礎條約的談判沒有成功的話，東德一直要西德承認它根據國際法的定義是個國家這件事情，只能暫時被它的宗主國蘇聯認定，它無法在西方國家設立領事館、也無法派代表去聯合國，除了東區，它根本無法開拓穩固的貿易關係。所以洪內克妥協了。兩方在「統一」這個棘手問題也找到了一個解決辦法。巴爾告訴 SED 領導人，在附加條約他只記錄德國統一是聯邦政府的目標，巴爾稍後保證不會針對「再統一」的條款進行協商。這時洪內克對這個他害怕的字（指統一）沒有在條約上出現鬆了一口氣。

　　經過長久的協商，花了好幾百個小時討論，開了六十多次的會議，這個基礎條約於 1972 年 12 月 21 日在東柏林簽約。此條約的主旨為「東、西德在平等的基礎上，互相發展正常的善鄰關係」。它奠定東、西兩德之間在建立關係與法律基礎上的發展，意義十分重大。最重要的內容有三點：(1) 西德放棄單獨代表德意志的要求，(2) 東、西德主權平等，相互尊重獨立與領土完整，(3) 東、西德政府互相派遣常任官方代表，分駐對方首邑。

　　東、西德的基礎條約標示一個轉折點：波昂政府第一次承認東德是一個主權獨立的國家。東德政權因應此項對策，小心翼翼地對西方開放了它的國家。這兩個國家約定維持睦鄰關係及互相尊重對方的獨立。雖然不具有國際法的承認，西德仍繼續把東德居民看成德國人，在東柏林和波昂不設大使館，只開設「常務代辦處」。布蘭德和巴爾達到了他們的主要目的：現在在圍牆兩邊的德國人，能夠很方便地互相訪問了。關稅站的數目增加了兩倍。西德人從此以後進入東德旅行不會有太大的困難了，西邊的新聞記者，如果絕對不受阻撓的話，准許報導德國東部的消息。東德公民現在可以從他們的國家看到宣傳反對意見的通訊報導。

統一黨的國家現在也准許年輕一點的人，至少可以去西方參加他們親戚的婚禮或葬禮——無論如何是指公文方面（直到 1980 年，至少有超過四萬二千個人在這一年，真的獲得這一項許可）。洪內克也在慶祝他的勝利，因為和波昂達成了協議，緊接而來的是他獲得了他所期盼的國際承認：在這不久之後，美國、英國和法國的大使館相繼在東柏林開設了。並且在 1973 年，於芬蘭首都赫爾辛基（Helsinki）舉行的「歐洲安全與合作會議」（Konferenz über Sicherheit und Zusammenarbeit in Europa，簡稱 KSZE），洪內克有同樣權利地坐在西德新任聯邦總理施密特的旁邊。然而在赫爾辛基會議最後的決定性行動，洪內克必須承認思想自由、宗教信仰自由和旅行自由等。眾多反對團體和有旅行意願者，從此以後將會依據這一個簽字（按東德那時候在 1973 年尚無思想、宗教信仰和旅行自由）行事。

雖然緊張關係解除了，然而兩德之間深深的對立關係仍然存在著。對於西德而言，德國民族雖然在兩個國家生活，但仍然是一個民族。他們認為「當德意志人被分成不同的國家和社會制度，德意志民族仍然保留一種真實性」。相對於統一黨，他們把威利・布蘭德的立場看成是在欺騙德意志民族。「西德」，洪內克這樣批評：「是一個外國，更有甚者，它是一個帝國主義的外國。」他的政治目的仍是與西德劃清界限。雖然有一些緊張關係鬆動了，然而介於兩個德國之間敵對的殘酷事實，界限的分歧，還是很久一直沒有改變。直到 1972 年底東、西兩德正式承認對方為主權的國家，並雙雙申請加入聯合國，於 1973 年 9 月，兩德正式成為聯合國的會員。西德當時的外交部長，後來成為德國總統的謝爾（Walter Scheel, 1919），在簡短的致詞說了如下一段令人深思的話：「現在兩位外交部長站在代表團前面。這裡指明了我人民的命運：戰爭的策動者和犧牲者、不情願被分為兩半，現在卻在兩個國家生活，共同擁有一個未知的將來。」

3. 東德的困境與西德經援（1983）

東德實施的「計畫經濟」可說徹底地失敗了，到了 1983 年出現

了經濟危機。這時東德為了獲得所需要的外匯，政府所採取的方式都是對的：搶劫藝術品、秘密地進行人體的藥物實驗，甚至連販賣政治犯都是合法的。

東德為了能夠付貸款的利息，急需要追加外匯。因此在外貿部底下特別再成立一個名為「貿易協調部」（Kommerzielle Koordinierung），由國務秘書夏爾克－葛羅德科維斯基（Alexander Schalck-Golodkowski, 1930）全權處理。1966 年開始運作，除了兩德內部緊湊的交換貨物外，長久以來東德的外貿被限制了，因為這個國家的外交政治繼續被孤立。然而 1970 年代開始，緊張的關係緩和多了，東德與西方國家的貿易增加了。夏爾克利用這個機會，在東德全部的經濟領域內擴展他主持的部門。除了擴充正規計畫的外貿之外，另外在國內、外成立了一百五十多個企業、商業、團體和郵購公司。

東德讓貿易協調部享有許多特權：它的公司可以自由支配其帳戶，他們的生意不需要讓稅務局知道，通過變賣財務等的收益也不需要立刻放到銀行。除此之外，他們還可以成立儲備金，並且可像資本主義的經營方式，利用財政金融市場來謀取利益，貿易協調部甚至可以使用國家外匯儲備金的手段採取行動。唯一的條件是每一年的 1 月 1 日，必須將一筆固定的外匯撥給國家預算。1977 年交了 1 億 6,600萬給國家預算，1980 年底交了 4 億 6,900 萬。此外，還要交給國家特別繳納款，然而一大部分的盈利是留在自己的戶頭裡。

貿易協調部常常和東德的外貿部競爭，輸出原料、工業產品或糧食，它常將便宜的從蘇聯那裡買來的原油，再加工，然後以高價賣給西方。為了能夠長期獲得外匯，它參與了所謂的均衡貿易，洪內克要以此方式讓落後的東德工業近代化。東德從西方進口了機器或整座工廠，因此它必須要貸款。幾年後，再將用進口的機器製作成的產品外銷出去，來清償它的借款。然而這種技術——進口幾乎沒有什麼效果。東德的計畫經濟不能夠有效地、充分地利用這進口的設備：製造的初級產品毫無價值，物料的交貨也不準確，生產陷入停頓。工人對此也不願盡力在工廠工作，等到用進口的設備製成的產品，銷售到世

界各地的市場時，大部分的貨物都已經不合時宜了，必須打折、削價才能賣出。這計畫行不通，東德的負債危機越來越尖銳化。

夏爾克－葛羅德科維斯基現在用盡辦法要從西方拿到錢。他幻想得太多了，對自己的行為是否符合道德沒有顧忌。所以貿易協調部在1982年成立了一個武器公司：違反自己標榜東德是個和平國家，夏爾克賣了很多東德製造的手榴彈、地雷、防坦克武器到亞洲和非洲。他和其他華沙公約的國家談判武器買賣，並幫助他們迴避禁運令。在第一次的波灣戰爭，他甚至從伊朗和伊拉克兩邊都獲得利益。

1975年，在赫爾辛基舉行的「歐洲安全與合作會議」（KSZE），針對中歐和東歐一些內部反抗運動對其頑固的、有權威的政權提出的呼籲，KSZE希望人民在邊界過境交通有遷徙自由，並且要更尊重人權與公民權。西德即密切地注意東德的人權，並且努力地與東德互相理解。所以1978年和東柏林商量建築一條柏林到漢堡的高速公路，還有由西德拿出一筆可觀的費用，維修一條通向西柏林的過境水道。除此之外，繼續談判有關來自東德政治犯的贖身問題。東德將政治犯看成可以出售的商品，直到1989年，東德有3萬3,775人被釋放，或是准許出境到西方去，並且為了讓25萬戶家庭的家人能夠團聚，西德總共給了東德超過34億馬克。

貿易協調部透過它在東德的一個公司，有系統地搶來150多件藝術品，並將它們賣到西方去。它大部分和稅務局及國家安全局一起虛構藝術品的擁有者違反稅收法行為，並沒收這些藝術品。以此方式，到了1989年，貿易協調部共賺進4億3千萬馬克，對這些收藏家則以恐嚇要將他們關進精神病院或是監獄。夏爾克－葛羅德科維斯基也不放棄拿病人當他的生財工具，他和東德的健康部共同策畫要在SED的國家，叫上千個病人測試尚未經過實驗的藥劑——因為他已和西德、瑞士及美國的製藥產業集團簽訂合約了。直到1989年，總共做了165次的測試。醫生大部分不會告訴他們的病人這些試驗。委託者在每一次的科學試驗個案要付86萬馬克。錢則進入醫院和一家屬

於貿易協調部的「柏林進出口公司」。

貿易協調部再怎麼努力地去籌錢，也無法解決東德如天價的欠債窘境，雪上加霜的是蘇聯，因它自己的經濟也陷入困境，1981 年時，打算降低輸送到東德的石油量。同年底，西方國家的銀行都不願意再繼續借錢給東德了。只有經過鍥而不捨地努力和蘇聯協商，蘇聯才答應幫忙；它提前供應石油，並同意延長付款的日期。東德將事先已經運來的原料繼續賣給西方，然後才能以這一筆錢先償還利息。就是在這種情況下，夏爾克－葛羅德科維斯基經由一個朋友的介紹，認識了西德 CSU 黨的黨主席史特勞斯（Franz Josef Strauβ, 1915−1988），和史特勞斯做生意堪稱是他的傑作。史特勞斯告訴他說，如果東德同時尊重人民的權利（人權），柯爾總理才會貸款給東德市民。洪內克，還有夏爾克立即首肯，減化東德和西邊的旅行手續。進入東德的邊界過道時，將取消十四歲以下的小孩，其西馬克兌換東馬克的最低限制。同時也將簡化家庭團聚的手續，特別是東德要保證拆除在德－德邊界的自動射擊裝置。

在兩人第三次的見面之後，聯邦政府的發言人在 1983 年夏天，宣布了一個使人目瞪口呆的消息，柯爾政府保證給東德一筆規模十億馬克的貸款。當後來知道了是史特勞斯為這一筆交易穿針引線時，很多 CSU 的黨員對於放款給 SED 的獨裁政權非常地憤怒，他們要退黨，二位國會議員馬上離開了 CDU/CSU 黨團。

巴伐利亞邦的邦銀行財團已備妥了這一筆貸款。東德則以將來會從過境手續所收到的款額，即一年裡，西德人使用過境路段要進入西柏林的過境費用 5 億 2 千 5 百萬來抵押。1984 年，將有第二次的貸款擔保 9 億 5 千萬。夏爾克將大多數的錢存入西方的銀行。這筆存款使東德又有了償付能力，而也使它有可能從西方的銀行繼續獲得貸款。國家的破產暫時被避開了。

東德經濟的一蹶不振，即使再多的借貸也挽回不了這頹勢。政府為了繼續提高人民的生活水準，不斷地從國家（或政府）資金中撥出

補助金，而忽略了一些越來越重要的國家建設：這期間，許多街道和高速公路明顯地都已破舊不堪，嚴重地受損，有許多火車軌道只剩下一條單軌可供行使。電話網也幾乎沒有再加以擴充。通常國家間接為經濟和軍事服務的必要基本設施，如上所述的根本就不夠。基本設施的欠缺導致運貨時間拉長，讓貨物腐爛，並使生產停頓。因為工廠為節省維修而停頓下來，一些建築物和裝備逐漸倒塌或不堪使用，意外常常發生，許多工人也不再關心此事；另外又缺少很多現代化的機器來生產製造有競爭力的產品。

貿易協調部為了彌補技術上的落後，設法扣押西方過時的高工藝技術：東德要藉此創立自己的電腦和顯微電子工業及本國的機器製造業，以便在國際上又再有競爭力，然而這嘗試失敗了。1980 年底，一個 256KB 的晶片要賣 534 東馬克，在這期間，同樣的材質製造出來的晶片，在世界市場上的喊價約四馬克。為了使資金能流動，東德將所有外國向它買的東西以無利可圖的價錢賣出去。連糧食和衣著也一樣，不顧自己國民的需求，通通外銷出去。同時卻進口一些消費產品，而自己的基本糧食，如水果、蔬菜、肉類或奶油有時卻不夠。1985 年底，石油價格暴跌了一半。到 1987 年，從蘇聯的石油獲得有利可圖的出口生意，每年的進款從 25 億東馬克降到 9,000 萬。1989 年的工人平均每週曠職六小時，東德的公民需要有時間在商店前面排隊。

當 1989 年 9 月，在萊比錫發生了大規模的示威時，東德欠下的外國債務有 490 億馬克。然而貿易協調部的帳面上仍有 76 億馬克，和東德未收回的欠款相抵，只欠了 200 億馬克，東德可能還有一段時間還是保有付款能力的。但令人意想不到的是，SED 獨裁政權的崩潰卻比經濟破產還要早幾年。

參.
兩德再次統一
（1989—1990）

一、一夕之間統一始末

　　1945 年戰敗的德國，本由四戰勝國分區管理，那時還是一個完整的德國。到了 1948 年，由於美、英、法共管的西戰區實施幣制改革，導致第一次封鎖西柏林（見第 95 頁）。柏林危機解除後，1949 年，在德國正式成立由美、英、法支持的德意志聯邦共和國（簡稱西德），以及由蘇聯扶植的德意志民主共和國（簡稱東德），各自生活在兩種截然不同體制下的德國人，雖然感到無奈與遺憾，但也只能兄弟登山各自努力了。東德抗議民歌手畢爾曼（Wolf Biermann, 1936），在其 1965 年的政治詩歌集《金屬絲豎琴》（*Die Drahtharfe*）裡，無奈地唱出當時德國的現況，特別是對統一黨治理的國家之批評。詩意如下：「在德國一層陰暗降下來了，降到我的心情上，它使我的歌變得無比的陰沈。／它來臨了，因為我看到我的德國被深深地撕裂著，我在比較好的一半裡，然而卻有雙倍的痛苦。」這首歌道盡了國家被分裂的沈痛心情[1]。

---

1. 畢爾曼生於漢堡，由於嚮往社會主義，於 1953 年移民到東德。由於常批評東德的政策，於 1967 年在西德開演唱會時，接到被東德除籍及驅逐出境的命令。

二戰後迄今已超過一甲子。東、西兩德各自成為兩個獨立的國家，雖然風風雨雨的事件層出不窮，東德的抗暴起義、第二次的柏林危機、柏林圍牆的建立等，彼此之間從開始的「漢賊不兩立」的觀念，到「東鄰政策」、「新東進政策」、兩德之間簽訂的「基礎條約」，彼此正式承認對方為一正常國家之後，再雙雙申請進入聯合國成為會員國（見第148頁）。一路走過來，這兩個並立且同源、同種及同語的兄弟國家，時時刻刻都不忘要統一，誓言以己方之優勢統一對方。但是「統一」只有兩個選項，不是聯邦德國（西德）統一民主德國（東德），就是東德統一西德。至於有關於統一的進程，比如：何時統一、如何統一、統一後如何重整等這些問題，向來沒有刻意的安排及肯定的答案。

德國統一的來龍去脈有跡可尋，但統一的時間點及過程並沒有事先經過人為去做計畫，實在是無法事先預估，其走勢應該是順其自然；時至今日，重新審視它的統一事件，只可說是「偶發」事件，它的過程可以用「快刀斬亂麻」來形容，真有讓人迅雷不及掩耳的感覺，德國統一迄今屆滿二十五年，正反看法並存。至於要瞭解為何一個具有土地、人民和政府三樣實質，且已屹立四十年的國家（指東德），可說在一夕[2]之間，順理成章地以和平的方式被併到另外一個國家（指西德）去，應該從它的背景、經過及結果來瞭解。

（一）背景

統一最大的原動力為東德人民對「德意志民族」的認同感，及渴望能夠過與西德人民一樣水準的生活。那就得先探討東德的體制及統治何以失去人心的原因。

1949年10月7日建立的德意志民主共和國，從一開始即是一個共產獨裁的國家，它統治的根基完全奠基於德國社會統一黨（SED）

---

2. 本文作者用以形容「快速」之詞，按從1989年11月9日東德開放柏林圍牆及東、西德邊界，到1990年10月3日正式統一，不到一年的時間。

和紅軍上。經濟支配、秘密警察、擁有無限權力的 SED 黨和嚴格的監察系統等總總體制，逐漸使人民和統治機器漸行漸遠。一種經由國家規定的統一價格以及補助金給了每個人非常廉價的物質和最基本的照料及供養，各方面的生活形態從整體方面而言，仍然還是很有彈性的，也有可能維持小康狀態。SED 黨注重體育運動，有計畫地栽培運動員，在大型的國際體育競賽方面東德的成績一向傲人，令世人讚嘆，選手為國增光，也得到了獎賞；就如勞動人民也都獲得補償，雖然在東占區要支付蘇聯極高的賠償，東德不久即製作出品質最好的工業產品，堪稱在共產國家裡擁有最高的生活水準。

　　儘管政府大肆宣傳國內的經濟領先西方國家一輪，卻有越來越多的人民判斷這可能是虛構的。由於實行中央控制和計畫經濟使得資源耗盡和生產力喪失，逼得統一黨政權只好延緩它的承諾。政府必須經常地向西方大筆的貸款。而消費物資的需求卻急速竄升，生活水準下降了，一些基本設施，比如街道、住宅、交通及環境都無力維修，任其坍塌。散漫毫無計畫、持續不斷地宣傳和騙人的團結呼籲，使得號稱工人階級和它的馬克思－列寧黨（記載在前東德憲法第一條），令人覺得換湯不換藥老是這一套，特別是年輕的一代認為這是政府用空話敷衍他們。相對於政府的這一套，人民要求自我決定和參與決策的權利，特別是要求有更多的個人自由和更多及更好的消費物資。

　　正當美國政府計畫建造一個全球航太防禦系統的火箭駐紮基地時，並且前東德也欲繼續推廣其「針孔政治」[3]（比如計畫在布蘭登堡門建造第二道圍牆，阻撓通往西柏林的空中走廊），使得國際間的外交氣氛急速惡化時，東德的領導集團卻讓他們的人民陷入窘境；比如拒絕有意願旅行的東德人，在他們還未確定獲准到西方旅行時，不准踏進西德在東柏林的常駐代辦處。當西德為了減輕這些東德人的困擾，讓他們達成願望，西德政府經由請求、說情又給了東德一大筆貸款才擺平此事。自從 1985 年初開始，有很多東德人到西德駐東柏林

---

3. 德文 Nadelstichpolitik 是貶義詞。

代辦處，還有到西德駐波蘭華沙及捷克布拉格的領事館，尋找進入西德旅行的許可證明。

蘇聯共產黨新任的總書記戈巴契夫，於 1986 年宣布直到本世紀為止，將要拆除核武器為他最重要的政策。戈氏和美國總統雷根在日內瓦及冰島首都雷克雅未克（Reykjavik）的會議，談到建立互信及裁減軍備問題，在斯德哥爾摩也談到裁減在歐洲的常規武裝力量的問題，這被視為東、西方一次新的對話。同時也要求德對德在文化、教育和科學的領域裡展開協商與合作，但是 SED 的領導者對戈氏的呼籲充耳不聞。面對人民要求改革、自由的呼籲也不予理睬。

東德的領導者無視於人民的期待，1986 年 8 月 13 日，回溯二十五年前的 1961 年 8 月 13 日，柏林圍牆被蓋起來的日子，當天抗議、示威行動等事件皆可作證。德國總理柯爾反對德國繼續分裂下去，當 1987 年洪內克在波昂訪問時，他對這個客人說：「我們注意到已經存在的分界限，但是我們要以和平的方式，並且經由一種理解的步驟克服這個分裂」……「維持我們人民的生活基礎是我們共同的責任。」雷根和戈巴契夫之間協商後，所簽定的限武條約對於裁減軍備是一項進步的事件。之後，規定在三年內，所有駐紮在歐洲的美國及蘇聯其射程在 500 到 5,000 公里的火箭，必須撤走並被消毀掉。聯邦德國在這個相關事件也聲明，準備銷毀布署在他們土地上的七十二架潘興火箭。

在世界局勢有普遍緩和的現象時，東德人民強烈地要求自由和改革。但是政府仍然不聞不問，待逃亡的浪潮有如傳染病到處蔓延時，東德政府這時才公開提出改革的意願，願意給人民各種自由，但已挽回不了人民的心，也救不了頹敗的東德政權。所以兩德統一是由東德人民自動發起，促使他們的政府與西德談判，才能夠完成不必流血的和平統一。

（二）經過

德國統一至今屆滿二十五年，走筆至此，再回顧它的背景，想當然耳，已經過了四十五年，个免讓兩德的人民長久以來，除了感到無奈之外，還一直是只能感慨萬分，以當時年代的背景要談兩德統一尚是痴人說夢。等到蘇聯的戈巴契夫上台後，為了削減龐大的軍費開支，不再優先發展重工業，以緩和國內面臨崩潰的經濟危機，改為注重農業和輕工業，提高人民的生活水準。戈氏並曾在華沙公約會議上宣布，各社會主義國家今後有權各自選擇自己的發展道路，此政策之大轉變連帶地影響東歐其他國家，波蘭（Polen）、匈牙利（Ungarn）和捷克斯洛伐克（die Tschechoslowakei）三國在戈氏的思想啟迪下，先後率先行動。以 1989 年初的波蘭為例，其政治上起了決定性的作用，工人運動的興起，造船工人華勒沙（Lech Walesa, 1943 年生）領導的工運遍及全波蘭，迫使波蘭政府正式承認「波蘭團結工會」為合法的群眾組織。從此，波蘭共產黨就節節退讓，而團結工會則步步進逼，最後導致華勒沙贏得選舉，1990 年當選波蘭總統，實現了民主化。華勒沙發起的團結工會在那時席捲全東歐。

與奧地利相鄰為界的匈牙利，於 1989 年 2 月 24 日修訂匈牙利憲法，根據 5 月 2 日所擬定的步驟，9 月奧地利與匈牙利的外交部長，在奧－匈邊界親自監督拆除架設在奧、匈邊界的鐵絲網。10 月 8 日，匈牙利社會主義工人黨宣布自動解散，10 月 23 日，匈牙利社會主義共和國更名為「匈牙利共和國」。之後，在 11 月 20 日至 23 日，捷克首都爆發了反對共產黨領導的示威遊行，有上萬人參加呼籲修訂捷克斯洛伐克憲法，11 月 29 日，政府順應輿情，修改了憲法。11 月 30 日，捷克政府宣布拆除捷克－奧地利邊界。繼之，東歐的羅馬尼亞和保加利亞（Bulgarien）的共產黨，也放棄了國家的領導權。當東歐社會主義國家在其政策大轉彎，紛紛順應輿情時，東德的共黨政權仍如一潭死水，紋風不動，對人民要求改革的呼籲仍然不予理會。

以美、蘇為首的東、西兩大陣營的緩和政策，加強了東德人民要

求更多的自由和改革。1988 年初，在東柏林的示威有 120 位屬於「地下教會」（Kirche von unten）和平運動的成員被逮捕。在葛策馬尼教堂（Gethsemane-Kirche）為被捕者舉行了一場彌撒，有 2,000 人參加；二個星期之後，又有 4,000 人參加。在德勒斯登，警察驅趕一個要求「人權、思想和新聞自由」的示威團體。1989 年 9 月，有上千個東德公民假藉度假、旅遊之名，先到東歐共產國家的西德大使館尋求庇護，再趁機逃亡到西德，逃亡路線有三：(1) 經由波蘭到達捷克再進入西德，(2) 經由匈牙利到達奧地利再進入西德，(3) 經由前捷克 [4] 再進入西德。這種破壞華沙公約的紀律行動，鼓勵了更多的東德人從事抗議行動。他們加入一個起先小心翼翼地開始，後來漸漸擴大成為有很多人參與的反對運動團體；自從 70 年代底以來，主要都由教會加以協助並保護，從 80 年代中期以來，就有越來越多的人勇敢地站出來。很多東德人越來越想要在自由與繁榮的西德生活。自從匈牙利和捷克先後拆除和奧地利的邊界後，陸陸續續有很多嚮往自由的東德人，經由這三個管道逃向西德。1989 年 9 月 30 日晚上，西德的外交部長根舍（Hans-Dietrich Genscher, 1927）親自告訴滯留在捷克布拉格西德大使館，大約 6,000 名的東德人，他們可以搭乘東德鐵路局的特別專車，經過東德地區進入西德，因為 1989 年 10 月 7 日是前東德的國慶，不希望影響到全世界的國賓前來參加慶典時，發生掃興的意外事件，故東德政府此舉是主動將滯留布拉格的難民「驅逐出境」。10 月 1 日，有 2 萬 4,500 人取道匈牙利離開東德。10 月 4 日，從布拉格又有 7,600 名逃亡者進入西德。

　　東德人民大逃亡的鏡頭迅速地傳遍全世界，10 月 7 日，對正在以豪華的排場慶祝其建國四十週年的東德，是個危機和警訊，但東德的領導人，七十七歲的洪內克，對於戈巴契夫苦口婆心的勸告：「……我們的經驗與波蘭及匈牙利的經驗都向我們證明了：如果黨對人們的生活沒有反應，它就被判刑了……我們只有一個選擇：決定向前邁

---

4. 捷克於 1992 年分裂成為兩個國家，一為和德國接界的捷克共和國（die Tschechische Republik），另一為其鄰的斯洛伐克（die Slowakei）。

前東德人逃亡西德的路線圖

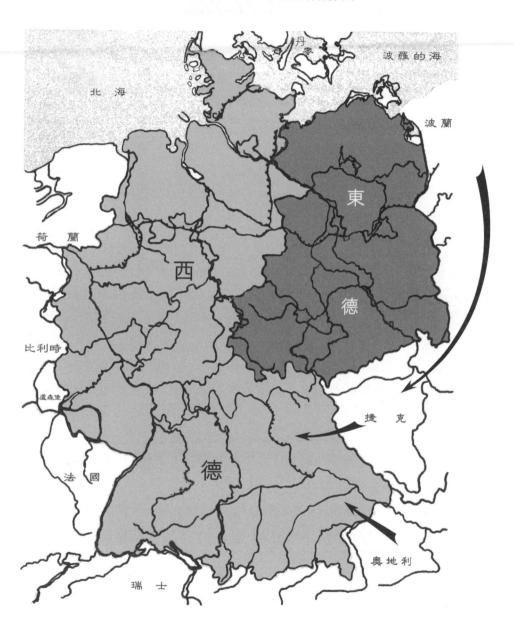

進。」似乎無動於衷，也沒有答腔。同一天，在東柏林的亞歷山大廣場，有幾百個年輕人在抗議 1989 年 5 月地方自治區作弊、偽造的選舉，他們從廣場出發，向著洪內克和他的貴賓所在地前進。這期間沿途都有人加入，越聚越多，大約有上千人，示威的人群一邊走，一邊抑揚頓挫地喊著：「戈比，戈比（Gorbi 是戈巴契夫的暱稱）」，並且朝向葛策馬尼教堂的方向前進，示威者朝著新聞局大喊：「說謊者，說謊者」和「新聞自由」。此時第一批警車開過來，警察動手抓人。後來，火車站附近的道路，也被警察和國家安全局的人密不通風地封鎖起來，並且用暴力驅散示威者。當天，同樣的示威也發生在波茨坦、萊比錫、德勒斯登、普勞恩（Plauen）、耶拿、馬格德堡、安斯達特（Arnstadt）、伊門瑙（Ilmenau）和卡爾－馬克思－城（Karl-Marx-Stadt）[5]。

　　警察和國家安全局血腥地在這些示威的地區鎮壓，一經報導使全世界的人為之憤慨。當灰頭土臉的東德國慶過後兩天，即 10 月 9 日，依照傳統都要舉行星期一祈禱，此時在萊比錫的尼可萊教堂（Nikolai-Kirche）前有 7 萬多人示威，爭取自由；他們喊出震天價響的口號是「我們留在這裡」和「我們是這一個民族」（Wir sind **das** Volk!）[6]。他們舉的抗議標語例如是：「只要 SED 黨（統一社會黨）仍然極強勢的掌權，旅行自由都是令人懷疑的。」、「你們不要保持沉默吧！旅行並不是一切！」及「現在立刻民主，否則永遠不要它吧！（配上畫了一個投票箱的插圖）」接下來的幾個星期在東柏林、萊比錫、德勒斯登和其他城市都舉行一種和平革命的示威。可見 SED 政權早已失去人心了。

　　在 1989 年 10 月 18 日，SED 的政治辦公室召開危機處理會議，當國家議會主席和 SED 總書記洪內克再一次重申拒絕所有的改革時，

---

5. 前東德為紀念馬克思，將肯尼茲城（Chemnitz）改為卡爾・馬克思城，兩德統一之後，已改回原名。

6. 這一個口號，後來在接下來的幾次示威運動，一致被改成：「我們是同一個民族！」（Wir sind **ein** Volk!）

不少政治辦公室的委員要求他下台。10 月 18 日，洪內克被迫下台。他的繼任者是克倫茲（Egon Krenz, 1937），他準備接納各方的聲音，展現新的領導風格。他的第一個措施是宣布簡化旅遊手續；11 月 1 日開始，東德人民可自由進入捷克，這一來逃亡人數將再度迅速竄升。示威在數不清的城市如火如荼地展開。11 月 4 日，在東柏林有五十多萬人要求改革、自由選舉、終止 SED 黨壟斷權力、國家法治化、新聞、言論與旅行自由。明顯地可看出 SED 的領導不得民心，並且人民也不相信新的國家議會主席克倫茲許下的「轉變」諾言。在快速進展的壓力下，部長理事會和政治辦公室的一些成員被迫下台。

11 月 9 日，克倫茲在 SED 黨的十中全會，向中央委員宣讀了一份新的旅行條例草案，除了一些常態的旅行，還有一些關於私人到國外旅行也無須申請的事項。洋洋灑灑的內容裡，有一條係可以經由民主德國與聯邦德國、（西）柏林之間的所有邊界出境旅行。但是每一次的旅行仍需要簽證，當然由於「特別的例外事件」是拿不到簽證的。這個構想是：可以有旅行自由，但是仍需要經過官僚手續。從 11 月 10 日起，此旅行條約開始生效。中央委員會全數皆無異議通過此案。根據安排，由 SED 黨柏林政治辦公室委員夏博維斯基（Günter Schabowski, 1929），在當天晚上六時舉行的國際記者會上介紹中央全會的進展，並宣布一項新的、自由的旅行法。開放邊界應該是 11 月 10 日，然而夏博維斯基在政治局表決有關要開放旅行自由事項時，他並不在場。克倫茲只塞給他一張新聞稿，故他在記者招待會的時間，從六點開始舉行，當時是 6 點 53 分，在上百個記者面前，他前後口吃了四次，「……因此，唉，我們決定今天，唉，每一個東德公民有可能實行的一個規則，唉，越過東德的邊界通道，唉，外出旅行。」這時一陣騷動，連他自己也啞口無言且猶豫著。而記者馬上接著追問「何時開放」，夏博維斯基被問急了，他繼續翻閱他的文件回答：「據我所了解的……是立即，刻不容緩的。」這個「立即」是當時晚上開記者會的 7 點左右。所以變成通向西德和西柏林的東德邊界地區在 11 月 9 日晚上 7 點[7]全數開放了。

這是東德人民最後一次相信一個 SED 黨的幹部所講的話了。當他們約 8 點左右看電視的轉播時，立刻穿上大衣，披上圍巾，出發了。8 點半已有上千個東柏林人湧到圍牆去，半個小時後，人群已綿延一公里之長。邊防哨啞口無言，他們知道，他們事實上應該拿起武器保衛邊疆的。他們從來沒經歷過如此一大群洶湧的人潮。但是政治局的一個成員好像剛剛在電視上宣布旅行自由。他們徒勞無效地等待進一步的指示。跟他們那邊一樣，不久在柏林所有的邊界，在全國各地的帝國鐵路局突然都湧進了大批人潮，並要求到西德的火車票。在東、西柏林邊界通道的波恩荷馬街（Bornholmer Straβe），邊防哨打電話詢問國家安全局更進一步的指示，在 9 點 20 分得到命令，打開一道門。邊防哨在人們的身分證蓋了一個章，當然回程是不需要再蓋章了，而這個蓋章記號也沒什麼作用了，它就像嘗試讓人群通過的一個窄小的閘口而已。約 11 點 30 分，全國各地的邊防哨終於不再等待了，沒有經過上面的命令，擅自打開邊境通道的欄門。成千上萬的人湧向西方，喜極而泣，歡呼著：不需要蓋章了。

　　柏林圍牆連夜被打開一道門，柏林體驗了它建城七百五十年以來最大的歡樂節慶。「隨便有哪一個人，這個晚上在柏林親自體驗或者隨著電視轉播」，執政的柏林市長孟普爾（Walter Momper, 1945）如此地回答新聞記者的訪問，「他將永遠不會忘記進入 11 月 10 日的夜晚那天。昨天晚上的德意志民族是全世界最幸運的民族。」隔天報紙斗大的標題是：圍牆不見了，柏林又再是一個完整的柏林了。

　　柏林圍牆的大門被打開了，西柏林人從廣播、電視得知此消息，他們在柏林及邊界兩旁夾道歡迎東柏林人及東德人。西柏林的熱鬧購物區「選帝侯大道街」及卡迪威（Ka De We）百貨公司（Kaufen der Westen，店名為西方百貨公司的縮寫）人山人海，擠滿了一波波的人潮，頗為壯觀。當記者訪問了一些東德人，對將來有什麼打算時，大都回答：「先看看，然後再考慮。」在布蘭登堡門附近，有人將「6

---

7. 史家評論夏博維斯基，他犯下了一個最美好的錯誤。

月 17 日大街」[8] 的路牌改寫成「11 月 9 日大街」；11 月 11 日早上 8 點開始拆除圍牆。[9] 這件事情在幾個星期之前還幾乎不能想像的，現在看起來是有可能的，**德國的統一**，世界對此事情將會如何反應？特別是東德最重要的伙伴——蘇聯，它會表示什麼態度呢？1990 年 2 月 10 日，戈巴契夫曾對此事給予贊同的意見：「德國人應該自己選擇，以哪一種國家形式……他們能實現他們的統一。」藉此，統一之途最大的阻礙被排除了。

　　矗立在世界名城柏林的圍牆及東、西德的邊界，毫無預警地突然一夕之間全部開放了，這意味著「德國統一」有指望了。11 月 9 日當天，在波蘭訪問的西德總理柯爾，他在這一天與波蘭工人的領導人，推動「波蘭團結工會」的華勒沙會談時，華勒沙問他：「如果東德完全開放邊界，並且將圍牆拆下來——西德會不會再將它重建？」柯爾的回答是這樣的：「假如東德不實施真正的改革的話，那這個政府真的會被掃地出門。」但是他（指柯爾）相信狀況不會激烈的發展。華勒沙比柯爾對這不能預知的歷史更具信心，他懷疑地對柯爾說：「圍牆大概還只能存在一或兩個星期了吧！」隔天開會時，據說幕僚遞給柯爾紙條時，他馬上中斷行程，立刻站起來並道歉，說家有急事要兼程趕回。柯爾遂於 11 月 10 日在西柏林市議會大廈前的民眾集會上發表講話，**向東德人民許下了將可過著與西德人民同樣生活水準的諾言**。由於東、西德現在已無邊界了，圍牆倒塌後的十幾天，有 1,100 萬東德民眾去西柏林和聯邦德國，公路大塞車，鐵路也大爆滿。柏林很快再開闢新的通道，沿著兩德之間被封閉的邊界也一一打通了，東德的特拉比牌（Trabi）車子絡繹不絕地奔馳在西德的街上，沿途受到民眾夾道歡呼，許多小酒店的啤酒是免費的。東德民眾從自己的政府正式獲得 15 東馬克，在西德則發給每一個來到此地的東德人 100 西馬克的歡迎費。銀行前面等候著的人群排成一條條長龍。越過邊界的

---

8. 見第 107–108 頁，「東德的 6‧17 事件」。

9. 圍牆被拆除時，東、西德人民拿著鐵槌去敲下幾塊石頭帶回家當紀念。德國政府也贈送台灣一片圍牆，現陳列在「二二八國家紀念館」。

人對擺滿貨物的陳列櫥窗讚嘆不已。在 11 月，就已經有 13 萬的東德人搬到西德去了。大部分的人在這次的遠足又回到故鄉去了。邊界的突然開放帶來了一個特別的訊息：即是 SED 黨的權力結束了。

東德政權的崩潰帶給幾十年來致力於統一的西德一個機會。因此，西德總理柯爾又於 11 月 28 日在眾議院提出一份實現統一的十點計畫：

1. 只要民主德國（東德）給予聯邦德國（西德）公民入境的方便，並准予出境的民主德國公民兌換必要款額的外匯，聯邦德國立即進行人道主義和醫療方面具體的幫助。

2. 西德將擴大並進行在一切領域裡，直接有利於雙方人民的合作，比如環保、交通和電話聯繫等。

3. 如果東德在政治、經濟體制堅定不移地進行徹底的改革，西德建議全面擴大和東德之間的經濟合作。

4. 西德同意東德關於建立條約共同體的建議，由於兩個德國國家的鄰國和關係特殊的性質，有必要設立一個越來越密切的、包括一切領域和層次的協議網。

5. 條約共同體建立之最終目的，是先發展兩個德國之間的邦聯結構，在這之後的目標是建立一個聯邦。

6. 德國的內部關係的發展必須納入整個歐洲的建設和東、西方關係發展的進程。德國應為歐洲大廈的一個組成部分，未來統一的德國必須確保歐洲合理的和平秩序。

7. 要求歐洲共同體對正在進行改革的中歐、東歐和南歐的國家，與東德簽訂的商業合作協定，採取開放和靈活的態度。

8. 歐洲安全合作在現在和將來都是整個歐洲大廈的核心，人們必須努力地推動這一進程。

9. 裁軍和軍備控制必須同政治形勢的發展同步進行，東、西德必須就裁減駐歐常備軍、禁止化學武器和減少戰略核武器等方面加緊進行談判。

10. 在自由、統一的歐洲裡，使德國人民能夠在自由、自決的情況下，重新獲得統一。

柯爾的十點計畫是以多層次的方式，在一個政治和經濟制度徹底轉變的一個前提之下，以締結合約、聯盟形式的結構為走向的一個聯邦的、再團結的德國之草案。

雖然東德政府在 1989 年 11 月 9 日開放了邊界，但是在萊比錫和其他城市的東德人民還是繼續示威。要求政府改革，並且異口同聲地提出他們要參與決定事情的意願。人們清楚的意識到，縱使政府解散了一些高階層領導單位，SED 領導仍然不能讓人信任。人們對很多「牆頭草」投以不信任的眼光，連新任國家議會主席克倫茲傾向民主的態度，以博取人民的信任，也被視為「不可相信」。東德人民要他為地方自治區作弊的選舉負責。而人民還記得克倫茲贊成鎮壓 1989 年 6 月 3 日／4 日在北京天安門的大學生運動，11 月 16 日，人民議會選改革派的莫德洛（Hans Modrow, 1928）為新任部長理事會主席。新任總理莫德洛於 11 月 17 日，在人民議院介紹他的「和平與社會主義」的政府，並宣布在政治制度、經濟、教育制度和行政方面重大的改革。12 月 1 日，人民議院將 SED 的領導權從憲法中刪除；克倫茲在 12 月 6 日也辭去國家議會主席的職務。雖然莫德洛總理深受各方注意，但他也只不過是個過渡政府的領導而已。眾多反對黨與一些民眾自發性團體在這種過渡狀況下，紛紛要求參與政府的決定；所以就像波蘭一樣了，形成「圓桌會議」來決定政事。

1990 年 1 月 15 日，在萊比錫有 15 萬人示威，他們的口號是「德意志，統一的祖國」（Deutschland, einig Vaterland），因為東德的人民不信任莫德洛領導的政府。西方的吸引力增強了，東德的不穩定性迅速地增加了。戈巴契夫的態度也變得謹慎多了，特別是波蘭和匈牙利

繼續擺脫蘇聯的領導，羅馬尼亞總統齊奧塞斯庫（Ceausescu, 1918），於 1990 年 12 月 20 日被趕下台，並與其妻子在 12 月 25 日聖誕節被處決；東德脫離華沙集團必定動搖了安全政治的平衡，西方也提出了警告，美國外交部長巴克爾（Baker）在柏林說：「致力於統一，要考慮到德國鄰居法律上的憂慮。」美國政府表示會支持統一政策，只要德國不更動外圍的邊界及西德仍然留在北大西洋公約組織裡。

（三）結果

兩德統一最大的推手是人民，因為東德的人民嚮往一線之隔的兄弟國富裕的生活。隨著國內、外政局的變化，步步為營督促著政府。但是由於特殊的處境，還需要一一地分頭並進與四個實質上還是管制他們的國家周旋。在兩德快要接近達到統一的最後一段路，則同時分頭並進的處理內部（德對德）及外部／外交（兩德與美、英、法及蘇四個國家）的事情。

1. 兩德統一的內部處理

東德共產黨的執政不得人心，為了挽回頹勢，選出了黨內改革派人士 SED 之繼任黨 PDS 黨的蓋西（Gregor Gysi, 1948）出任黨主席，蓋西在當選之後，隨即宣布共產黨願意在 1990 年 5 月舉行自由選舉，並與其他黨派合組政府，放棄一黨專政。然而東德人民期盼能早日統一，因此東德決定再提前於 1990 年 3 月 18 日舉行國會大選，這是東德成立四十年之後第一次的自由選舉。

此次選舉的投票率高達 93%，選舉結果由柯爾支持的東德 CDU 黨獲得 40.8% 大勝，而原先被看好的中間偏左，強調以較謹慎、緩慢步調進行統一，並代之以主張改革前東德統一黨的「社會民主黨」（SPD），以及其他曾參與將統一黨拉下馬的一些反對黨派，則意外遭到重大挫敗，主張加速統一的德國社會聯盟黨（Deutscher Sozialer Union）、CDU 和 CSU 組成的保守黨派、德意志聯盟（Allianz für Deutschland）及 DA 黨卻囊括了 48% 的選票，由此可看出東德百姓希

望快速統一的意願及西德馬克的魅力。

　　1990 年 4 月 5 日，東德第一次自由選舉產生的人民議院集會，選出 CDU 的貝爾格曼－波爾（Sabine Bergmann-Pohl, 1946 年生）當女議長；她立即接手此項國家最高權力機構之職責，人民議院的第一件工作是廢掉國家議會。4 月 12 日，東德人民議會選出歷史上第一個民主政府，這個大聯盟由德意志聯盟（CDU、CSU）、德國社會聯盟黨、DA、社會民主黨及自由民主黨（FDP）所組成。之後並選出戴梅齊耶（Lothar de Maizière, 1940）擔任東德總理，4 月 19 日，戴梅齊耶發表一項德國統一的聲明。1990 年 7 月 1 日，波昂與戴梅奇耶共同在經濟、幣制和社會這三大領域完成整合，並將西德馬克引進東德。西德政府同意將東德公民的工資按 1：1 的匯率兌換成西馬克。1990 年 8 月，人民議院一致同意，做出東德盡快加入西德的決定。而根據西德的基本法第 23 條的規定，如果有一天東德願意加入西德，此第 23 條的基本法也適用於東德人民。因此 8 月 23 日，東德的人民議院做出了東德將根據基本法第 23 條，於 10 月 3 日加入西德的決定。8 月 31 日，東德的國務秘書柯羅塞（Günther Krause, 1953），與西德的內政部長蕭伯勒（Wolfgang Schäuble, 1942），在東柏林簽訂「統一條約」。統一條約共四十五條，西德刪改了幾點基本法，以利東德的加入能在 10 月 3 日生效。第 1 條內容是東德的五個邦：布蘭登堡（Brandenburg）、美克連堡－佛波美爾（Mecklenburg Vorpommer）、薩克森（Sachsen）、薩克森－安哈特（Sachsen-Anhalt）、和圖林根（Thüringen）五個邦：在 10 月 3 日將成為統一後德國的新邦。第 2 條內容是柏林將是統一後德國的首都，並且確認了波蘭的邊界。1990 年 10 月 3 日起，就不存在第二個德國了 [10]。

　　德國的再統一肇因於一場和平革命。如果沒有東歐多個國家的改革，沒有「冷戰」的結束及共產實力集團的解體是不可能有統一

---

10. 正確的說，應該是 1990 年 10 月 2 日的午夜，就沒有東德這個國家，在圍牆倒塌後的三百二十八天及它四十一週年慶的前四天，它還是存在的。

的機會。「我們經歷了一種非常罕見的歷史階段,在這些階段中,真的有些事能夠被轉變成為善事。」德國總統魏塞克(Richard von Weizsäcker, 1920–2015)如此評斷這種新的局勢。這種轉變在德國歷史裡不只意味著一個深刻的轉折,在歐洲史上同樣也是一個深刻的轉折──德國的統一為戰後時期劃上了休止符。1990 年 10 月 3 日零時,在柏林國會大廈旗杆上升起了黑、紅、金黃三色旗(去掉前東德旗幟上的鐮刀與稻穗圖案),標誌著東德與西德完成了統一,統一後的國名為德意志聯邦共和國,簡稱德國。十時在著名的柏林愛樂樂團音樂廳舉行國家慶典,德國總統魏塞克在慶典上致辭:「我們以自由的意願完成德國的統一,我們要在一個團結的歐洲下為世界的和平努力。」當天,魏塞克任命前東德的總理戴梅齊耶、人民議院女議長貝爾格曼－波爾與國務秘書柯羅塞等人為聯邦政府特別任務部長,進入柯爾內閣。典禮結束後,響起了耳熟能詳的德國國歌「德國人之歌」(Lied der Deutschen) [11]。

　　四十五年的歲月,近在咫尺(一線之隔)的東、西德在漫長的等待終於盼來了這一天團圓的日子。綜觀四十五年的西德各屆聯邦政府對解決德國問題所盡的種種努力,皆是追求一個共同性的國家遠程目標:以自由與和平方式完成德意志的重新統一事業。理念與目標是一致的,但在實現德國再統一所循之途徑及所運用之手段方面,因各屆政府領導人採取不同的政策而見仁見智,但其實可說殊途同歸;這可由統一政策的發展過程來看,從艾德諾親西方政策,藉與西方國家統合以謀求統一的階段、從不承認東德是一個國家的「漢賊不兩立」過渡到布蘭德的「東進政策」,與東歐國家改善關係、與東德逐漸接觸,拉近雙方的距離。接著再發展到承認東德為一主權獨立的國家,與東德締結條約,雙雙皆以主權獨立自主的國家方式進入聯合國。在在都以自由與和平為基礎,展示了高度的智慧,建立了兩德友好之多邊關

---

11. 德國國歌原有三小節,由海頓譜曲,法勒斯雷本(A. H. Hoffmann von Fallersleben, 1798–1874)作詞。1945 年德國戰敗,被分成四個占領區,這首歌被當時的軍政府禁唱。目前在正式的場合只能唱第三小節。

係。隨著時間的消逝，世局的巨變，民心的向背，終於在天時、地利、人和皆具備的形勢下，不費吹灰之力，以和平的方式完成兩德人民夢寐以求的統一。

從戰敗到統一的過程也可看到現代德國人自認（或公認）的特質：勤勉、能幹和奮鬥（創造出舉世讚嘆的「經濟奇蹟」），其處事哲學：積極、徹底及務求實際的精神更可在謀求兩德統一的過程中展露無遺。即使在四強已默許、且首肯的利多環境下，德國人仍然一板一眼的以務實的態度來處理。一般人皆認為，統一即是東、西德兩個政府馬上合而為一即可，但是知法且守法的德國人則是按部就班，依照法律該有的程序及步驟一個個的來，因此有統一的進程。先讓東德在其境內按照民主的體制，透過合法的選舉，由得到多數票的政黨籌組政府，再同意與西德的姊妹黨合併。回顧一百二十年前的俾斯麥，經由「鐵和血」發動了三次戰爭，才促使德意志各邦聯合而為一個統一、獨立、自主及強大的民族國家。歷經兩次的世界大戰，這個國家又經由「鐵和血」被毀滅掉了。現在德國再一次地成為一個完整的國家。它將會又再像俾斯麥所要的是一個統一、獨立、自主及強大的國家嗎？綜觀統一迄今，德國人所做的努力及其中規中矩的表現，筆者給予肯定的答案。

2. 兩德統一的外部處理

兩個德國要統一的外部問題牽涉較廣，除了需要四強的首肯外，還要得到其他鄰國的贊同。所以，外交途徑展開一系列的磋商。困難點在於西德是北約及歐洲共同市場的成員，東德是華沙公約的成員，兩德如統一，受到最大的衝擊是蘇聯，因它的西邊將失去屏障；尚有兩個與德國相鄰的國家，即法國與波蘭也會有所顧忌。1990 年 2 月，在加拿大的渥太華（Ottawa）舉行第一次北約與華約聯合會議中，西德的外交部長根舍首次提出「二加四」會談方案，意思是由東、西兩德和美、英、法、蘇四國外交部長組成一個外長會議，專門會談「德國統一」問題。「二加四會談」（Zwei-plus-vier-Konferenzen），即

是兩個德國政府與四個戰勝國一起談判有關德國統一事宜，這個方案很快得到了積極反應，第一輪會談於 1990 年 5 月初舉行。

　　法國一向對德國的統一深具不安，這相鄰兩國的開國元老，本都是查理曼大帝的孫子，後來三位孫子（另一位為據義大利的長孫）三分天下，分道揚鑣。西法蘭肯王國日後衍變為今日的法國，東法蘭肯王國日後衍變為今日的德國。這兩個有共同血源，本是如唇齒相依的相鄰國家，卻不能夠和平相處。德、法之間在歷史上曾發生過多次戰爭，互有勝敗；遠的不談，以近代的歷史來說，1870 年，普魯士戰勝了法國，俾斯麥向法國索取巨額賠款。第一次世界大戰德國戰敗，向法國投降，法國在戰勝國於巴黎舉行和會時，也對德國索取天價的賠款[12]。第二次世界大戰，德國以四十天時間迫使法國投降，這些慘痛的傷痕，法國人是很難忘記的；法國深懼兩德如合併，無異於如虎添翼。將使法國喪失在歐洲事務中的主導地位，除了經濟上會面臨德國的競爭之外，軍事防務上更會面臨德國的威脅，更擔心「俾斯麥時代在歐洲重現」[13]。柯爾隨即展開穿梭外交，1990 年 4 月 25 日至 26 日，德、法元首舉行協商，柯爾和法國總統密特朗（François Jarnac Mitterrand, 1916—1996）懇談，與之交換德國統一的進展，並取得共識。4 月 28 日，歐洲共同體各國政府首長在都柏林（Dublin）舉行一

---

12. 根據 1919 年巴黎「凡爾賽合約」，德國除割地、認罪外，最令德國人不能承受的是 1,320 億金馬克的賠款，導致德國民生凋蔽、通貨膨脹，最終經濟崩潰，使得當時的威瑪共和國無法招架；一籌莫展之際，才有狂人希特勒的崛起。希特勒一手毀掉威瑪共和國，導致第二次世界大戰爆發。「社會民族主義的温床不是慕尼黑（按希勒崛起於慕尼黑）而是凡爾賽。」德國第一任總統賀伊斯（Theodor Heuss, 1884—1963）如此評論。故史家評論，若不是凡爾賽和約訂得如此苛刻的話，當不會讓希特勒有機可乘，也不會有第二次世界大戰及屠殺猶太人的慘事。

13. 俾斯麥統一德國的第三場對法國戰爭，在當時歐洲是轟動一時的大事，初次展露頭角的普魯士對上當時的老牌帝國 —— 法國。俾斯麥統一德國後，利用得自法國的一筆兩億法郎，勵精圖治建設德國，使德國後來居上，與英、奧、俄等強國並駕齊驅，尤其俾斯麥以「歐洲公正人」的身分，公平地處理英、俄、奧等國的紛爭，人稱他為「歐洲的國務卿」，聲望崇榮。法國在「西班牙王位繼承」之爭執吃過俾斯麥的虧。想當然耳，一個統一的德國對法國的心理威脅甚大。

場特別會議，對德國的統一表示贊同，並願意在東、西德統一之後也讓德國加入此共同體。

另外一個對德國統一有顧忌的是波蘭（前東德與波蘭相鄰為界）。歷史上，波蘭三次受到普魯士、奧地利及蘇俄的瓜分（1772、1793 及 1795），希特勒於 1939 年 9 月 1 日拂曉，未經宣戰直接入侵波蘭，納粹黨在波蘭設置的奧許維茲（Auschwitz）集中營，殘殺上百萬的波蘭猶太人。回顧這一段歷史，波蘭曾長期被德國占領，害怕統一後的德國會要求改變現存的德－波邊界。奧德河以東及奈塞河以西的邊界是戰後的波茨坦會議上劃定的，但並沒有被確定為最終分界線。1950 年 7 月 6 日，東德和波蘭簽訂的「哥利茲條約」（Görlitzer Vertrag），承認奧德－奈塞線為不可侵犯的界限（即為德國的永久東部邊界線）。但這一邊界線並沒有獲得西德的承認。西德政治家們一直重複他們認可的德－波邊界是 1937 年希特勒第三帝國版圖的邊界。1970 年 12 月 7 日，西德和波蘭簽訂的華沙條約，只承認奧德－奈塞線是波蘭人民共和國西部的邊界，並且強調這條邊界在現在與將來都是不可侵犯的。待波蘭共產黨垮台，其領導人希望西德政府能正式地確定此邊界線。但柯爾卻一直指出，將來一個全體德意志人的政府基於法律考量不會預先判斷並冒然決定的。波蘭領導人因柯爾不肯對德、波邊界表態，頻頻出訪，尋求美、英、法、蘇俄、荷蘭等其他歐洲國家的支持。在波蘭要求和國際壓力下，四列強要求德國對波蘭西部邊界作一個明確的說明。西德的國會就此德、波邊界訂調的問題經過冗長的辯論、討論、投票表決之後，西德的眾議院與東德的人民議院終於發表共同聲明，「根據波蘭 1950 年和東德，1970 年和西德簽訂的條約，統一的德國與波蘭共和國對於邊界問題，將以一個國際法的條約為基礎，加以確定。」1990 年 11 月 14 日，德國與波蘭正式簽約，正式底定兩國邊界的問題，意即統一後的德國不會再要求奧德－奈塞線周圍 10 萬平方公里的土地。事實上，德國接受目前歐洲邊界，也是歐洲接受德國統一的必要前提。

英國傳統的歐洲政策是維持大陸均勢，不讓任何人主宰歐洲大陸。因此，它擔心德國統一後會打破歐洲大陸現有的均勢。柴契爾夫人（Margaret Hilda Thatcher, 1925–2013）[14] 對德國統一的問題就曾公開表示過，一方面既是德國人民自己的事，即德意志民族在統一問題上享有自決權，另一方面也是全世界的人的事情；因為德國應該受到國際條件的制約，必須以民主與和平的方式實現，要以維護歐洲安全、穩定、平衡為出發點，並且強調德國統一應該融入歐洲一體化之中。

美國對德國的統一問題認為對它而言既有利，也有弊。有利之處在於德國確定以聯邦德國的模式（即原西德）統一，可納入西方，成為西方的一部分，又可促使其他東歐共產國家仿效，進入西方「自由世界」。東德若能併入西德，勢必要求蘇聯大量撤出駐軍，以減少對美國及其西歐盟國在中歐面臨的軍事威脅。同時，兩德若是統一後，仍屬北大西洋公約組織，將會促使華沙條約集團解體，從而大大削弱蘇聯集團的戰略實力。不利之處在於德國統一後，美、蘇在中歐地區的軍事布署將不具重要性了，這雖然可以降低蘇聯的軍事威脅程度，但同時也將導致北約軍事戰略和軍備計畫勢必進行重大調整，動搖美國在全球的集體防務和聯盟戰略中的領導地位。德國統一後，除了可能危及美國的戰略利益之外，經濟方面，統一的德國實力將更加強；還沒有統一的西德，其經濟實力已緊追美國及日本，排名第三，如果統一後，經濟實力勢必明顯上升，這一定會衝擊美國，對美國的經濟利益將會是一大新的挑戰。同時統一後的德國其基本屬性也很難預測，美國認為「民主」與「共產」兩種截然不同的意識形態和傳統觀念的分歧很難彌合，可見美國對德國統一的問題剛開始持著懷疑的態度。

1990 年 6 月 6 日，兩德和美國、英國、法國、蘇聯四國的外交部長在波昂展開「二加四會談」，6 月 8 日北約組織對蘇聯表示友善，柯爾和美國老布希總統（George Bush, 1924）在華盛頓重申，統一後

---

14. 柴契爾夫人係 1979 年 5 月成為英國歷史上第一位女首相。

的德國在北大西洋公約組織中仍保有會員資格，這時美國方才消除了原有的疑慮，表示支持德國統一，進而積極提出一些主張和看法，促進德國的統一。

兩德要統一的最後一道關卡在蘇聯。蘇聯聚焦在德國的政治、軍事地位問題。焦點在於統一後的德國是繼續留在北約還是採取中立的立場。美、英、法等盟國當然力主要留在「北約」，而蘇聯的戈巴契夫起初則堅持，無論如何統一的德國不能留在北約。這當然涉及當時美、蘇兩大強國保持戰略均勢的問題。那麼另一個選項，讓德國保持中立，將確實符合蘇聯的利益嗎？這就涉及一個難題，即歐洲安全問題。要讓這個在人格特質方面具有一些優點的強悍民族與它的兄弟國奧地利和瑞士一樣保持中立角色，永遠與世無爭似乎也不可能。世人雖然對希特勒和集中營不寒而慄，但對二戰後的德國（西德）以嚴肅態度回顧與反思歷史，正視過去的罪行，兢兢業業的力求復興，以八年的時間，讓被戰火打成幾乎已成平地的國家再度站起來，對受迫害的民族（尤其是猶太人）給予人道上的金錢賠償，以其強大的經濟實力，不遺餘力地援助弱小民族國家，這樣的贖罪方式獲得其鄰國及一些國家良好的印象。然而面對一個即將合而為一的國家，其經濟及政治實力必定更加強大到舉足輕重的統一德意志，其近鄰的歐洲人會擔憂和疑慮是必然的。為了歐洲安全，必須想辦法有效地制約統一的德國。

戈巴契夫自 1985 年一上台，所實施的一系列政策主張改革開放，對於東歐各共黨國家的動態局勢（比如波蘭、匈牙利、羅馬尼亞等）他採取默許的立場，他也曾在前東德慶祝建國四十週年的典禮儀式上，向領導人洪內克勸導改革。因此一度被輿論稱為開明改革派的代表。戈巴契夫起先反對德國統一，是因為蘇聯在東歐駐軍的三分之二（38 萬人）駐紮在前東德；兩德如統一，意味著蘇聯很可能將失去前東德這個戰略前哨地，從而打破戰後以美、蘇兩大陣營的歐洲格局和東、西方的均勢。稍後，他持讓德國中立的觀點，又因為他預感到和北約抗衡的華約，如果德國中立化被取消，華約可能會迅速解體，

形成新的不均衡。到最後的有條件同意德國統一，真是一波三折，讓德國人有如洗三溫暖的感覺。

　　1990 年 7 月中旬，蘇聯在德國統一問題上來了個急轉彎，係因蘇聯的經濟、財政出了問題，急需要西方的援助。蘇聯由不贊成、到保持中立，再到同意統一後的德國留在北約，當時是一則轟動全球的新聞。7 月 15 日，戈巴契夫和柯爾及根舍在莫斯科結束會談後，一同搭乘專機前往戈巴契夫的家鄉高加索（Kaukasus）舉行了會談。7 月 16 日會談後，發表的聯合公報如下：統一的德國不得製造並放棄擁有 ABC− 武器，即核子武器（Atom）、生物武器（Bio）及化學武器（Chemie）。德國軍隊人數減少至 37 萬人，只要蘇聯的軍隊還駐紮在前東德的土地上時，必須放棄將北約的軍事結構擴展到前東德的境內，意即北約軍隊不進駐原東德的地區。約定蘇聯的軍隊直到 1994 年底才全部撤退完畢。德國領導人並且向蘇俄領導人做下了肯定的承諾，即是會在經濟上大力的經援蘇俄。提供給蘇聯 50 億馬克的貸款；蘇聯從東德撤軍後，西德將給予補償。這對陷入經濟危機的蘇俄是一大幫助。有了戈巴契夫的同意，1990 年 9 月 12 日在莫斯科，西德的外交部長根舍和東德總理戴梅齊耶與四戰勝國的外交部長舉行了「二加四會談」，結束後，簽署了讓德國統一自主的條約。統一的德國領土包括東、西德及柏林。德國的外部邊界（指和波蘭接界的地方）終於底定下來。兩國彼此尊重對方為一個統一及獨立自主的國家。統一及二加四條約的批准使四戰勝國關於其對柏林和完整的德國不再負有法律和職責的義務。德國以此贏得了四十五年前被納粹所毀滅的內政及外交之獨立主權。

二、兩德統一的代價

　　分開整整四十五年之久的東、西德，一線之隔的兩個兄弟國的人民，大概會常嘆遠在天邊，近在眼前，何時才能拆掉圍牆與親人相聚？

相鄰的兩國能夠迅速的統一，源自於前東德的人民嚮往前西德自由、繁榮及富裕的生活。而前西德政府的領導人審時度勢，抓住這千載難逢的時機，全力以赴克服了內部（指東、西德）及外部（指美、英、法、蘇四國）的困難，方得在短短的一年之內，一氣呵成地順利通過了「二加四」會談的決議，當然也因為東、西方勢力各自作了讓步和必要的妥協。而二加四最終的結果也不等於六了，而是等於五（即指東、西德合而為「一」了）。聯邦議院曾經預計 1991 年將成為德國統一年，然而柯爾總理認為從柏林圍牆倒塌下來的那一個時刻起，即為最好的時機，故快馬加鞭的花了約十一個月的時間完成了統一大業。

統一大業完成了，鬆了一口氣之餘不免要問，這期間除了時間尚要花費多少代價呢？前西德當然知道「統一」即意味著要接受 SED 極權國家所遺留下來的東西，起初並不知道這是一筆巨大的負擔。不久之後，確定了經濟、住屋、交通、水道與溝通管道都要更新，公共衛生事業及社會事業都得重新整頓，還有嚴重的環境破壞也是一項沈重的負擔。

柯爾總理對西德的經濟承受能力估計過高，對東德的經濟和債務狀況又估計過低。他答應替東德償還債務，許諾東德人民會過更好的生活，西德人民也不必放棄什麼，仍然維持原有的水準。原想利用西德的資金和經驗改造東德工廠，使在世界上毫無競爭力的東德產品銷往蘇聯和東歐市場，以振興德國東部的經濟，也因蘇聯和東歐經濟的解體而落了空。聯邦與舊邦（西德十個邦）在 1990 年 5 月成立一個「德國統一基金」，新邦（東德五邦）從 1990 至 1994 年為止共獲得 1,607 億馬克的補助款。為了克服新邦經濟的結構危機及效率甚弱的經濟，聯邦政府在 1991 年 3 月 8 日通過一項名為「振興東部共同體」的法案，透過這項經濟共同體的名義，在 1991/1992 年就有 244 億馬克流到東德。用這款項支援新邦的重建計畫（比如幼稚園、學校、高等學府、醫院、教堂與文化紀念碑的修繕和重新建蓋）、就業（工資補助費），使經濟企業近代化（比如以投資補助的方法），將交通網予以擴建及使之現代化。其他建設的重點，

比如改善工業區和技術園地的投資環境，提高私人投資（計畫做好街道、鐵路和飛機場等的必要設施）；支援東部的造船廠並解決其相關的沉重負擔，這樣子才克服了東部經濟的困境，使人和大自然免受環境的威脅。

為了感謝蘇聯對統一的支持和支付蘇聯撤軍費，聯邦政府給蘇聯180 億馬克。此外還給波蘭、匈牙利貸款 10 億馬克，這些都使政府債上加債。針對聯邦巨大的、仍然持續成長的部分債務，其解決辦法是自 1991 年 7 月 1 日（首先以一年為期）起徵收一項名為「（統一）團結附加稅」，從個人收入與法人團體徵收 7.5% 的稅，一直到 1998年，1998 年後降為 5.5% 迄今。針對德國人克服 SED 極權國家所造成的傷害，可以向聯邦政府求取國家賠償，比如經由國家政策導致的私人財產受損、政治壓迫、或在 SED 極權時期的監獄遭受類似刑求的監禁等。

自 1991 年起為建設新邦，聯邦政府已經投下了一筆天文數字的資金：1991 至 1995 年共匯款 8,120 億馬克。自從兩年以來，每年的匯款比舊邦的社會生產還要高 5%。聯邦匯入東部新邦每兩個馬克就有一個是用在交通的修繕和重新建造上。雖然新邦獲得上千億馬克的補助款，但距離繁榮的景象還有一段距離。新邦的居民消費得比他們生產的還多，自從 1994 年以來成長率下降，出現了停滯現象，因此，仍然需要持續的匯款。

東、西德的人民分裂將近半個世紀，在經濟困難重重的情況下，東德人和西德人之間互不信任、猜疑和妒忌，而且隔閡越來越深。東、西兩邊的德國人在傳統、觀念、意識形態等各方面有歧異，需要很長時間的適應過程。雖然他們建立了貨幣、經濟和社會聯盟，但更需要建立「溝通」及「意識」聯盟。前東德人在一種僵化及閉塞的環境生活，現在要融入在新的政治、經濟、社會制度下生活，並不是一件容易的事。根據一項調查，統一在一些東部居民的心靈中造成了創傷，西部多數人對統一由先前的歡欣鼓舞轉為冷淡，由高興轉為憂慮，擔

心自己會失去越來越多的東西。對東德的援助，他們要求減少超過自己可支付的能力，而前東德有三分之二的人反對減少援助。在兩德的「貨幣、經濟和社會聯盟」成立之前，東德有 66% 的人覺得自己是「德國人」，只有 28% 的人覺得自己是「前東德人」。而現在情況幾乎倒過來了，大部分的東德人感到自己淪為「二等公民」了。

綜觀上述，德國人努力完成的「統一」，到目前即將跨越四分之一世紀了，政治上的統一，的確無可置疑的是百分之百的成功，要真正實現經濟和社會方面的統一，還有一段漫長的道路。

肆.
前東德的重建
（1990-2015）

　　這個曾經被強制分開成為一個民族兩個國家的德國，卻在 1989
年 11 月 9 日，不管是在東、西德或全世界都一樣，在大家的訝異聲中，
曾經一度重兵把守的邊界無預警的全數開放，最令人印象深刻並激動
不已的是一線之隔的東、西柏林圍牆，二十八年之後，一夜之間被打
通了。在這個真實的歷史事件後，接二連三的事件一一浮現並被解決
了：同盟國一致同意再統一（訂立「二加四條約」），兩個德國之間
的統一條約之訂定 [1]，全德國自 1945 年被列強一分為二後，第一次合
而為一的自由選舉，兩個德國在不到一年的時間再合併成為一個法治
國家。到現在都屆滿二十五年了，在這段期間「恐懼」曾經被排除掉，
有一些「幻想」破滅了，充滿了各式各樣的「希望」和「憂慮」，證
明了有一些決定是對的，有一些是錯的。對「整個德國」所發生的事
情之評價有各種不同的解讀，這也就是本章節要探討的事項，兩個德
國如何整合，它是否整合成功，在此期間邁向統一，並達到「統一」
之目的。

　　1990 年，兩德剛完成統一時，在德國人被當作「世界最幸運的

---

1. 德國統一條約分為兩部分，一為前東、西德與美、英、法、蘇四國的條約，二為西德與東
德的條約，總計九百頁。

民族」這段期間，很少人會想到目前呈現的大問題，即前東德經濟制度的崩潰，上百萬的人失業，還有 SED 統治四十年之後，要再重新建造是多麼地艱難。「舊罩子（指具保護作用的）在新的還能夠做（蓋）好之前，已經坍塌了。」這是剛統一幾年後，薩克森邦的邦總理這樣刻劃重建工作的困難，沒有人知道這個問題的答案，這個重建工作要多少時間，還有它有多困難。

德國東部的改造是一項吃力不討好的大工程，德國人的重建工作一路走來可說是歷盡艱辛的。事實上，民族情感和追求富裕的生活，是促成德國再統一的兩大動力。當時執政黨 CDU 的柯爾總理緊抓住這一時機，順水推舟，迅速地展開穿梭外交，積極地和四強協商，方得以在不到一年的時間，排除萬難，以和平的方式達成目的。否則難保大好時機稍縱即逝，要再來談統一，可能會一波三折，困難重重，又不知道要再等到何年何月何日了。雖然當時的反對黨 SPD 認為「統一大業」急不得，需要好好地規劃一番；但綜觀那時的大環境，東歐共產黨國家一個個改朝換代，實施改革，將之成為更符合人性的政體時，這實在是大勢所趨，在這一股浪潮之下（天時），東德人民自發性的促成統一（人和），而這兩個在東、西邊只有一線之隔的兄弟國（地利）也在四強默許並樂觀其成的首肯之下，集天時、地利、人和之優勢，一股作氣完成統一。要是今天再以目前的國際局勢演變到這種紛亂的地步來說，此時再來談統一，變數可能相當大。

完成統一，歡天喜地的慶祝、興奮、激情過後，東、西兩邊都需要面對現實了，挽起袖子，實際著手整頓及重建的工作了。本章節將大略敘述東、西兩邊初步整合的概況[2]。

統一之後馬上面臨一項艱巨的工作。德國官方的文獻資料寫「艱巨的工作」是引用希臘神話赫庫勒斯（Herkules）的名字來形容這項

---

2. 資料來源為德國政府新聞處及資訊局，柏林，2014 年 7 月。

工作³，前西德的人知道前東德比他們落後許多的狀況，但並不知道落後的情況是糟到令人難以想像的地步。我們可從 1990 年 1 月萊比錫的示威（多次示威固定選在星期一）群眾所舉的標語「（西德）馬克來了，我們留下來，它不來，我們就去它那裡（指西德）」。前東德人嚮往過和他們兄弟一樣的富裕生活，可見端倪。雖然「統一條約」記載著全部要按一定的規定、措施等來整頓前東德，然而要轉化或處理的問題洋洋灑灑估計幾乎有一千多項。政治家們常常引用如下的一段話：「現在在國家統一之後，也要求東、西兩邊的德國人一起成長。德國現在雖然被看成一個（國家）了，但可說還是尚未統一的。」這句話也並非言過其實。

光只為了統一後，要定都波昂或柏林的問題，就引發「全民論戰運動」，1991 年 6 月聯邦眾議院以少數差距表決柏林為首都，這項決定被視為德國有意願要迅速地達成內部（即兩德）的統一。為了要公平起見，將聯邦政治體制的各部門分配到新邦和舊邦去，成立新的機構，所以有些機構就要搬家了。有了職權分明的行政機構，分權負責，才能在各領域有所依據，順利地談整頓及重建。

一、政治機構的調整

（一）新機構的設立

1952 年時，前東德共黨政權廢掉許多邦政府，轉而設立十四個行政區，但是在 1990 年和平革命時期，所發動的多次示威運動，紛紛出現了各邦的邦旗。因此戴梅齊耶（de Maizière）政府順著趨勢，意欲再恢復多邦制，各種設立邦政府的意見從四面八方湧過來。

所有的人民代表一致同意，聯邦制的設立不只是對再統一有

---

3. 赫庫勒斯係希臘神話中，力大無窮之神，為主神宙斯之子，曾完成十二項一般人認為不可能完成的任務之英雄，其事蹟膾炙人口。

好處，卻也可以推動民主化，並且讓多面性的文化比起由中央控制的體制能夠有更好的發展。1990 年 7 月 22 日在前東德的人民議院（Volkskammer）以三分之二的多數決通過了引進「聯邦法」的決定。1990 年 10 月 3 日生效的統一條約明載著計有五邦：梅克連堡－佛波梅爾邦、布蘭登堡邦、薩克森邦、圖林根邦和薩克森－安哈特邦。邦首府則由各邦自己決定。東柏林則和西柏林合併。重新再設立的薩克森邦和圖林根邦可以再冠上沿襲自中古世紀的「自由國」之稱號，它的意思也即「共和國」，但並不享有憲法上的特殊地位。

德意志聯邦共和國的公共機構部分轉移設置在新邦一覽表 *

布蘭登堡邦	聯邦職員保險機構
	聯邦農、林業生物學機構
	聯邦計算局
梅克連堡－佛波梅爾邦	聯邦保險機構
	農業職業合作社
	專管海洋航運和水力的聯邦官署
薩克森邦	聯邦管理法院，刑事判決委員會和新判決委員會。新民事判決委員會移置卡爾斯魯爾（Karlsruhe），為此，每次會有一個現任的刑事判決委員會從卡爾斯魯爾赴萊比錫。
	遠程的電話聯絡中心
	一個同業協作社
	德國統一檔案處
薩克森－安哈特	聯邦環境局
	水運及輪船航行部門（東部）
圖林根	聯邦勞工法院
	聯邦保險機構，恢復名譽（或權利，職位，地位等）部
	聯邦水利工程機構

* 資料來源：眾議院－印刷品 (12/2853，2014 年 7 月)

（二）地方行政部門的自我管理

德國政府的機構分成三級：聯邦（Bund，即國家最高主管當局）、邦（即各邦 Länder，共有 16 個邦）和鄉、鎮地方自治（Kommunale Selbstverwaltung）。各邦設有行政專區，邦以下的基層行政自治單位為縣，以及縣所管轄的市或鄉、鎮。其中最基層，也是最重要的行政自治單位是鄉、鎮。較大的市兼具有縣的權限，並直接受邦政府的領導。人口多的縣和市有數 10 萬居民，人口少的縣只有 1 萬多居民，鄉、鎮居民一般在萬人以下。

《基本法》規定各級地方機構享有自治權。這種自治權早在十九世紀初就確立了，主要管理建築、衛生、文化、教育、社會福利和公共事業（自來水、煤氣、電力的供應，民用交通工具的提供和使用等）。鄉、鎮範圍小，人力、物力有限，不能完成較大的公用事業項目，因此幾個鄉、鎮聯合組成一個縣。

地方自治單位的行政結構和各邦政權的結構大致類似，都由議會和政府組成。縣、市、鄉、鎮的各級議會由居民定期通過直接和普遍的選舉產生。縣長、市長、鄉、鎮長（Bürgermeister）一般由議會選舉產生，在人口較少的鄉、鎮，特別在 3 千人以下的選區，則由居民直接選舉產生。

當時在設立聯邦各行政機構的工作部門時，東部獲得西部有力的幫助。類似城、鎮自治區的設立起了在舊邦和新邦之間建立起緊密的伙伴關係的作用。這即保證，這些結構是依照舊聯邦共和國的法治國準則設立的。

至於在城、鎮地方自治部門方面的整頓工作，有一些基本的原則早在統一之前已經被奠定下來了。因此在 1990 年 5 月以民主的程序第一次選出的前東德人民議院已經公布了一個城、鎮地方自治憲法，所以根據此法，縣和鄉、鎮、區收回他們自治的法律（即合法）地位。以此方式不會形成中央集權的狀況，而剛選出來的地方自治議會被賦

予必要的權力和權限，以便於在城市和自治區規範社會生活。市民的參與經由自我管理有它特別的意義，並且是一件重要的事情。

東邊的城市和鄉、鎮、區在重建其新的管理機構時，都特別地得到它們德西地區的姊妹邦及姊妹治自區的大力幫忙。不多久就已經建立了一個平面網的關係，這也證明了新邦的結構是經得起考驗的。最佳的例子是波昂和波茨坦的例子，前西德首都不只關照管理組織事宜，還在全部實際的行動中，比如提供給波茨坦消防員救護車、無線電話或影印機等方面都助其一臂之力。

二、有關私人財產問題的處理

在統一步驟中，有關私人財產的解釋被證實了是最難處理的事件之一。當時的莫德洛政府在「人民議院」選舉前，對 1945 至 1948 年之間的「土地改革」強迫沒收人民的財產，已經解釋過了即不予處置。莫德洛的代表團對這個觀點曾於 1990 年 2 月在波昂與聯邦總理柯爾的會談上，獲得柯爾的同意；之後，有關前東德農民們在其「土地改革」一事，也應該在再統一之後不再觸及此事。

擔任部長會議主席的戴梅齊耶也曾在他的政府聲明裡，清楚地表示，統一條約並沒有清楚地規定一定要將「土地改革」之前的土地歸還。在這件事情方面，基民盟（CDU 黨）的政治家及多數的前東德人民也獲得莫斯科的支持。克里姆林宮也相當重視這件在蘇聯占領區的沒收財產事件，不再倒退處理。在波昂方面對這件事情也無爭議，內政部長蕭伯勒也確切聲明，不再走回頭路去貫徹「土地改革」的清算一事。

對於前東德時期的「被沒收的財產」之歸還問題應該優先處理，在「受損之物的歸還」的原則下，於日常生活方面常造成問題，並導致城中心的建築物在整修方面長期以來猶豫不決，不能執行——例

如，財產繼承人在出售或者繼續使用其不動產方面不能達成協議時，另外的一個辦法即「歸還的補償費」可能不亞於 SED 統治者事後的決定沒收財產政策。1992 年，所謂的「優先投資法」使投資者鬆了一口氣，並創造了許多就業機會，然而「公開的財產問題」之處理規則對許多涉及此事的人，直到今天留下了創傷。

三、獨立的司法

1958 年時，SED 黨的第一書記烏布里希特（Ulbricht）喊出了一個口號：「我們的律師必須要瞭解，為這個國家和它所制定的法律服務，貫澈實施黨和政府的政策。」這樣，在前東德根本談不上司法獨立。SED 黨以各種不同的方式干涉審判，這種從私人策略、指導一般執法人員的意識形態，到策劃單一政治事件的懲罰和預先規定的具體判決無所不包。

統一之後，很快地在新邦設立了許多獨立的司法機構，防止濫權。最明顯的是在新邦設立執行新的法治國準則的「行政管理法院」。在前東德統治時，廢掉了這行政管理法院，以至於當時的男、女公民受到錯誤的行政處理對待時，只能借助「申請書」的方式向國家的單位申訴，以求自衛。這些有關的判決並沒有依法逐一檢驗或審核，到最後就任意地、專橫地做了判決。一個獨立的行政管理法院之設立，可以逼迫官方的行政管理，對每一件案子的判決要謹慎小心，並且每件案子皆可以受檢驗的。

四、記住教訓、揮別過去的陰影與平反

「近代德國歷史」對德國人來講應該是不堪回首的一頁。從歡欣鼓舞、昂首闊步的俾斯麥第二帝國、一戰慘敗、紛攘不安的威瑪共和

國後,再歷經納粹的第三帝國、二戰慘敗、成為一分為二的國家,還要再苦等四十五年之久,方又再合而為一個完整的國家,可說否極泰來。冷靜、條理分明、且善於反思的德意志民族,坦然地面對自己的過去。

當要再和另一個於不同體制之下生活的兄弟國再重建一個新國家時,它們毅然決然地面對現實,重新審視那段說新不新,說舊也不舊的歷史,一一公布過去的不符人道的事件,將正義、公理還給受迫害者,其勇氣誠然可嘉。他們也明知要一一處理過去的歷史是一件吃力不討好的事情,但就像他們的大哲學家康德(I. Kant, 1724–1804)所說的:「拿出你的勇氣,用理智去解決事情!」。德國人實事求是,一一地辦到了。

(一) 公布納粹的罪行

1. 在古典名城威瑪(Weimar)的視野內:布亨森林(Buchenwald) 紀念場

1937 年希特勒的黨衛隊(SS)在威瑪附近的艾特斯山(Ettersberg)的布亨森林設立了集中營——此為德意志第三帝國最大的集中營。政治的反對者、猶太人、吉普賽人,但是也有同性戀者或是無家可歸者都被逮捕到這裡,並受到最非人道的待遇。戰爭開始時,納粹用非法的或用暴力的方式把來自全歐洲的人拖到布亨森林。

戰後在蘇聯占領區內的布亨森林設置「第二號營地」,特別地用來拘留德國人。蘇聯在此不只關押納粹的幹部,也監禁反對共產主義的人。很多在此的居住者死於飢餓。布亨森林這部分的歷史在前東德政權結束時,才再被重新清理這件事。在今天的一片墓碑田使人想起這個特殊場所的犧牲者。

在民族社會主義時期,布亨森林和它的外圍有超過 25 萬人被關在這裡,有 5 萬 6 千人死於刑求、醫藥實驗和肺癆。在此地舉辦長期的展覽裡,描述在營地裡嚴酷的條件,並使人憶起納粹獨裁的犧牲者。

2. 納粹發展它的復仇武器的場所：佩那慕德（Peenemünde）的歷史 — 技術博物館

位在波羅的海之烏塞冬島上的佩那慕德，在介於 1936 和 1945 年之間，是德國空軍的軍隊訓練場和空中武器的試驗場。它在過去一方面是世界最近代化的工藝學中心，另一方面被關在這裡的集中營囚犯、被強迫的勞動者和戰犯必須在此參與戰爭武器的製造。納粹在佩那慕德的軍隊訓練場和與其相鄰的實驗場測試近代化的技術。在 1942 年的 10 月，第一次，有一架火箭被射到太空裡去。在這裡也製成一架納粹宣傳部長葛伯爾斯（Joseph Goebbels, 1897–1945）稱為「二號復仇武器」的 V2 型火箭。

無數的集中營囚犯、被迫勞役者和戰犯在此建造試驗場，又稍後也大量生產 V2 武器。今天的佩那慕德之歷史 — 技術博物館讓人回憶起在歷史裡黑暗的一章。

3. 在第三帝國和前東德的政治犯拘禁處：包岑（Bautzen）

包岑在德國是政治拘禁的象徵。在包岑一號和二號的監獄裡，處於納粹、蘇聯占領期間和 SED －獨裁政權時的政治犯在毫無人性尊嚴的條件下被逮捕。在國家認為高度安全的監獄「包岑二號」關了所謂的階級敵人：即反對者、批評政府者、共和國逃避者、幫助逃亡者、賣國者，但是也有應予懲處的 SED 幹部。從 1956 年 8 月到 1989 年 12 月，這裡總共有 2,350 名具名的被逮捕並被判刑者——之中最年輕的是十八歲。

今天在包岑可見到前東德的國家安全監獄紀念碑。從一個固定的展覽可看見那時候被逮捕者的拘禁條件和受苦受難的狀況。還有也以可參觀禁閉小房間、隔離室，還有自由通道院子。特展補充了更完整的紀念場之資訊。

（二）揭發前東德政權的不法

當國家安全局的一個工作人員於 1989 年 12 月 4 日在廣播電台接受訪問時，證實了國家秘密警察已經開始在銷毀檔案了，公民人權者（民運人士）立刻做出反應：他們占領了一些安全局的分支機構，這是由在艾福特（Erfurt）五個勇敢的女人開始行動的。公民委員會開始解散地方的國家安全局（Staatssicherheitsdienst，簡稱 Stasi）。不到六個禮拜以後，在 1990 年 1 月 15 日，上千個前東德公民開拔到柏林的諾曼能街（Normannenstraβe）並高喊著「國家安全局滾蛋！」又占領了現在還是國家安全局部長總部，並且移走了 SED 政權的暗中監視器，給予致命的一擊，又在證據被銷毀之前，拯救了無數的檔案資料。

今天聯邦檔案館的檔案室保存了足足有 4 千萬張前東德國家安全局的資料卡和 11 公里長的卷宗，加上還有上百萬張照片、影片和錄音帶。文件證明了 SED 政權用那些方法打聽民眾及讓政治異議者閉口。就連移居者或被驅逐者也不是很安全的：Stasi 人員會鍥而不捨地一路追蹤到西柏林或前西德去。

事實上，證明了這些前東德秘密服務處的檔案，不能夠這麼簡單地就把它挪到一邊去並且鎖起來，因為前東德人對他們自己的過去很感興趣，又很想知道箇中緣由。自從 1991 年 12 月 20 日通過了「Stasi 資料法」以來，整整有 270 萬人申請要從 Stasi 的資料獲得答案、審閱資料和退還資料。即使到現在仍然是這樣，已經屆滿二十五年了，還是有人在申請 Stasi 的資料。一度曾被逮捕的囚犯楊（Roland Jahn, 1953– ）有無數個不解的問題。特別是很多位新聞記者和科學家一直都對檔案高度地感到興趣。同時當代的人對這公開之事也特別感興趣，他們的檔案可以在 2006 年已補充修訂的法律申請被查閱。

（三）莫忘過去，保持清醒的回憶

　　一些問卷調查明顯地指出，喚醒年輕人回憶 SED 的政權是如何的重要。2008 年時，柏林自由大學的「SED 國家調查聯盟會」的科學家們指出，在問了一些學生後，確定學生們對於前東德政府的知識顯著地不足。類似的缺陷也出現在對納粹的國家社會主義的常識不清楚。因為這些缺陷，使得政府各黨派們一致認為有關這兩個德國獨裁政權應該在政治教育裡列為重點項目。

　　聯邦基金會在清除 SED 的獨裁這件事有很大的貢獻。「聯邦清除基金會」它自從 1998 年成立以來就這樣呼籲著：二千三百多個計畫並不只是為住在新邦的人設想的。它正是也針對沒有經歷過 SED －政權和圍牆的年輕人而設立的。喚醒對德國分裂的記憶和紀念被圍牆及獨裁者犧牲掉的人，是無數個基金會及紀念場所的任務，這些場所不只是在柏林和沿著昔日德國內部的邊界，還有也在德國許多其他的地方都可發現到這些紀念場所。

　　針對最重要的成為共產強權下的犧牲者之回憶場所，以前位在柏林－霍亨荀恩豪森（Berlin-Hohenschönhausen）的國家安全局之審訊監獄就是一個惡名昭彰的回憶場所，那地方是自從 1951 至 1989 年，常常在毫無人性尊嚴的條件下作為關政治犯的特別監獄。在特別拘留所包岑二號（見第 186 頁第 3 項），那地方是密爾克（E. Mielke，見第 貳章第 144 頁）的部門從 1956 年起，為批評政府者、來自前西德的囚犯和間諜而蓋的，並設有二百個拘留小房間的調查監獄，今天它是一個由國家支援的紀念場所。

　　有關前東、西德分裂最可歌可泣的莫過於 1961 年 8 月 13 日一夕之間矗立的柏林圍牆，在前東柏林的史德雷利茲街挖一條隧道到西柏林的逃亡方式（見第貳章、第 137 頁）讓人覺得不可思議，也更令人動容。在瑪莉恩費爾德（Marienfelde）的緊急收容所裡，直到東德政權結束時，總計有 135 萬難民從此收容所逃到西方去。在二十八年內，從 1961 年到 1989 年至少有 138 人喪命於這座將柏林分成兩半的圍牆。

史德雷利茲街和瑪莉恩費爾德這兩個地方反映德國分裂的事實。今天可在柏林圍牆紀念場所了解德國分裂的原因、過程和結果。在歷史地點伯恩奧爾街紀錄著圍牆的歷史和來自前東德的逃亡運動。

有一座位於前東德的圖林根邦和前西德的巴伐利亞邦名為莫德拉羅伊特（Mödlareuth）的小村莊，就像柏林一樣被分隔了四十年之久，因此有「小柏林」之稱。這座村莊只有50位居民，在戰後被分成兩個部分。於1989年的12月，鄰居們才能再度無阻礙地見面。

在莫德拉羅伊特村莊的德－德博物館，可喚起人們對那段分裂史的記憶。參觀者借助圖片可以從邊界封鎖帶的殘餘物、瓦礫看到這個不能克服的邊界。水泥牆、監視塔、東德邊界柱、金屬柵欄和界線石讓人對以前的邊界場所有一個概念。資訊看板、所舉辦的活動和特別展覽，給予補充更多有關於邊界地和莫德拉羅伊特被分裂的事實。

（四）前東德青年的遭遇

SED政權要將青少年人教育成具有「社會性格」的人，如果青年人反抗的話，就把他們送到托爾高（Torgau，位在易北河中段，屬於萊比錫的一區）去管教。從1964年到1989年在托爾高設立了一個「完整的青少年工作場」，在那裡有4千多名十四到十八歲左右的年輕人，由於在其他的組織裡表現出不服從的態度，所以要接受「開始再教育改造」。年輕人不會受到處罰，在那裡的安置也沒有或不需要依法官的指示去做。事實上，這是另一種方式的監獄。以超過軍隊好幾倍嚴格的訓練、嚴厲的規則和無情的處罰或可能被關禁閉好幾天的方式，應該會將青年人訓練成為「社會主義的社會裡最有價值的會員」，今天這棟建物是一個紀念場所。

圍牆倒塌後，兩德迅速統一，這些都已成為歷史，有些際遇會是心中永遠的痛。二十五年前的極權政府和統治不見了。似乎過去的一切不愉快也已煙消雲散了。兩德統一那年誕生的小孩如今都已二十五歲了。當他們被問道：「圍牆還在哪裡嗎？」「前東德的生活是什麼

樣子的？」這類問題他們也許答不上來。或是當有人說他、（她）自己來自「前東德」，聽到的年輕人不免愕然了，啊，為什麼對方要這樣強調？對一個大約在統一那年前後誕生的小孩，已經不存在有東德、西德這樣的類別劃分。

由此看來，德國統一後的這一代年輕人有必要去瞭解這一段過去的歷史，「歷史」即是記載人類過去活動的事實。即使是多麼不堪回首的事實，「事實」就是曾經存在過的，而永遠也不會消失的。

五、統一的軍隊

收編前東德的軍隊也是一項大工程。當 1990 年春天時，前東德還擁有整整 17 萬 5 千名軍人（Nationale Volksarmee，簡稱 NVA），到統一時，只剩了 9 萬人。他們在 1990 年 10 月 3 日暫時被併入聯邦軍隊，稍後又接收了 5 萬名屬於 NVA 的人。在「統一軍隊」的接收方面，聯邦國防部首先以二年為期，接收了整整有 6 千名軍官和 11 萬 2 千名士官。在經過挑選之後，聯邦國防部接受了 NVA 3 千名軍官和 7,600 名士官為職業軍人。在 1992 年 10 月 2 日，當時的國防部長呂爾（Volker Rühe, 1942–）在萊比錫任命了以前 NVA 軍人中的 20 人屬於甲級的職業軍人。

為了整頓前東、西德兩方面的軍隊，也將十五個機構從西邊搬到東邊去。所以柏林獲得設立有關安全政策的聯邦高等專科院校和聯邦軍隊管理學校。培養軍官的學校和軍史博物館則遷到德勒斯登去。羅史托克－瓦倫慕德（Rostock-Warnemünde）則成為海軍署的新地點。所以總共足足有 8 千名聯邦軍隊的成員在新邦工作。客觀的數字幾乎讓人難於注意到，聯邦軍隊在統一之後帶來哪些整合的效果，過去，在兩德的軍人被教導要互相射擊。今天則要感謝軍隊統一化的審慎的指揮，成功地做到了使前東、西德的軍隊毫無嫌隙地一起運作。「統一的軍隊」可以被視為第一梯次的國家機構，在統一過程中達陣中的一個。

從聯邦軍隊與人口的比數來看的話，今天在新邦的軍人遠比舊邦還要多一些。即使在以後要改革聯邦軍隊也將保持此現象。在美克連堡 佛波梅爾邦的聯邦軍人和住民的比例是 6.4：1,000，即每一千位住民才有 6.4 名士兵，在全邦軍人服役的比數則是 2.4：1,000。

六、變革中的媒體

媒體領域這一方面也有巨大的變化。1990 年 2 月 5 日，前東德的人民議院做出了保障新聞媒體的自由，這樣徹底地改變了在前東德的新聞記者的工作。SED 的報紙有 17 份、CDU（6 份）、LDPD[4]（5份）、NDPD[5]（6 份）、農民黨（1 份）和群眾組織（3 份），在和平革命時的出版檢查被取消了。同時在前東德時期經由國家或政府給予援助也被取消了，報紙的價格也漲價了，迄今一份日報賣 15 前東德分尼[6]，一份每月的訂報最高要 3.15 前東德分尼。現在這些報紙必須和西方的媒體競爭，特別是和一些接近前東德邊界的前西德出版社還發行地方性的特刊競爭。「圓桌會議」[7]嘗試要設立一個「媒體檢查委員會」，但沒有成功。取而代之的是 SED 黨銷售最好的地方性報紙在 1989 年年底時，成為來自前西德一些大出版社渴望合作的伙伴。在它們被託管局刊登要出售的廣告之後，它們多次被轉讓。這些報紙今天因此在它們廣大的地區常占有壟斷地位。新成立的報社只有少數幾個能維持下去。

一些嘗試以花巨款辦超級跨地區的西德報紙，在東部只能適度地站住腳跟（即不賠也不賺），它們在那裡的銷售情形是中下的。這些

---

4. LDPD 是德國自由民主黨（Liberal-Demokratische Partei Deutschlands）的簡寫。
5. NDPD 是德國國家民主黨（National-Demokratische Partei Deutschlands）的簡寫。
6. 1 馬克（Mark）等於 10 分尼（Pfennig）。
7. 「圓桌會議」是一些開始秋天革命（按指 1989 年 9 月左右開始示威，並將圍牆推倒的人），起先被排除在外，在一些決定性的會議不得其門而入。在 12 月時，他們強迫舉行一個「圓桌會議」，除了有政府的代表參加，一個名為「新論壇」（Neue Forum）的團體也參加會議。

在新經濟計畫指標被解放的新邦的人民，有過半數相信「他們的」媒體，因為能夠以帶著批判的眼光看事情，對在東邊的人是很重要的。統一條約已計畫好在新邦也設立德西的國家電視台和國家廣播台。所以在薩克森邦、薩克森－安哈特邦和圖林根邦成立了中德廣播電台（Mitteldeutsche Rundfunk，簡稱 MDR），美克連堡－佛波梅爾邦和北德廣播電台（Norddeutsche Rundfunk，簡稱 NDR）合併。至於布蘭登堡邦則首先成立東德布蘭登堡廣播電台（ORB），2004 年再和自由柏林廣播電台（SFB）合併成為柏林布蘭登堡廣播電台（RBB）。前東德廣播電台的同事有一部分可以輕鬆地繼續在德國無線電廣播台（Deutschlandradio）和德國之音（Deutsche Welle）繼續工作；同樣的，像大部分在前東德時期，遠遠多於西邊的西柏林電台（RIAS）的大多數新聞記者也可以繼續工作。

七、城市改建和紀念碑保護

　　洪內克曾經喊出一個口號：每一個人都有自己的住宅。從 1971 年至 1989 年，他蓋了接近 2 百萬間的混凝土建築物，這是事先用製造好了的建材去組裝完成的，即所謂的板材建築。這種建築物類似前西德介於 1960 和 1970 年之間，為了安置大群遷徙的人潮而蓋的板材建築。在前東德要能住進這種公寓的人，必須是優秀的人才，且要思想堅定，能保護共和國才予以考慮。正當 SED 政府如火如荼地蓋房屋，它卻讓許多歷史名城逐漸坍塌、朽壞。如果要修葺或拆除舊屋、整頓老城，缺少一大筆經費，原因是政治理由——即房屋低租金的收入及缺少材料。最後全部的村莊和城區任由其坍毀，比如在艾福特的安德烈亞斯區（Andreasviertel）就面臨被拆除的命運。

（一）城市改建

1.最後一分鐘的拯救

經過建築商和設計師的努力，及時拯救了這些有價值的建材，將多棟建築物修葺完善，成為可住和可再利用，並使人在其內感到舒適。這種「美容開刀」促德國統一後，二十五年內幾乎在德國東部的全部城市和鄉村展開整頓，並且已煥然一新了，而這還會繼續做下去，因為這進程還沒有全部結束。介於波羅的海（北部）和艾次山脈（南部）之間的一些教堂、修道院、古堡和皇宮，還有全部的城區、和鄉村街道都以嶄新、美麗的面貌呈現。它們確實是在最後一分鐘被拯救了。

和德國西部大部分在 1960 年代和 1970 年代早期的一些因外觀難看被拆除的城市不一樣，在德國東部還保留很多歷史性的建築材料；就這點而言，疲弱的經濟甚至有它的好處。這期間即使第一次世界大戰保留下來的建築物也小心翼翼地修繕，並讓其舊有的風華再現。文藝復興、巴洛克和古典主義時期的老房子今天散發著新的光彩。

2. 城市改建

當前聯邦地區（指德西，但包括柏林）的人口在 1990 和 2012 年之間成長了 6.7% 時，在東部地區卻降了 13.5%。至少在 2012 年時，遷居的情況幾乎停止了，也即是搬到東邊的人可說和從東邊離開的人一樣多。東部的出生率就像在圍牆倒塌之前遠高於西部。但是這種發展到現在還不能平衡，這期間年輕人少了很多，然而老年人卻增加不少。因此，在五個新邦已經估計了直到 2030 年止，人口會減少 14%。

正當多處的城中心形成一股新的生命力時，板材建築區裡越來越多的公寓成為空屋——也是由於遷徙及移居造成的。2000 年時，在新邦整整有一百萬個公寓是空屋。比如在居士特羅（Güstrow），像這些住宅有 15% 暫時沒有人居住。有 1,000 棟被拆掉，其他的則要整修。空屋率降到 3% 至 4%。聯邦政府因此開始了「東部城市改建」計畫。國家、各邦和自治區從 2002 年到 2013 年止，幾乎已備妥了 30 億歐元的整建經費，而國家資助近一半的經費。直到今天，這是在新邦城市發展中最重要的一項工具。

在此期間有 30 萬餘間多餘的公寓被拆掉了。整個板材建築住宅區已經呈現現代化的風貌了，在無數個城區裡的生活品質明顯地改善了。

3. 改頭換面的城市

(1) 大學城和漢薩城：葛萊夫斯瓦德（Greifswald）

今天如果有人站在美麗的市集廣場上，很難想像這座葛萊夫斯瓦德的歷史建築物曾經是測試板材建築的城市之一。直到和平革命時，舊東西已經消失一半了。東部的城市建築需求和城市改建使葛萊夫斯瓦德煥然一新。

1 萬 2 千名大學生認為葛萊夫斯瓦德大學的條件最好。在德國大學的不同項目的名次評比方面，此地的高等學府常態性的名列前矛。大學的「疾病研究」成為德國研究「疾病」的燈塔，並且也成為國際性的代表。葛萊夫斯瓦德是一座大學城和漢薩城。葛萊夫斯瓦德大學自從 1456 年就成立了，因此在波羅的海區域是一間最古老的大學。稍後改名為恩斯特－莫利茲－阿恩特（Ernst Moritz-Arndt）[8] 大學，今天大學提供有足足五十個科系以供選讀。

(2) 在索伯恩人的地區：費喬（Vetschau）／斯普雷林（Spreewald）

索伯恩人[9]喜歡住在經過整頓的費喬老城。昔日的能源地區今天也是個革新的企業場所，它投入可更新的能源使用或提供再生產的技術。

---

8. 恩斯特－莫利茲－阿恩特（E. M. Arndt, 1769-1860）為德國作家和出版家。因為在其著作《時代精神》（Geist der Zeit）反對拿破崙一世（Napoleon I.），被迫逃亡。1818-20 在波昂當教授，1848/49 擔任議員，參加在法蘭克福的國民大會，要求德國建立一個由普魯士領導的民族國家。

9. 索伯恩人（Sorben）：德國的少數民族（約有 10 萬人），住在德國東部（即前東德地區），自從 1945 年起，准予其文化自主。地處寇特布斯（Cottbus）和德勒斯登之間。他們是屬於易北河斯拉夫族的一支，在中古世紀時移民到介於薩勒河（Saale）和位於勞濟策（Lausitzer）段的奈塞河（Neißer）之間的艾茨山脈北邊。在十世紀時基督教化；可以保有他們自己的民族習俗和索伯恩文學。

不只是在費喬皇宮前的聖誕市集對大眾是一塊吸鐵。還有斯普雷林，北勞濟策和野性浪漫新設立的露天開採（採礦）的景觀也吸引了大批的遊客。

(3) 年輕的巴哈城：安斯達特（Arnstadt）

安斯達特[10]是和巴哈（Johann Sebastian Bach, 1685—1750）的名字聯結在一起的。當巴哈十八歲時來到「新教堂」（Neue Kirche）試著彈奏一種新管風琴，他的演奏證明他將成為安城的管風琴師。今天，每年定期舉辦的「安城巴哈音樂會」和「圖林根夏季管風琴演奏會」吸引了來自全世界的音樂愛好者。

很多房子在已有一千三百年歷史的老城被保留下來了。花了一筆費用整修及修補，這些房子又重建起來了，並且也和近代的水準吻合。

(4) 從工業住宅區到值得生活的城市：霍伊亞斯維達（Hoyers-werda）

第二次世界大戰後，在霍伊亞斯維達成立了一個褐煤加工區。因為必須很快地替工人蓋房子。所以工業住宅的建築和它的板材建築形成一個全新的住宅移民區。然而 1990 年後，這個移民區變成空蕩蕩了。

當霍伊亞斯維達的城市改建重點放在它的新城改建上時，歷史性的老城又成為很有看頭。使用「東部城市改建計畫」這一筆資金，又回頭蓋新建築移民區，蓋得相當現代化，又加上修葺或拆除舊屋及整頓市容。大片的綠地使得住宅區生動活潑。

(5) 具有吸引力的城市居住處：在柏林－馬爾暢（Berlin-Marzahn）的阿能斯費德（Ahrensfeld）階梯建築

---

10. 安斯達特也可以用前段字採音譯「安」（Arn），後段採意譯「城」（Stadt），合譯為「安城」。

無數的新建築區標明出東柏林東北邊的城區。運用「東部城市改建計畫」這一筆資金，使許多這種城區都近代化了。所以在北馬爾暢把舊房子拆掉，並將住宅改建成一處具有吸引力的城市居住處：即阿能斯費德的階梯住宅。

　　這種現代化的住宅，房子的正面、陽台和屋頂的平台都塗上色彩，使得住處顯得更有生活的價值。今天小小的綠地和附設有兒童遊戲場地的寬大庭院為住宅區烙上了印記。它們使得直到目前為止，首都的大東部城市改建項目更完善。

(6) 回應居民的一項發展：比特費德－渥爾芬（Bitterfeld-Wolfen）的多世代房屋

　　幾代人全在一個多世代房屋的屋簷下：這種房子提供給所有的老人群並和幾個世代結合起來。在比特費德－渥爾芬特別地成功，因為多世代房屋不只提供住處，也提供更多的協會、團體一個場地。而當「渥爾芬烹飪」團一起試著新的食譜時，大家都覺得食物嚐起來很好吃。

　　多世代房子的門不只是為它的居住者而開。卻也對鄰居開放。鄰居的小孩也喜歡參與「渥爾芬」閱讀會。除此之外，在房子裡還有志願代理人：她／他是榮譽性質的活動和社團或協會的對口接洽人。

　　「一起住和互相學習」是多世代房子的重點標語：當老一點的住民樂於傳承他的知識和才華時，比如年輕人也很願意教導老年人使用電腦。

（二）文化和紀念碑保護

　　新邦擁有很多豐富的且值得一看的文化遺產。由於居民的熱心、國家和各邦的贊助，這些文化地區不只是保留下來，而且也繼續發展下去。比如在薩克森－安哈特邦的瑙姆堡（Naumburg）。這座城市有無數的具歷史價值的建築物。根據前東德政府基於面積覆蓋的計畫應該要拆除這些建築物。這期間有 65% 的房子已經修葺好了，這要感謝

國家和各邦的「城市建物的紀念碑保護」計畫。自從統一以來，足足有 9,000 萬歐元已投資到唯一的建築文化遺產瑙姆堡身上了。其他的二十個方案（規畫）還要轉化，這座城市吐露出歷史的氣息、成為生活品質的指標，並且在公眾心目中有一種特殊的、吸引人的形象。

在 1990 年於新邦所執行的紀念碑保護計畫範圍內，直到 2013 年底，光是國家就為德國東部準備了 20 億 1 千萬歐元。這其中有一部分的錢撥給了居士特羅，這個城市的名聲會遠播全德，是因為 1981 年的時候，當時的聯邦總理施密特在和前東德的國家主席洪內克會談之後，前往參觀著名的藝術家巴拉赫（Ernst Barlach, 1870—1938）位在居城的工作室。一場施密特總理和居城民眾的會面被 SED 政府阻止了，取而代之的是秘密警察的同事和施密特見面，那是一幕陰鬱的、使人不愉快的會面。

為了修繕這座老城，德國政府也花了一筆巨款。居士特羅城的城中心是美克連堡－佛波梅爾邦內最漂亮的城中心之一，在此期間，成為觀光客最喜愛的旅遊目的地。國家、本邦和這座城市已經在這裡投資了 9,000 萬歐元。居城估計，還要再等到 2020 年才能修葺完竣，也即是從 1990 年開始修復算起，總共要歷經三十年才能夠大功告成。

保留歷史性的文化紀念碑這件事，直到今天仍然是國家促進發展的一項重點工作。其中有幾項已經被聯合國的教科文組織列入世界遺產。這些建築物和裝置在二十五年前處於令人遺憾的狀態。它們可是花了一筆龐大的費用才被修復好的，今天它們又再散發出新的古老光彩。為了在將來也保持這樣的狀況，聯邦政府繼續提供支援。聯邦政府在「東德的國家文化組織投資綱領」之下，計畫繼續設置其他的方案。這些比如有在艾斯那赫（Eisenach，巴哈誕生於此）的「巴哈之家」，斯維林（Schwerin）的多座國立博物館，哥塔（Gotha）的宇宙館和德勒斯登（Dresden）的國立藝術品典藏館等都會從中得到好處。

在德東的各邦皆成立了很多個「文化和紀念碑保護基金會」，致力於保存價值連城的文化遺產。底下介紹新邦的幾個文物保護。

1. 在史特拉頌（Stralsund）的德國海洋博物館

一座給博物館的奧斯卡：2010 年時，史特拉頌獲得「博物館奧斯卡獎」。以擁有巨大的水族館和一個多媒體的展覽館，它是德國最常被參觀的博物館。第一年就有超過 100 萬名參觀者。這棟建築物用彎曲的鋼所作的房屋正面，是一面受到風吹拂的帆的形狀。

「人們可以很形象地潛到水底下的世界」，聯邦女總理梅克爾（Angela Dorothea Merkel, 1954– ）在 2008 年這座海洋館開幕時如此地說。然而這棟房子不只吸引參觀者，卻也吸引了很多國際的科學家。史特拉頌海洋博物館和其他三個德國海洋博物館並列為國家的「文化燈塔」。

2. 在威滕堡（Wittenberg）的路德紀念場所

今天的「路德之家」計有三十五年之久，是馬丁・路德（Martin Luther）的主要影響地點。在他當僧侶之後，稍後也和他的家人就住在這裡。這位宗教改革家在這裡向來自全歐洲的大學生講課。還有他的九十五條反對天主教教會的論證也是出自此地。

自從 1883 年以來，「路德之家」就成為博物館。今天，它是世界最大的宗教改革史博物館和一部分的路德紀念場所。一個在已有的建築物上加蓋的近代建築，使參觀者可以從路德塔的窗戶欣賞望出去可見的風景。

自從 1996 年起，路德之家連同其他在艾斯雷本（Eisleben，路德出生地）和威滕堡的路德城市都屬於聯合國教科文組織（UNESCO）的世界文化遺產。除此之外，它們也屬於新邦的「文化燈塔」，國家在財政經費上也給予大力支持。

3. 在威斯瑪（Wismar）的聖葛奧格（St. Georgen）教堂

在威斯瑪的磚砌建築聖葛奧格教堂，今天又再度散發濃豔的美。這座十三世紀的教堂在二次大戰時嚴重地受損，並且在前東德時期成

為廢墟，而 1990 年的一場颶風又把正面的其他部分建築摧毀了。威斯瑪的「圓桌論壇」在 1987 年組成「威斯瑪聖葛奧格促進界」協會，並投入教堂的重建工作。這得感謝很多私人的捐贈和城市、地區及國家的財政支持。2010 年，這座教堂又可以再對外開放了。

今天這座像紀念碑的哥德式建築不只是當教堂使用而已，音樂會、展覽會和國際性會議使在威斯瑪的聖葛奧格教堂復活了，自從 2002 年以來，它屬於 UNESCO 的世界文化遺產。

4. 在德勒斯登（Dresden）首都皇宮的國立藝術收藏館

德勒斯登有很豐富的藝術寶藏。除了佛勞恩教堂（Frauenkirche）、仙普爾歌劇院（Semperoper）、茲文格（Zwinger）皇宮之外，首都皇宮是參觀項目的另外一個高潮。皇宮是德勒斯登國立藝術收藏館的中心。目前它已改名為「首都藝術和科學」館，成為一個可見證薩克森和歐洲史的綜合博物館。

首都皇宮巨大的大廳曾消失了二百八十年之久。強人奧古斯特（August der Starke）的兒子奧古斯特三世把這間大廳分成幾個小房間。自從 2013 年以來，又可以再參觀它原來的樣子；軍械庫的收藏就安頓在這間大廳裡，它是遍及全球的收藏最珍貴的豪華武器、鎧甲和古裝的收藏館之一。

這棟在首都皇宮內歷史性的綠色拱頂建築，以它巴洛克建築和足足有三千件大師級的珠寶和金銀製品手藝，吸引了很多參觀者。當強人奧古斯特從 1723 年到 1730 年蓋好了拱頂建築當寶物貯藏室時，他同時也建蓋了歐洲眾多最古老的博物館當中的一間。

5. 在柏林博物館島上的新博物館

這間博物館原先是計畫要將舊博物館加以擴充的，後來這座在柏林的新博物館，成為它那個時代最具代表意義的建築物之一，它的收藏名聞世界。這棟博物館在大肆整修之後，於 2009 年再度開放。柏

林博物館島的一部分屬於 UNESCO 的文化遺產。

　　對於很多在新博物館參觀的人而言，大家要一睹盧山真面的是「諾佛蕾蒂蒂」（Nofretete）。她的半身塑像屬於古埃及最著名的藝術珍品。在她被挖出土後，她的發現者在 1913 年獲得埃及的允許，將這座塑像帶到德國。自從 2009 年以來可以在博物館島上看見她。

　　在埃及館也展示紙莎草紙，還有在新博物館展示它到現在從來沒有展示過的，大量史前史及早期歷史的豐富館藏。所以這座 1829 年為典藏史前史及早期歷史的文物而設立的博物館（指原先的舊博物館）擁有古世界這個紀元最豐富的典藏品。

八、環境的清除及整頓

　　大家都知道健康的環境是人類生活的重要條件之一，但是在現代的工業社會中，環境早就被破壞無遺了。大家早已領悟到除了有充沛的物質和糧食供應的高水準生活之外，還需要安靜的環境、新鮮的空氣、清潔的水質和不含毒素的食物才能保障人們的健康並延年益壽。因此，在現今工業科技世界中，需要注重環保是一件理所當然的事了。

　　兩德統一，政治方面雙方皆有共識，透過討論及談判都可一一克服，比較難的是「經濟」及「社會」方面的問題，但以聯邦德國（前西德）的實力大致上尚可解決、克服。而最難善後的恐怕是花錢又吃力不討好的「環保」這一個項目了。兩德的「環境統一」之路不是簡單的事，在前東德 SED 政權下的德東地區生態、環境被破壞之事，完全由統一後的德國政府去處理。德東的生態平衡狀況，即生物和環境關係的平衡可以用「已被蹂躪得不成人形」來形容，當環保專家勘查之後說：「我們知道德國東部的環保可能不及西部的做得那麼好，但是親自目睹了之後，不僅要咋舌地說，嚴重破壞到這種地步，是人

可以住的地方嗎？」。

　　經過了國家、各邦和鄉、鎮、區的努力，前東德的環保已大幅度地改善了，對環境有害的方面已被排除掉了，也建立了現代化的結構。本節簡介整頓始末。

（一）前德東的災害狀況

　　有四十年之久，社會主義的經濟方向只注意能夠短期的實現其計畫經濟，對於環保的規範和措施不甚重視。隨後到處產生的結果可謂一目了然：健康猛烈地受損，特別是在工業區和人口稠密的中心區飲用水被污染，並且空氣也被高度污染。此外，還加上軍事與工業老生常談的負擔，還有經由工業和農業使河川和海洋也嚴重地被污染，這不只危害了環境，卻也大大地阻礙了投資。

　　前東德的生態環境可說無藥可救了，受國家委託的專家在1990年2月份提出的一份調查報告如下：1989年，前東德有220萬噸的灰塵和520萬噸的二氧化硫（硫磺）產量，為全歐洲被污染最嚴重的地區。在工業區每四個住民就有一個住民在受到高污染的空氣中生活，幾乎每二個小孩就有一個患了呼吸道疾病，而每三個小孩就有一個患濕疹。

　　河流和湖泊也高度地密布病菌。特別是東邊的易北河和它的幾條支流是唯一的工業排水管，它在歐洲是被污染最嚴重的一條河流。在全國的水域品質等級鑑定卡中，對易北河的描述，甚至還要再加上一句「質量等級：生態已毀了」。超過120萬的人沒有乾淨的水可喝。

　　同樣受害的還有森林。有一半的林木受損。然而這些在前東德的媒體是看不見報導的，既沒有報導會傳布病菌的江、河、湖、海等水域，也沒有報導發臭的空氣和被毒害的土地。雖然前東德政府早在1968年就是許多個在歐洲當中的一個，將環境保護當作國家目標列

入憲法中的國家；然而每年的環保報告，卻從 1980 年開始將環保解釋為「密封的機密」，以致於只有少數幾個人知道環境污染的全部面積有多大。官方的理由是：「環境方面的數據如果公布的話，會被階級敵人利用，用來傷害前東德。」

對於在 1986 年 4 月 26 日，發生在前蘇聯車諾比（Tschernobyl）核能輻射外溢慘事的處理方式，兩德竟有天壤之別。當前西德的新聞媒體立刻報導有關在烏克蘭的核電廠發生意外，並且也報導了相關的防範措施時，前東德的報紙在四天後，才轉述蘇聯塔斯社（TASS）所發表的一篇簡短的報導。前東德的媒體對比如在薩克森－安哈特邦的牛奶測試放射性現象，有 700 個百分比已超過界限值的這一報導，卻保持緘默不語，取而代之的是洪內克給害怕的母親們一個建議，即在她們把沙拉給小孩子們吃之前，事先清洗一下。

（二）迅速的改善

在 1990 年的 2 月聯邦環境部主動出擊，為了排除急迫的危險性，決定和當時的前東德政府一起組成一個「環境委員會」。馬上停止了蘇聯在葛萊夫斯瓦德和萊茵伯格（Rheinberg）的核能電場運作，還有將另外一個在史騰達爾（Stendal）建蓋的核能工廠也停工了。並再加建煙霧及預警系統和飲水淨化測量網。1990 年 7 月，同時成立了幣值、經濟和社會聯盟，包括有環保條款的「環保聯盟」也設立了，規定德意志聯邦共和國的環保法律也適用於前東德。

統一以後，聯邦政府立刻在 1990 年 11 月訂立具體的「新邦生態清理和發展原則」，其目標是「直到 2000 年，做到在全德國將環保條件提高到同樣的水準」。為了平衡存在東部和西部的環保落差，五個新邦都獲得環境部的財務支援，也給這五邦諮詢顧問公司一筆經費。從 1990 年至 1998 年為止，國家光為了在供水這項領域就足足花費了 60 億 7 千萬歐元。

在一些領域的清除工作進行得很順利。對空氣有害的放射線在

90 年代中期顯著地下降了。今天在新邦將測量二氧化硫的密度,所得的結果要與在舊邦的一樣才算正常。水的品質由於老舊工廠的停工而提高了,並且直到 1995 年止在污染最嚴重的河流中之河段,同時視不同等級,蓋了許多座污水清理設備。

(三)給大自然一線生機

拆除大片面積的褐煤礦遺留下重大的虧損。清理沒有私有化的、約有十萬公頃的土地之任務落在國家和生產褐煤的一些邦上:計有布蘭登堡邦、薩克森邦、薩克森-安哈特邦和圖林根邦。直到 2017 年底,將為了清理褐煤而由國家負擔 75%,其餘由各邦負擔。

歐洲最大的景觀建築工地在勞濟茲(Lausitz),和在圍繞著萊比錫的德國中部區域及附帶有高度休閒價值,且成為工業及手工業的新生態海洋景觀區。德國在科學-技術方面的能力有目共睹,現在世界各國的專家想要學會清除褐煤問題,都紛紛向德國請教。

在環境保護裡,確保自然遺產是一項特別值得去做的事情。剛好新邦擁有豐富的自然寶藏。在 14 座德國的國家公園裡,新邦就占了7 座。13 座生物保護區,新邦就占了 8 座,或者有些部分就在新邦。

大面積地清除環境和結構的改變也為經濟和工作帶來一線生機:剛好就在新邦,新的環保工藝和獲得能源的新方式,今天扮演一項很大的角色。

(四)新邦的環境整頓

以前一度是歐洲最骯髒的城市,它直到 1990 年,在其周圍總共從地底下挖出了 3 億噸的褐煤,現在已成為一個足足有 60 平方公里大的湖泊、自然和文化景觀區,況且又是世界最大的景觀區當中的一個。畢特費德-沃爾芬(Bitterfeld-Wolfen)徹底地做了一個令人訝異不已的發展。它在成功的轉變之後,成為一個帶有可讓人充分休養的度假區,但它仍不失為德國的一個化學重鎮。

自從統一以來新邦巨大的改變了，它是一部成功史，它不只是在化學領域的改變，例如在哈勒－萊比錫－畢特費德這三區一度曾是髒亂的彈弓地區，現在已成為最近代化的環境工藝的場所，而且現在全部的新邦都一樣是煥然一新的。這得感謝國家、各邦政府和地方自治區的努力，清除了危害人類的環境，並建立起近代化的結構，而這也是在統一條約堅定不移被記載下來之目的。

以下簡介幾個新邦整頓環境成功的案例：

1. 從褐煤－露天採礦到體驗地：費羅波利斯（Ferropolis）

由於煤礦開採的需求而破壞了景觀環境：葛羅帕－諾德（Golpa-Nord）的露天採礦需要將煤炭運送到鄰近的發電廠，供其製造電力。1991年這項需求結束了。對於葛羅帕－諾德而言是一項新紀元：1995年被拆卸的地區－費羅波利斯變成一座已經克服難關的城市。

今天，一度曾是露天採礦的場所成為博物館、工業紀念碑和舉辦活動的場地。然而費羅波利斯還有更多的可敘述，比如一些小企業遷到這地方來。文化節慶的用電來自比如太陽能廠－亞鐵太陽能。自從2005年以來，費羅波利斯是「歐洲線的工業遺產」的一部分。2001年這座「可重新使用的能源」工廠舉行落成典禮。

節慶和大型的活動，比如「由加熱而得」（Pyro Games）之遊戲吸引了參觀者和藝術家。2006年這座已經克服難關的城市獲得一項名為「最優秀的舉辦場所」活動項目的「活生生的技術表演獎」。2010年時，費羅波利斯和它的伙伴獲得一項獎章，這是由德國能源代辦處為它革新性的機動經營計畫而設的大型活動比賽。

2. 從鈾礦開採區到成為休息區：羅能堡（Ronneburg）的新風景區

井狀構造的設備和廣袤的礦脈上面之地表層，標出了前東德時期東部圖林根的景觀，直到1980年為止，「威斯瑪蘇聯－德國股份有限公司」發展成為世界上第四大的鈾製造場，並且留下了像在羅能堡採礦區已被破壞殆盡的景觀。今天它具有波狀形特徵的木製龍尾橋

（Drachenschwanz-Brücke）嵌入大自然地區。這座橋在它最高處的海拔設置一些有廣闊視野的景觀台，可一覽無遺地看到這被廢棄的鈾礦場，已成為再度可耕作的景象。

今天在這一度曾是礦區景觀的地方，已經成為羅能堡的新風景區：一個接近大自然的生活空間，它推出許多項目、供應，吸引了大批的遊客。這座極為巨大的、有 225 公尺長的龍尾橋，是德國為舉辦「2007 年國家花園展」時建造的。它是德國最長及最具革新性的木製橋樑之一。

3. 來自以前「死亡地帶」的自然區：「綠帶」（Grüne Band）

有四十多年之久，鐵刺網和地雷將德國人從德國分開來。人們幾乎無法克服（跨越）這個地區，這個很少有動、植物生存空間的德國內部邊界，沒有辦法發展。在邊界設施全部被拆掉後，大自然也可以在這片自由且廣闊的地方為所欲為了。

從簡陋的死亡地帶成為現在的這個綠帶區：在德國中部幾乎有 1,400 公里是個荒野區。有 150 個自然保護區位在「綠帶」。有許多在這一度曾是德國內部邊界的地方，現在幾乎已經看不見了。今天，在鐵幕時期的這片「綠帶藝術」只待成追憶了。

4. 德國中部的叢林：海尼希（Hainich）國立公園

海尼希是在德國中部的一處原始森林。今天還可以看到一度曾是軍用地區的痕跡：現在大自然又將這片地區奪回來了。有 16,000 公頃的海尼希是德國最大片連成一地的闊葉樹森林區。自從 2011 年它有部分成為聯合國教科文（UNESCO）組織的世界自然遺產。

幾乎有一半的山毛櫸林自從 1997 年以來就屬於海尼希國立公園。就像其他的德國國立公園一樣，這裡也是「讓大自然就是大自然吧！」。國立公園海尼希的意義即是，讓它 90% 的總面積保留原始面貌。因此，這座國立公園今天是德國最大的、可使用的闊葉林地帶。自從 2009 年以來，可以在國立公園的小路散步，一直走到有老山毛

欅之王（最巨大的一顆山毛櫸樹）。參訪者可以透過它一訪直到目前難以達到的國立公園區，並且可以從最近的地點觀看許多蝙蝠、啄木鳥和其他樹林居民的生活空間。

5. 來自波羅的海的風力發電：風力公園巴爾帝克一號（Baltic 1）

「風」是混合著可更新能源的一個最重要且可利用的能源之一。2011 年時，當第一座面向波羅的海海岸之商業用途的風力公園啟動時，聯邦女總理梅克爾（A. D. Merkel, 1954– ）說：「在德國，這裡竄起了獲得新能源的一頁。」

當電流在高緯地區的海洋上產生時，所有的訊息匯流在巴爾霍夫特（Barhöft）[11] 的服務中心。每個整點時刻將從這裡監視並操控風力公園。負責風力公園的主任波爾（Michael Boll, 1960– ）解釋說，巴爾帝克一號是在波羅的海的 21 個風力裝置場地，它總共有 48.3 兆瓦的電力。每年生產足足有 185 千兆瓦小時的電力，並且節省了 16 萬7 千噸的二氧化碳。

6. 來自廄肥坑的能源：生物能源村波洛威克（Bollewick）

從廄肥坑製造出電流和熱能：波洛威克的這二個生物瓦斯設備自從2013 年 2 月以來，不但提供了村莊裡足足有五十個家務和自治區的熱能，而且提供電流給公共網狀系統，在此還可發現電流來自多處裝置在屋頂上的電流設備。來自生物能源村的波洛威克成為一個電源供應者。

不只是在家務方面，連「穀倉」也由生物煤氣設備供應餘熱。這裡的穀倉是德國最大的碎石堆砌成的穀倉，今天吸引很多人來參觀這座被命名為「文化穀倉」的穀倉。2010 年由凡・得・韓（van der Ham）家族在經營家畜牛奶業的農家院落替在波洛威克的第一座生物煤氣設備奠定了基礎。

---

11. 巴爾霍夫特在梅克連堡－佛波梅爾邦，是個位在史特拉頌（Strasund）市旁邊一個靠近波羅的海的港口。

伍.
統一後迄今的德國
之現況

　　「統一」對東、西兩德的人民來說都有點兒措手不及感覺，來得特別急促，對這麼一個棘手問題，還來不及細細思量，全盤規畫（此也是德國人的人格特質之一，凡事皆預先縝密的思考，釐訂計畫，再按部就班執行），它已迫在眉睫了。兩德分隔了四十五年（政治實體則存在了四十年），不同的體制，有不同的意識形態、政經體制、生活方式和價值觀念；突然之間要融合在一起，猶如天上的飛鳥和水中的游魚要結為夫妻那樣的荒謬、那樣的格格不入。兩者互相排斥，直至現在仍時有所聞，兩德內在的統一對前東、西德的人民都是一個痛苦的經歷。對前東德人來說，凡事一向習慣於由國家安排，要融入西方自由世界，事事得自己來，一下子會找不到方向，又格格不入。對前西德人來說，要重新建設破舊不堪的前東德，有形中加重了經濟上的負擔（目前西德人必須負擔一項「統一增值稅」，按目前仍在徵收，只是稅率稍微降了一點，見第 311 頁）。

　　兩德統一了，一般被戲稱為「從天上掉下來的禮物」（的確是一項美麗的錯誤，見第 162 頁，註 7），雙方都沒有預料到，甚至連事前也無一點蛛絲馬跡，更遑論要談思想準備了。兩德統一已經屆滿了四分之一世紀，二十五年的整合之後，至今各種典章制度大致根據前

西德的基本法（Grundgesetz）規範為依歸，有些地方並審時度勢稍加修改。本章節試著從四個面向：國家體制、經濟、社會和教育來探討統一後迄今的德國現況。

一、國家體制、憲法及法律

（一）基本法

1. 基本法制定的動機、背景和經過

1945 年 8 月 2 日，波茨坦宣言有兩個原則性的規定：一、是未來的德國政治必須合乎地方分權的原則。二、是未來的德國重建必須合於民主政治的原則。1948 年 2 至 3 月間，美、英、法三國於倫敦開會，就其占領區的政治機構問題獲得一致的結論，於 6 月間成立倫敦協定，同意三國的管區先行合併，並先成立一個西德聯邦政府（計十個邦）。

1948 年 9 月 1 日在波昂召開制憲會議，討論由各邦的憲法專家負責起草的憲法草案，由艾德諾博士擔任主席。1949 年 2 月 11 日，憲法草案完成，5 月 8 日正式定名為「德意志聯邦共和國基本法」。簡稱「西德憲法」或「西德基本法」。

西德之所以會採用「基本法」這個模稜兩可、含混的字眼，是有其原因的。其序言清楚地載明：「憲法會議代表全體人民以及不能參加之德國人（指蘇俄占領區的前東德人），制定本法以為德國聯邦共和國過渡時期建立政治生活之新秩序。並為將來全德統一時所做之準備。」[1] 又於最後載明：「當德國人民以自由決定通過的憲法生效之日，本法即告失效」。

---

1. 見「基本法」開宗明義闡述的：所有國家的權力由人民所賦予……全體德意志人被敦促以自由的意願完成德國的統一和自由。這也意味著為東德人民保留將來如要「統一」時，也有決定權，選擇統一或不統一。

「基本法」封面。

基本法全文共分 11 章，146 條，於 1949 年 5 月 23 日生效，1949 年 10 月實施。其又規定西德聯邦共和國的政府組織、職權及其之間的相互關係。對於總統、總理、國會議員、國會以及內閣相互間之關係亦有明載。對於聯邦政府與各邦間之權限也做了明確的規定。如：外交、移民、聯邦公民權、對外貿易、貨幣制度、外匯、聯邦航空、鐵路交通乃屬於聯邦政府的職權範圍。屬於邦與聯邦政府共管之事務有：公共福利、難民、司法、教育、經濟、勞工、農、畜牧、內河、海洋航運等。

德意志聯邦共和國（前西德）是一個臨時過渡性質的國家，波昂也是臨時首都[2]。德國統一後，根據兩個德國簽訂的統一條約，「基本法」也適用於五個東部的新邦，當它們自動（自願）加入前西德，也即完成整個德國的統一。「基本法」中，有關完成重新統一的宗旨終於得以實現。從此以後，「基本法」成為德國的永久性憲法。至於統一後的首都要選在柏林或波昂，在德國曾經引起一番論戰，有人主張留在波昂，也有主張遷都柏林，莫衷一是，因為「基本法」中沒有提及首都問題，到底是「柏林」或「波昂」才是統一後的首都，這問題在統一後的德國人認為是一件大事。全國上下不分東西南北、國會議員不分黨派立場、上自聯邦總統，下自販夫走卒，都興趣盎然地投入這場論戰。當還沒有跑完「德國統一」的內政及外交流程時，在德

---

2. 1949 年 5 月 10 日，約 10 萬人口的波昂和法蘭克福城競逐西德的「臨時首都」。11 月 3 日，聯邦眾議院投票表決，決定波昂為聯邦德國的首都，同時聲明，在東德自由選舉之後，遷都柏林。

國早已引起熱烈的討論，自從 1990 年 6 月 30 日，聯邦總統魏塞克（Richard von Weizsäcker，總統任期為 1984–1994）主張將柏林定為首都的公開演講揭開了論戰序幕，到 1991 年 6 月 20 日晚上十點，由聯邦議會（眾議院）表決，662 名議員全體出席，投票結果贊成柏林為首都的以 337 比 320 的十七票多數獲勝。直到 1999 年夏天為止，遷都任務按計畫終於完成了。

2. 基本權利

「基本法」於第 1 章第 17 條上載明著：它是一種直接、有效、而具有實質的權利。國家之所作所為皆以人民之意願為依歸，也就是說，是由人民來掌握國家，而不是由國家來控制人民。舉凡：信仰、集會、秘密通信、遷徙、擇居、宗教、財產、男女平等、發表意見及拒絕服役之自由皆屬之。

第 1 章第 3 條上亦載明著：保有人類尊嚴、行動自由及在法律之前人人一律平等之權利保證。其中並有一重大之改革，即——憲法與基本法相抵觸，基本法不受約束。國會是立法機構，它和聯邦政府、法院、行政機關、警察及軍隊一樣，均受基本法嚴格的約束。

3. 國家體制的基準

其體制之基準有五項原則，即是一個民主的、法治的、社會的、聯邦的及共和的國家（下面逐一說明之）：

(1) 民主國之原則：人民即是國家之主宰。人民以普通、直接、平等、秘密方式選出國會議員，再透過國會議員選出他們所希望選出的總理人選。人民之請願及公民投票式的直接民主形式對於聯邦來說是無效的，但對其所屬之邦（指在各自的十六邦之內）則有效。

(2) 法治國之原則：實行法治制度的原則在防止出現如第三帝國時期的個人獨裁濫權。「基本法」規定：國家權力的功能乃根據各執行部門的原則分為三個獨立而相互牽制的機構，

即——立法機構、行政機構、司法機構。人民和各級國家機構均受憲法和各項法律約束，法律高於一切，即人民依法治國，不是依政黨或依人治國。

(3) 社會國之原則：今日德國的社會福利保障制度應歸功於俾斯麥，他先後制定各種社會法，比如於 1883 年制定「健康保險法」，1884 年制定「意外事故保險法」，1889 年制定「傷殘保險法」。是目前德意志聯邦共和國社會保障計畫的基礎。國家有義務保護社會弱者，致力於社會之公平、穩定。如工作、教育、居住、建築、休養、社會救濟工作……之社會基本權。國家制定勞動法、合同法、就業法等保護勞動者的各項權益。

(4) 聯邦國之原則：促進聯邦與各邦、邦與邦、邦與市、鎮之間的地方性特質的發展。如此，方可牽制聯邦政府採用單一獨裁體制，並防止聯邦政府濫用和支配權力。

(5) 共和國之原則：依據憲法的賦與，共和國之體制首先表現在「德意志聯邦共和國」的國名上。民主制旨在表明人民是國家的主人。「基本法」規定人民可以通過選舉代表進入議會行使國家權力。為避免再次出現一黨專政（如納粹黨），保證民主制的貫徹，「基本法」規定德國實行多黨制和有限的民主制。

4. 基本法之修改

「基本法」在實施中經歷了多次嚴峻的考驗，並從其實踐中改善其缺點，始成為德國歷史上迄今為止，最完美、最有效的憲法。1949 年基本法實施以來，其修文歷經幾十次的修改。其中大的修改有以下幾次：

(1) 1954–1956 年的「軍備補充條例」（Wehrergänzungen），其作用乃是要調整憲法中對於軍隊的種種規定，規定實行普遍義務兵役制，並頒布兵役法，建立聯邦國防軍，使其（西

德軍隊）加入西方同盟體系時，能相調和。

(2) 1968 年的「非常時期法」（Notstandsverfassung），在緊急之非常時期，對國內、外執行權範圍的制定（包括嚴重自然災害時），將擴大聯邦總理和聯邦政府的權限，簡化立法程序，限制公民的一部分自由。政府有權指揮各邦的警察，動用邊防部隊以及聯邦國防軍，並可對西方軍事同盟增加一些額外的力量。

(3) 1990 年德國統一後的基本法更臻於完善，根據前東德加入聯邦共和國的統一條約，基本法的前言及結尾條款再重新修改，使之適應新形式的需要。憲法明文記載，德國民族基於前東德人民的意願要加入，再度重新達到國家的統一。1990 年 10 月 3 日起，「基本法」適用於全德意志民族。

(4) 最近一次較大的修改是在 1994 年，其主要的內容是第一次把環境保護，真正實行男、女平等和保護殘疾人士作為國家宗旨寫進「基本法」。

尚有一些權益或體制等等，即使在眾議員表決三分之二通過，參議員審核同意三分之二通過下，也不得修改：如聯邦國家體制、三權分立、民主、法制、社會國之原則，保持人類尊嚴及平等、自由權。

以上所說之基本權利是廢不得的，因為它是人民對政治之信心、力量，對於公共福利有其不可遏止的安定和穩定力，一旦取消則會導致整個「基本法」的崩潰，最後甚至導致整個聯邦國家的滅亡。

（二）政黨與選舉制度

1. 政黨

在今日民主的政治時代，「黨派」在德國扮演著最重要的角色。根據基本法「黨」的任務在於闡揚民眾政治意志的合作。政黨的建立根據基本法必須以民主的方式成立，政黨必須聲明它們擁護民主。

在此對德國的政黨政治可作一簡短的概述，自從 1980 年代綠黨（die Grünen）建立以來，一直是長期的三黨體系，即基督教民主聯盟（die Christlich-Demokratische Union）／基督教社會聯盟（die Christlich-Soziale Union）、德國社會民主黨（die Sozialdemokratische Partei Deutschland）和綠黨。而 1990 年統一後，前東德的統一黨（SED）發展形成五個黨派。在 2009 年除了 CDU/CSU 和 SPD 這兩個老牌的人民黨，還有一些小黨派投入聯邦眾議院的選舉。屬於歐洲基督教民主聯盟黨派家族一員的聯盟黨（CDU）遍布全德國，只有在巴伐利亞一直是基督教社會聯盟執政，而基督教民主聯盟在巴伐利亞邦也放棄與它聯合執政，但是在眾議院這兩個政黨長久以來結合成一個大黨派問政。

　　德國社會民主黨（SPD）是德國第二大政黨，它屬於歐洲社會民族黨和民族的社會黨派家族的一員。CDU/CSU 和 SPD 黨基本上正面的認可「社會國家」。CDU/CSU 的會員大多為獨立業、中小型企業和企業家，SPD 則是與工會走得比較近。

　　自由民主黨（die Freie Demokratische Partei），簡稱自民黨（FDP），屬於歐洲自由黨家族之一成員。它的信條是贊成經濟自由發展，國家在市場上盡可能不要干涉。FDP 特別受到高收入者和高教育水準人士的支持。綠黨屬於歐洲綠色和生態黨家族的一個成員。它主張的市場經濟是在國家的監控及自然和環境保護之下進行。綠黨的支持者大多為高收入和有高教育水準的選民。左派黨（Die Linke）是德國最年輕、最具代表意義的政治勢力。它是德國統一後才建立的，在五個新邦有很多支持者。這期間在一些邦議會它也有很多黨員進入議會問政。特別是它成為一個為人民爭取社會正義的政黨時，它就和 SPD 黨處於競爭的狀態。

2. 選舉制度

　　德國的選舉方式採普通、直接、自由、當場、無記名的投票。每一位德國公民年滿十八歲，或最少在選舉前一個月，在德國獲得永久

居留權，並年滿十八歲者都有選舉權。

德國的選舉制度使一個單獨的政黨很難自己組閣。這五十六年來只發生過一次由單一政黨組閣。聯合組閣是一個慣例，這樣選民們可知道他們所選的黨可和那個友黨合作，在選前各黨派大多先結盟。

選民在投票時，在選舉票上左面印黑字的即第一選票（Erststimme），右面印藍字的即第二選票（Zweistimme），必須同時圈選方為有效。第一選票是列舉直接競選之候選人名單，第二選票是列舉參與角逐之各政黨。也即每一選民都有兩張選票，即第一選票選他所在選區的一名候選人，第二選票選他要支持的議院中的政黨。

（三）憲法組織

1. 聯邦總統

總統是德意志聯邦共和國的最高元首。他不是民選的，卻是由專為選舉總統才召開的聯邦（選舉）大會所選出來的。聯邦大會的會員是由眾議院的全體議員和同等人數的各邦議會代表組成。總統任期五年，可連任一次。聯邦德國不設副總統。如果聯邦德國的總統因病或出國訪問，暫時離職時，其職務則由聯邦參議院議長代為行使。

德意志聯邦總統可對外代表國家與他國訂約。按「基本法」規定，聯邦總統有權任命和罷免聯邦總理及聯邦政府各部部長；並有任、免聯邦法官、聯邦官員、上下級軍官和駐外使節，可以接受外國使節到任呈遞國書，頒發聯邦勳章和獎章，並可行使國家特赦權。聯邦總統所擬定的法律必須經過聯邦各部長的副署及憲法的審核後，才能正式生效，並向內閣公布實行。在二種情況下，總統有權力解散眾議院：第一、總理難產，國家形成無政府之危機時，總統可以自行解散眾議院。第二、眾議院不通過政府所提之信任法案或通過對政府之不信任法案，而又未能以過半數的票選出新總理時，總理在三星期內提請總統解散眾議院（基本法第 67、68 條）。在 1972 年布蘭德執政時期與

1983 年施密特執政時，就曾運用此條例而提前舉行了一次新選舉。

2. 聯邦眾議院

德國最高權力機構是議會，它由聯邦眾議院（Bundestag，一稱下院）和聯邦參議院（Bundesrat，一稱上院）組成。

眾議院是德國民選的代表機構，議員的選舉（共有 598 個席位）由人民每四年選舉一次。基本法中規定代表全體人民的眾議院在任期結束前三個月內舉行改選。選舉的方法依普及、直接、自由、公平及秘密五項原則進行。

眾議院的主要任務為立法，即討論、制定和通過法律，有時對國內、外重大的政治問題亦需要討論。眾議院其次的任務是選舉和撤換聯邦總理，討論和批准國家財經預算，監督聯邦政府及其所屬行政機構。聯邦總統和聯邦憲法法院的法官均是由眾議院的議員直接選出，眾議院並有批准或否決政府同外國簽訂的國際條約。在眾議院大會上，議員可以對國家內政、外交或政府提出的某項提案或法律充分的發言或自由辯論，辯論最激烈的往往是國家財經預算；或是兩德在進行統一工作時，有關奧德河以東、奈塞河以西現存的德－波邊界十萬多平方公里的土地；柯爾不肯對原屬於德國領土的波蘭西部邊界表態，也曾在眾議院熱烈討論。首都要留在波昂或遷往柏林、「德國統一稅」的繼續交納、薪資稅率的調整、要否出兵波灣戰爭等等這些事關國家或民生大計的案件，聯邦公民都可以列席旁聽，電視台往往實況轉播。議會中的反對黨可以對執政黨的施政和提案提出質問，要求政府對重大問題予以澄清，批判或揭露政府的違法亂紀行為。

眾議院可向參議院或是聯邦政府提出法律草案，一項法律草案提出後，必須在眾議院會中三讀通過後，才能由主管之委員會列入正規的程序中。在三讀通過時，眾議員必須作最後之表決，凡是不涉及修改憲法的草案，只要有過半數的票通過便可成立，法案的表決在多數情形下，仍需要經參議院的同意。從 1949 年到 1998 年最後的立法會

議任期結束時，在眾議院共審核了 8,400 條法律條文，而通過的共計 5,150 條。

眾議院議員不受委任或指派之限制，他只需要對自己的良知負責即可。眾議員主要的任務是協調自己所屬黨派與其他黨派之立場，所以他的工作會有與自己良知衝突的時候；若此時他不繼續為黨工作，或者背棄他所屬的黨時，他的議員資格並不會失去。這一點顯示出德國的議員有充分的獨立自由。

在德國，政黨的強大與否決定於其在委員會中所占組員的多寡。依照德國長久以來的慣例，眾議院的領袖都是從強大的黨中選出。眾議員的薪水和最高級官員相等，照憲法的規定，眾議員在國會服務至少八年以上，須達到一定的年齡才可領到養老金。

3. 聯邦參議院

聯邦參議院（Bundesrat）是十六邦代表參於立法的一個組織。議員的產生非選舉而來，而是在各邦的政府官員中任命委派所組成。各邦的代表名額即投票權額。每邦至少有 3 位名額，人口 200 萬以上可有 4 位名額，人口 600 萬以上有 5 位代表名額[3]。目前聯邦參議院共有 69 名議員。凡是涉及邦的法案，眾議院提出後，必須經參議院同意方能生效，到目前為止，德國有一半以上的法案（特別是關於邦的統治權及財產之法案）是經參議院通過才生效的。

有一種情形，便是當參議院不通過眾議院的決案時，兩院又無法協調，此時兩院必須在二星期內互派代表組成「協調委員會」，以期達成折衷之方案。若協調委員會獲得了新的協議，則眾議院應採此新協議，若委員會中仍無法獲得協議，則參議院應於一星期內提出異議，將兩院的歧見完全公開（基本法第 78 條）。

---

3. 最小的邦不來梅（Bremen）人口有 66 萬人，分配到 3 個席位，最大的邦北萊茵－威斯特法倫邦（Nordrhein-Westfalen）人口超過 1,800 萬，有 6 個席位，見 219 及 220 頁附圖一覽表。

因各邦各有不同的立場，所以常會有多數被調整變更的情形發生。參議員既是各邦的重要官員，又是各黨派的代表，因此透過他們，黨和各邦的立場才能一致。

參議員的選舉是依一定的規定，從各邦政府官員中選出來的，任期一年。聯邦參議院也同聯邦眾議院一樣，有權參於選舉聯邦總統和聯邦憲法法院的法官，參與批准或否決聯邦政府同外國簽訂的國際條約，以及有權對聯邦總統違法行為提出彈劾，並上訴聯邦憲法法院。聯邦參議院設議長一人，由各邦政府的總理輪流擔任，任期一年。當聯邦總統因故無法執行任務時，由參議院院長代理之。

4. 聯邦政府

聯邦政府又稱「內閣」，由總理及各部長所組成。總理是由眾議院在總統的提名下選出，總統提名的總理候選人必定是在眾議院中有過半數以上之影響力，而且是一人提名，一人當選。十四位部長由總理提名，經總統任命的。

總理占著很重要的地位，總理是內閣中唯一以選舉方式而來的官員，而且他必須對整個內閣負責。總理擬定政府的方針，各部長遵循此方向，獨立行政並各自負責。

基於威瑪共和國時常倒閣的教訓。基本法中有一項「建設性不信任表決」條文（das《konstruktive Misstrauensvotum》）。它的目的在於防止反對者一味地濫用否決權，一味地否定政府所提的任何一項法案，濫用否決權來表決提案，而造成政府倒閣情形的發生。基本法第67、68條規定：眾議院若通過對總理之不信任案時，總理必須辭職，其他閣員亦解散，而同時眾議院必須以過半數之多數票選出下一位總理候選人。運用此項不信任法案欲使總理下台的情形發生過兩次，在1972年曾發生過對布蘭德總理不信任表決案，但是因為當時並沒有過半數之票通過，所以沒有成功，1982年，柯爾取代施密特當總理，就是運用這一項「建設性不信任投票」的條文，至於對各部長之不信

任法案在基本法中無明文規定。

5. 聯邦憲法法院

聯邦憲法法院於 1951 年 9 月設於卡爾斯魯爾（Karlsruhe）。它是德國的最高法律機構。法官皆是具有司法訓練及經驗之人士，或是具政治、經濟、行政知識之經驗人士。法院分兩庭，每庭有八位法官，由聯邦眾議院和參議院選出來，法官任期為十二年，不得連任。「基本法」第 97 條規定，法官具有獨立性，只服從法律。

聯邦憲法法院的任務是監督「基本法」的實施情形。主要工作：裁決聯邦政府與各邦，或邦與邦之間的紛爭。憲法法院可判決執政黨是否違反憲法自由民主之精神，並對此提出解釋。憲法法院亦可審核聯邦及各邦之法律是否合乎基本法。在法院指出不合憲法之後，法律必須在規定的期限內設法修正。對於這些審核的情形，法院並非主動調查，而是在聯邦政府、邦政府、國會、法院等固定的機構提訴後才會受理。

任何一位公民的基本權利受侵害時（而他又在所屬之法院控訴無效時），亦有權向憲法法院申訴。憲法法院至今受理過 12 萬 7 千件訴訟。其中有 12 萬 2 千件是向法院申訴懲罪的案件，這其中只有 3,100 件得到勝訴（根據 1999 年 12 月 31 日的資料）。關係重大的法案必須公開審理，由法官執行。國外的訴訟案必須附翻譯解釋說明，才予以受理。憲法法院在以實際的例子來推行基本法方面有很大的貢獻。

從以上五個機構之職權畫分、功能而言，德國是一個相當重視人民基本權利的國家，對於其所奉為至典之「基本法」更是推展得很透徹，是一個分工縝密完善的民主國家；而且社會福利設施方面辦理得亦很完善，政府間的權力制衡方面劃分得很清楚，如此在經濟、工業、國防等方面才能於二次戰後重建而富強起來，是值得他國所效法的一個民主聯邦國家。

德意志聯邦共和國的政體結構 *

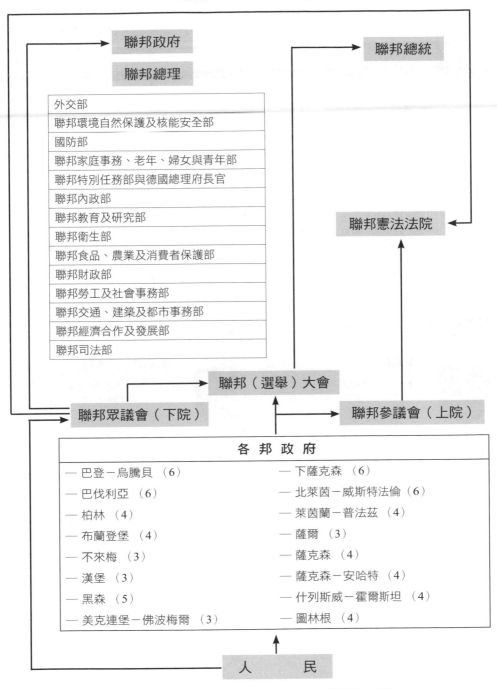

聯邦政府

聯邦總理

外交部
聯邦環境自然保護及核能安全部
國防部
聯邦家庭事務、老年、婦女與青年部
聯邦特別任務部與德國總理府長官
聯邦內政部
聯邦教育及研究部
聯邦衛生部
聯邦食品、農業及消費者保護部
聯邦財政部
聯邦勞工及社會事務部
聯邦交通、建築及都市事務部
聯邦經濟合作及發展部
聯邦司法部

聯邦總統

聯邦憲法法院

聯邦（選舉）大會

聯邦眾議會（下院）

聯邦參議會（上院）

各 邦 政 府

— 巴登－烏騰貝 （6）　　　　— 下薩克森 （6）

— 巴伐利亞 （6）　　　　　　— 北萊茵－威斯特法倫（6）

— 柏林 （4）　　　　　　　　— 萊茵蘭－普法茲 （4）

— 布蘭登堡 （4）　　　　　　— 薩爾 （3）

— 不來梅 （3）　　　　　　　— 薩克森 （4）

— 漢堡 （3）　　　　　　　　— 薩克森－安哈特 （4）

— 黑森 （5）　　　　　　　　— 什列斯威－霍爾斯坦 （4）

— 美克連堡－佛波梅爾 （3）　— 圖林根 （4）

人 民

* 本圖表摘錄譯自阿諾・卡普勒（Arno Kappler）：《德國真相》（*Tatsachen über Deutschland*），2000 年第 157 頁，及 2007 年 66 頁。

聯邦政府各部門職司事務則根據 2013 年德國聯邦議院選舉後，所設立的部門。

各邦圖徽及位置圖

 1. 什列斯威－霍爾斯坦
面積：15,729 qkm
人口：2,7 Mio
邦首府：基爾

 9. 北萊茵－威斯特法倫
面積：34,080 qkm
人口：18 Mio
邦首府：杜塞多夫

 2. 漢堡
面積：755 qkm
人口：1,7 Mio
邦首府：漢堡

 10. 黑森
面積：21,114 qkm
人口：6,0 Mio
邦首府：威斯巴登

 3. 美克連堡－佛波美爾
面積：23,170 qkm
人口：1,8 Mio
邦首府：斯維林

 11. 圖林根
面積：16,171 qkm
人口：2,5 Mio
邦首府：艾佛特

 4. 下薩克森
面積：47,338 qkm
人口：7,83 Mio
邦首府：漢諾威

 12. 薩克森
面積：18,413 qkm
人口：4,5 Mio
邦首府：德勒斯登

 5. 不來梅
面積：404 qkm
人口：668,000
邦首府：不來梅

 13. 萊茵蘭－普法茲
面積：19,849 qkm
人口：4,0 Mio
邦首府：美因茲

 6. 薩克森－安哈特
面積：20,445 qkm
人口：2,65 Mio
邦首府：馬格德堡

 14. 薩爾
面積：2,570 qkm
人口：1,1 Mio
邦首府：薩爾布律肯

 7. 布蘭登堡
面積：29,479 qkm
人口：2,6 Mio
邦首府：波茨坦

 15. 巴登－烏騰堡
面積：35,751 qkm
人口：10,4 Mio
邦首府：斯圖加特

 8. 柏林
面積：889 qkm
人口：3,4 Mio
邦首府：柏林

 16. 巴伐利亞
面積：70,552 qkm
人口：12,0 Mio
邦首府：慕尼黑

本圖表節錄自 Arno Kappler：Tatsachen über Deutschland. Societäts-Verlag, Frankfurt am Main, 2007

（四）法律準則

德國法律承襲羅馬法，在十五世紀末時，將羅馬法定為普通法而適用之，其後在 1794 年制定普魯士「普通法」，1861 年制定「德國商法」，1896 年頒布「民法法典」，翌年又制定「商法法典」，德國法系乃告完成。

德國法律的原則不僅受羅馬法影響，亦注重民族習慣與傳統，故兼有日耳曼法系的色彩，因之法律的結構嚴謹，體系井然。德文的 Recht 一詞可以解釋為「法律」與「權利」，並把法律解釋成具有客觀性與主觀性。直言之，法律是用以確定權利與保護權利的工具，而權利也就是法律所確定的、所保護的利益。

德國是個法治國，它的法律保障人民的安全、自由和平等。而「基本法」本質上作出了最大的貢獻，因為法治國的準則具有「憲法」的等級，所以它由最高法院，即聯邦憲法法院看守著，它是否確實遵守這個法律。

德國的司法有五個分支機構：普通民事法院、勞工法院、行政部門法院、社會及財政審判法院。通常法院皆經過三審的詳查考慮才決定判案。參與訴訟者可以不承認一個法院的判決。然後，有關這項法律的訴訟可再一次向更高一級的法院提出再予審判。由最後一審裁決當時的法律狀況如何，並做出最後定案，才結束這項訴訟。

對法律的判決都信任大約 2 萬 1 千名獨立且只臣服於法律的職業法官，在通常情況下，他們終身堅守這項工作；基本上他們不准離開他們的職務。此外，在德國大約有 5,000 名檢察官、10 萬名律師。

在政治穩定及法治保障的狀況下，德國成為僅次於英國，為外國投資者最想來投資的地方。這種法治保障吸引了無數的外國公司，保障他們在德國的投資及從事商業活動。

二、經濟策略、運作及整合

德國的品牌如西門子（Siemens，直流發電機和強電工程）、本茨（Benz，台灣譯名為奔馳或賓士汽車）、大眾汽車（Volkswagen，台灣譯名為福斯汽車）或漢薩航空（Lufthansa，台灣譯名為德航）等，在國際上享有盛譽，猶如其品質保證「德國製」（Made in Germany）為大家所認同。德國製造的產品標誌著革新、品質、技術在業界居於領先的地位。

德國屬於極高度發展和最有實力的工業國家，僅次於美國、日本和中國，是世界排名第四大的國民經濟體。擁有 8,200 萬人口的德國在歐盟（EU）是最大及最重要的市場。其國民經濟集中在工業製造出的產品和服務業。特別是機器製造、車輛製造和化學產品在全世界受到高度的肯定。每四個歐元中足足有一個歐元是靠出口賺來的——五分之一強的職場直接地或間接地依賴外貿。2009 年的外銷總值為 1 萬 1,210 億美元，足足占了國民總收入的五分之一，僅次於中國的 1 萬 2,020 億美元，是世界第二大的貨物輸出國，這已經是德國從 2003 年到 2008 年之間第六次獲得出口冠軍了。在全部的世界貿易中，德國的部分整整占了 9%。基於高度的外貿需求，德國對於和世界經濟有密切關係的事和開放市場甚感興趣。2009 年時，德國輸出了價值 820 億歐元的貨物到法國去（2006 年為 850 億歐元），2006 年輸出 780 億歐元到美國，而 2009 年輸出到美國和荷蘭是 540 億歐元，輸出到英國則為價值計 530 億歐元的貨物（2006 年則輸出 650 億歐元）。自從歐盟於 2004 和 2007 年之間向東邊擴展以來，除了和舊歐盟國家的貿易總額有成長之外，和中歐及東歐的歐盟成員國家也明顯地增加，至少所有的出口有 10% 輸往這些國家。

德國是輸出導向的貿易國。有五分之一的職業和外貿有關。德國最重要的經濟中心是魯爾區（Ruhrgebiet），它現在的重心是轉向高技術和服務業。慕尼黑和斯圖加特為高技術和汽車業之中心，濱臨萊

茵河到內卡河（Neckar）之間的一些城市則是化學業的重心，濱臨美因河的法蘭克福則是經濟重心。科隆、漢堡則是港口、空中巴士－飛機製造及媒體的重心，柏林和萊比錫則是政治及經濟重心。

德國和亞洲國家的商業和經濟關係的意義也繼續增加了。亞洲目前是德國貨物第二重要的銷售市場。2009 年德國有 14% 的貨物輸出到這些地區去。重要的貿易伙伴當中也有中國。自從 1999 年以來迄今，德國重要的貿易伙伴是中國，而且德國是在中國投資最大的國家。足足有 2,500 家德國企業在中國設有投資代辦處。

德國在 2007 年時，其經濟結結實實地繁榮起來，成長了約 2.5%。針對此繁榮景象，企業家的投資特別明顯地下降了 8.4%。來自國內、外的經濟成長刺激，使德國得到好處。登記失業的人數下降了，2007年 12 月有 340 萬人失業，這是自從 1992 年以來最少的失業人數。對這一項正面的經濟和勞工政策的發展有一系列的背景。因為經濟政治改善了所謂的「限制條件」，企業的競爭能力上升了，所以附加稅下降了、勞工市場更形穩固，而官僚也消失了。除此之外，2008 年也改革了投資稅。用這些方式，很多公司的負擔明顯地消除了。投資者們對進貨和價格的結構樂觀多了，大量投資改革性的產品，並且對競爭一事信心滿滿。

德國以其經濟實力整合前東德，二十五年後，即四分之一世紀了，德國人用什麼方法整頓幾乎令人慘不忍睹的前東德經濟，也是世人好奇的地方，底下依序探討其策略、運作及整合。

（一）經濟政策和社會市場經濟

1. 經濟政策

經濟和財政政策的形態及協調依照聯邦的制度，是國家、各邦和各鄉、鎮、區的共同任務。它們一起影響不同的委員會。因此有關此事，聯邦政府會讓獨立的經濟學家們提供意見。每年的一月，聯邦政府要向聯邦眾議院和參議院呈遞「年度經濟報告」。這份報告其中必

須描述聯邦政府所致力實現的經濟和財政目標及所計畫的經濟和財政的基本特點。還有德國經濟生活的功能是自由競爭，它是經由法律保護不受競爭的限制。

2.社會市場經濟

德意志聯邦共和國（指前西德）當作憲法使用的「基本法」（Grundgesetz）並沒有寫下一定的經濟規則，但是卻透過固定的社會國原則，排除了一個純粹自由的市場經濟。自從 1949 年德意志聯邦共和國建立以來，社會市場經濟就是德國經濟政策的基礎。它是介於一種純粹市場經濟和社會主義之間中庸之道的嘗試。社會市場經濟的政策被當時第一任的經濟部長及稍後成為總統的艾哈德（L. Erhard）予以制定、發展並轉換了其政策。它的基本綱領是以一個市場經濟自由為準則，並以社會政治的平衡措施加以補充。這樣之後，在一方面於市場中，基本上有可能自由發揮其競賽的力量。另外一方面國家保證面對風險時，它是一張有保障的社會網。

社會市場經濟不同於舊有的「放任經濟」，也不同於政府控制式的經濟制度。社會市場經濟制度是在社會進步的原則之下，包容了各個進取的「營利單位」（Freie Initiative）在經濟活動當中競爭。

（二）勞動者和資本家

根據憲法，雇員和僱主有權依據勞資雙方所訂的合同成立保護和促進他們工作與經濟條件的機構，比如由農人、手工業及自由業等參加的中產階級團體組織，勞工可以組織工會及商人的商會等。勞資雙方所訂的合同是重要的文件，社會團體依據此合同來維持各行業間的工作（職業）生活秩序，此合同也可以說是勞資雙方共同的約束。這種協調方式對德國經濟制度產生深遠影響。

在勞資雙方所訂的工資等級合同中，規定了從業人員的工作條件、工資和薪俸表以及從業工作人員工作的問題。勞資雙方透過合作獲取共同利益，有時為了爭取一方的利益常會導致雙方強烈的對立。人們

強調勞資雙方的合作為「社會夥伴」（Sozialpartner）。在德國的工資及稅率（等級）表完全是自主的，即勞資雙方可以不受國家的干涉，它由「稅率伙伴」（Tarifpartner），即完全由勞工團體和僱主或僱主公會雙方自訂。國家只制定一般的工作條件法，但不能制定一個從業人員要獲得多少薪水，當然，這也包括比如要給僱員多少天的度假及工作時間的長短。但在一些行業裡，會由國家來制定最低的基本工資。

1. 勞方組織

德國工會組織不多，然其成員卻為數眾多。工會代表勞工，是不受國家、黨派、教會的限制，人民可自由參加工會。全國性的總工會有三個：

(1) 德國工會聯合會（**Deutscher Gewerkschaftsbund**，簡稱 DGB）。它於 1947 年 10 月 12 日，在當時美、英、法還占領德國時，於慕尼黑成立。是德國最大、最有力量的全國總工會。這是一個組織健全有力的全國總工會，領導其系統內的會員工會，代表全國工人，提供政府及立法機構諮詢；對外代表德國工人，派代表參加國際會議，參與國際勞工運動。德國工會聯合會很少和德國僱主公會締結團體協約，二者均是最高政策決定和領導的機構，分別領導其會員組織，作締結各業團體協約的準備工作。只有在具有全國一致性的重大事件之下，才是由其二者締結團體協約的對象。

德國還有很多各行各業的工會組織，其中以金屬工業工會（**Industriegewerkschaft Metall**，即 IG Metall）和化學工業工會（IG Chemie-Papier-Keramik）為最強大有力，占有工業工會之領導地位。這兩會的會員都在 1、2 百萬餘人以上，這二會所各別簽訂的團體協約，所訂立的勞工標準，往往成為其他工業團體協約之「藍本」，具有領導的力量，並有決定步驟之作用。

(2) 德國公務員總工會（**Deutscher Beamtenbund**，簡稱 DBB）。會址設於科隆，德國公務員總工會並不代表其會員作團體協約的簽定及號召罷工。

(3) 德國職員總工會（**Deutsche Angestellten-Gewerkschaft**，簡稱 DAG）。嚴格說來，這不是一個工業工會，而是各別不同經濟部門的職員組織，會址設於波昂。

(4) 德國基督教工會聯合會（**Christlicher Gewerkschaftsbund Deutschlands**，簡稱 CGB）

2. 資方組織

(1) 德國僱主工會（**Bundesvereinigung der Deutschen Arbeitgeberverbände,** 簡稱 BDA）。它是一個全國性的僱主組織，在 1949 年 1 月成立，會址設於科隆。這是一個和德國全國總工會（DGB）分庭抗禮的組織，其對手就是工會。其主要工作為締結團體協約，並監督其實施，以維持勞資間協調之關係，倡導勞資間充分的合作。

(2) 德國聯邦工業總會（**Bundesband der Deutschen Industrie**，簡稱 BDI）。這是一個「經濟性」組織，和各業的同業公會一樣，是以保護各業的「經濟利益」為其主要任務。它和德國僱主公會不同，德國僱主公會以保護各業的「社會利益」為其主旨。

(3) 德國工業和商業同業協會（**Deutscher Industrie- und Handelskammertag**，簡稱 DIHK）

（三）德國的勞力市場

　　德國可算是個最重要的經濟所在地之一：在就業／企業方面提供良好的條件、有近代化的基本設施（係指一個國家間接為經濟和軍事服務的必要設施，如街道、鐵路、飛機場等）、研究和高水準的發展。這些有利條件也很受外商青睞，外商公司賞識德國市場的優點，因此

足足有 2 萬 2 千家國際企業座落於此，而這其中有 500 家是全球最大的企業。一項國際性就職業、工作所在地的評比結果，顯示德國特別在研究、發展、對業務上有能力的培訓和物流方面皆名列前茅。再加上中心的地理位置（德國位於中歐）、基本設施、法律保障和勞動力，成為外國投資商最具吸引力的投資地點。

德國總體經濟發展趨勢堪稱良好，積極地推展勞力市場政策、降低附加稅、適度地改革勞工法，特別是在解雇通知方面的保護、加強年輕人的培訓以及提高素質方面，這些都帶來了正面的效果。德國早已不是高賦稅的國家，在國際上與其他國家比較之下，平均值已降低不少，在收入和利潤方面的徵稅，德國都遠比其他歐洲工業國來得低。

德國從業人員投入職場的概況經過調查得出如下的結果。47.5% 在服務業工作，25.4% 的人從事製造業，24.9% 的人投入商業、客服和交通行業，只有 2.1% 的人在農、林業和漁業工作。德國在就業市場的機動性和物流這兩樣的成績也是有目共睹的。德國高度發展基本設施，有 23 萬公里長的街道堪稱是密度最高的交通網，其中有 1 萬 2 千公里是高速公路，並有 3 萬 6 千公里的鐵軌和電車軌使德國成為歐洲運送遠程貨物的樞紐。歐洲大陸最大的法蘭克福機場，還有其他飛機場的綿密的航線保證國際化的機動性。完善的運輸網絡提高了物流速度，增加獲利的機會。底下一表是在各種運輸路徑方面（以公里計算）德國都名列前茅。

軌道網	德國	36,054
	法國	29,269
	英國	17,052
	義大利	16,288
高速公路網	德國	12,044
	法國	10,379
	英國	3,609
	義大利	6,487

內陸船運航線網	德國	7,565
	法國	5,372
	英國	1,065
	義大利	1,477

在就業市場的硬體方面,德國都居於領先的地位。而在軟體方面,德國無疑也是領先群倫的,因為德國非常注重教育和研究,這也已經早是一項傳統了。在外國企業家的眼中,德國在歐洲是做研究和發展最積極的國家。一個名為「恩斯特及楊」(Ernst & Young)的經濟檢測調查機構在 2007 年做了一項,在國際上哪個國家的企業最喜歡做研究(或最喜歡在哪個國家做企業方面的研究),德國皆是最受青睞的國家。

歐洲積極致力於研究和發展的國家排行榜 (數字為被問的百分比)	
德國	15
英國	8
法國	4
荷蘭	3

「德國製造」(Made in Germany)成為德國在很多工業部門和商業領域(專業範圍)或市場領導者的「品質」印記。這需要一個高水準的教育、高生產和一個工業、科學與研究的綿密網絡才有可能做到的。

人民高教育排行版(2005 年,以百分比計算)	
德國	83
英國	67
法國	66
義大利	50
西班牙	49

(根據經濟合作和發展組織 OECD 資料)

（四）在工業和服務業強勢的行業

具有國際性競爭能力的基礎不只是只在德國的股票指數排名前二十的大企業，比如西門子、福斯汽車（VW）、安聯（Allianz）或者是在路德維希港（Ludwigshafen）的 BASF 化學工廠，卻還有一萬多個員工人數達到五百多人的中、小型加工行業，特別是機器製造、配件供應工業（指像比如船廠、成衣廠、礦山或汽車工業等供應配件的工廠），加上還有生物工藝學（研究微生物的經濟意義）和毫微工藝學〔（毫微 10^{-9}）係計量單位，符號為 n〕。這些行業常常成群地組織起來，成為德國經濟支柱的中產階級從業人員超過 2,500 萬人，並且壓倒性的都是受過紮實教育的年輕人。工業仍然是德國經濟一個重要的支柱。它和其他的工業國，如美國和英國做比較，則有一個廣泛的和龐大的就業基礎——共有 500 萬人投入工業這項行業，他們對德國的經濟貢獻占了約 37%。

德國專門發展和製造全面性的工業物品，特別是資本貨物（指生產工業品所需的生產材料）和革新式的工藝產品。最重要的工業支脈是汽車製造、機器製造、電子技術和化學工業，其次為服務業和文創業，光在前面四個行業就有 290 萬人在工作，銷售額超過 8,000 億歐元。

1. 汽車製造業

汽車製造業同時也是一項革新的發動機（意即指標）。德國的 VW、奧迪（Audi）、BMW、戴姆勒（Daimler）、保時捷（Porsche）和歐寶（Opel）享譽全球。是除了日本、中國和美國之外，最大的汽車製造國，生產中上級和最高級的汽車。德國的汽車製造者對遍及全球的銷售危機相當敏感，為防範未來，所有的汽車製造者在這期間致力於研發環保型的發動機，比如研發新一代的狄塞爾引擎（Diselmotor）、混合型發動機和一種更電氣化的趨動桿。

濱臨美因河的法蘭克福每兩年舉辦一次的汽車博覽會，是全球最大和最重要的汽車專業博覽會。

2. 機器製造業

近 6,000 個機器製造行業占 13% 之多的營業額排名第二，僅次於汽車製造業。機器製造業是最大的工業僱主，提供 96 萬 5 千個就業機會，並且外銷其製成品，在德國的經濟占有關鍵性的位置。

3. 電子工業

電子業屬於強勢而又特別有革新性的成長行業。德國投資在工業上的研發經費有 20% 分攤給了電子工業。德國積極地投入製造電子儀器、測量儀器和晶片，這可從研究發展經費的加碼投資看出了好成績。光西門子（Siemens）在 2006 年就申請到 1,500 個專利，在世界排行第三。

4. 化學工業

德國的化學有悠久的歷史和發展，現在有一部分全由外國企業接管，有一部分則和國外的企業合併，製造出一些領先世界的產品，來自德國的 BASF 是德國最大的化學產業集團。

5. 服務業

有 2,900 萬人投入服務業，這其中有 1,200 萬人在私人或公家的服務機構工作。有 1,000 萬的人從事商業、服務業或交通業，有 700 萬的人從事財政、租貸和企業服務的工作。

另外，在服務業領域的一個重要支柱是銀行業和保險業。銀行業集中在美因河畔的法蘭克福。此地是歐洲銀行的重鎮，在五百多家頂尖的銀行中，就有超過一百多家座落在法蘭克福。在此有歐洲中央銀行（EZB）、德國聯邦銀行和德國證券交易所，許多德國的大企業家在此從事股票交易。德國最大的銀行是「德國銀行」（Deutsche Bank），它的資產總值有 11 兆 2 千 6 百億歐元，工作人員足足有 6 萬 9 千人。

6. 文創業

另外有一種行業異軍突起，即是文化和有獨創性的經濟。這個範圍的支脈包括音樂、文學、藝術、電影和舞台，還有無線電廣播、電視、新聞媒體、廣告、設計和軟體也都屬於文創業，這領域有足足23萬8千個企業和接近100萬從業人員。有獨創性的經濟不只是達到一項具有顯著性國民經濟的意義，它自己本身還是一項現代化的經濟：它提供平衡的就業機會，在一種以知識為基礎的經濟扮演領頭羊的角色，並且對於原來的改革理想是一種有特色的根源。

在德國最重要的經濟中心是魯爾區（原本是工業區，現在已經轉變成為高技術和服務中心）、慕尼黑和斯圖加特（高技術、汽車業）、萊茵河－內卡河之間（化學）、美因河畔的法蘭克福（財政）和科隆、漢堡（港口、空中巴士 —— 飛機製造、新聞媒體）。

國際投資者把德國看成是理想的投資地方。在此期間總計有4,600億歐元是國外直接投資的，這其中的大企業其大規模的投資包括來自美國的通用電氣（General Electric）或是 AMD。估計受投資者肯定的原因是處於中心的地理位置和法制安全。在國際評比理想的投資場所比較中，德國在基本設施（交通、電話聯繫）、高等學府和研究機構的品質及工作的專門訓練受到肯定。超過四分之三的成年人都受過職業訓練。他們之中有 13% 擁有一張大學或高等專科學校的畢業證書。投資者也高度肯定德國的生活品質。

（五）重建新邦的經濟和交通

1. 經濟

當二十五年前剛統一的時候，德西地區的人方第一次真正瞭解德東的真相。東部的經濟狀況遠比大部分的政治家和經濟專家所想的還要糟糕。從 1990 年起，託管局應該將 8 千個企業私有化，它們傷透了腦筋，因為前東德大部分的企業被證實無法清理：機器大部分很老舊，生產技術比舊邦（前西德）落後了好幾十年。缺少能在國際上競

爭的產品。接下來是營運部門一個接著一個被迫關閉，高失業率緊接著而來。

今日，整整二十五年了，德東的狀況顯著地改善了，每個人國內生產的毛額原先在 1991 年時，還遠遠地沒有德西水準的一半，而在這期間已經足足地達到四分之三了。依照經濟專家的看法，新邦在最短的時間創下了讓人印象深刻的再「工業化」。與此吻合的是失業率顯著地下降了。

在過去的幾年，新邦成功地做到了，在化學工業、機器製造業等方面，還有剛好也在未來很有潛力的幾個經濟領域裡，這些比如是環境工藝、醫學技術、健康產業、毫微工藝學或是光學工藝等，新邦已經在幾個頂尖的行業名列前茅了。國家和各邦都特別要求從事這些領域工作的企業家積極投入。除了近代的工藝，今天人們還在或是又再認同和傳統緊密銜接在一起的手工業藝術。以上這些都是值得一提的進步事項。

這二十五年間，在新邦不同的高等工藝學中心形成了一個雖然規模小一點，但是更有潛力的工業區，這也即一般被稱為「地區燈塔」的行業；這些小工業大約位在德勒斯登、耶拿、萊比錫、羅伊娜（Leuna）和柏林－布蘭登堡等這些地方。現在介紹幾個在德國東部（新邦）的工藝：

(1) 耶拿的精密光學儀器：耶拿的精密和光學電子儀器廠為完成宇宙航行製作了太空衛星。這個企業是來自於以前東德的「耶拿蔡司全民營業公司」（VEB Carl Zeiss Jena）[4]。

(2) 羅伊娜化學工廠（Leuna-Werk）：羅伊娜係濱臨薩勒河（Saale）的一座城市，屬於哈勒（Halle）區。它原由 BASF 建蓋的，後來製做化學顏料，1951 年被前東德收歸國有。羅伊娜化學工廠製作化學纖維，其化學產品從特殊的化學到一般（大眾

---

4. 蔡司鏡片在全世界享有盛名，美國太空船的一些儀器；如玻璃窗戶等全委由蔡司製作。

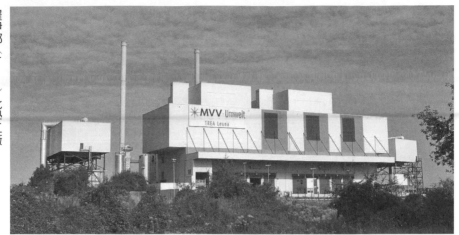

罗伊娜（Leuna）化學工廠。

性）的化學應有盡有。

(3) 艾森福特城（Eisenhüttenstadt）的鋼鐵：艾森福特城濱臨奧德河，屬於濱臨奧德河的法蘭克福一個城區。產自艾森福特的軋鋼機是一種品質第一流的產品。從熱軋機產生出三種製造汽車用的鋼：軟性的、密度較高的和密度最高的鋼。很多產品也在建築方面當可替代或當附加的部件使用。

(4) 瓦納慕德（Warnemünde）的波拉爾（POLAR）工廠：瓦納慕德濱臨波羅的海，它是屬於羅史托克（Rostock）的一個城區。POLAR 這五個字母是 Production, Operation and Living in Arctic Regions 的簡寫，意即「生產、經營和活在極寒地區」。它是一個由十個工業和能源企業及三個位在漢薩城羅史托克的研究機構所組成的聯盟企業。它們一起合作，研發製造適合北極地區條件可使用的革新性產品。比如製造在極嚴寒的條件下，可將液體順利輸送的管子。

(5) 來自葛拉斯胡德（Glashütte）的錶：朗格父子公司（Lange & Sohn）：葛拉斯胡德（屬於薩克森邦的大城德勒斯登的一個城區）以其製造傳統的、但仍很近代化的鐘錶而聞名。1845 年成立的「朗格父子製錶廠」，當時已享譽世界。直到 1948

233

年被 SED 政權收歸國有，這個製錶企業已經申請到了三十項鐘錶專利權。1990 年，公司創辦者的一個後代瓦特・朗格（Walter Lange），成立第二次的「朗格父子公司」。其所製的鐘錶極注重手工藝和品質。本鐘錶工廠的產品嚴格要求「準確性」，又要求受過專門訓練，並且擁有很多知識和才能的工作者（員工）。

2. 交通

交通事業是國民經濟的一項重要因素，且是經濟和社會發展的必要前提。今天人口稠密的德國與西歐的大工業國有著密切的關係，而它的經濟能力全得自於發達的交通工具及交通路線。

德國東部的街道和軌道網顯著地處於落後狀態。在前東德時期，新的高速公路只蓋了二條，一條從柏林通到漢堡[5]，另一條是柏林到羅史托克。二戰前造的高速公路幾乎不曾更新。

1991 年 4 月，聯邦政府決定了十七項「統一德國交通的方案」：在為了經濟的發展和為了東、西部同步的成長前題之下，決定為了經濟和軍事作用的必要設施，在新邦建造交通網。為九條鐵軌和七條高速公路，還有一條水道總共投下了 930 億歐元。

目前十七項「統一德國交通方案」有九項已經完成了，還有其他八項也已經建造了好多段路程了。總共有 1,890 公里長新的或改建的聯邦高速公路已經開放使用了，其他 60 公里還在建造中。

這項大計畫的意義在於：至少對於住在新邦的人是如此地重要，即在此期間幾乎全部的國道、省道和各自治區的道路都整頓好了。底下介紹四項交通建設：

(1) 新的南－北－聯結：A71 隧道

A71 是一條在「德國統一」的交通項目裡堪稱一條完美的高

---

5. 由西德出資蓋的高速公路，只當過境的聯繫用，見貳.六、（三），第 150 頁。

速公路新建築。1996 年開始建造介於艾福特（Erfurt）和史環福特（Schweinfurt）之間重要的一段。如果它全部竣工的話，這條高速公路可從薩克森－安哈特（Sachsen-Anhalt）邦越過圖林根（Thüringen）邦到巴伐利亞邦。A71 是一條要越過圖林根森林有 168 公里長，高坡度山脊的隧道；這條隧道在 2004 年的一項測試中，被評為歐洲最安全的隧道。

自十年多以來，這條高坡道的隧道就橫貫圖林根森林了。它是德國最長的汽車隧道，歐洲第四長的雙管形（狀）的隧道（即有兩條隧道並排著），它是現代化最安全的隧道。

(2) 新的鐵路交叉點：艾福特火車站

艾福特火車站是德國近代史最具象徵意義的一個火車站。1970 年 3 月 19 日，兩個德國的元首，東德的史托夫（Willi Stoph）和西德的布蘭德（Willy Brand）在這裡第一次見面。這次的見面使兩個德國更靠近一點了。以前的艾福特旅館（Erfurter Hof）上面的霓虹燈亮著一排寫著「請威利 · 布蘭德站到窗戶前來！」的標語，這是當時上千個前東德人想要在 1970 年 3 月 19 日上午看一看西德的總理。當他走向窗前時，群眾在火車站前的廣場，歡聲雷動地向他致意。

為了能夠好好地扮演它聯結東－西和南－北的重要樞紐角色，這火車站在 2002 年和 2006 年之間大規模地整修一番。每天這裡足足有 3 萬 4 千名旅客進出。一棟 1852 年在其旁蓋的迎賓館，於 2002 年只花了八個月的整修就又重新開張了。

(3) 新的水道樞紐：中德運河穿越易北河

水道交叉點旁的馬格德堡（Magdeburg）城，在 2003 年也基於「統一的德國交通方案」，又成為交通方案的一個重要部分了。然而它的一些計畫得一直回溯到上個世紀的三十年。即開鑿中德運河（Mittellandkanal）和在易北河（Elbe）上的運河橋，應該有一條貫通介於萊茵河（Rhein）和奧德河（Oder）之間的水道。

第二次世界大戰使建造運河橋的計畫停擺了。前東德政府對於一條銜接東、西邊的運河不感興趣，沒有繼續執行這項計畫。圍牆打開之後，船運交通不需要再忍受繞過 12 公里的冤枉路了。今天位置在中心點的馬格德堡是歐洲水路交通網的重要部分。

(4) 到呂根島（Rügen）的新路：史特拉頌橋

「通向呂根島的新大門」：以前的度假者要到呂根島去時，必須要將會在舊呂根堤壩旁塞車多久的時間計算在內。自從 2007 年以來，這已經成為歷史了。史特拉頌橋自從那時就將島和陸地聯結起來了。

有 126 公尺高的雙橋塔和足足有 600 公尺長的斜繩，使史特拉頌橋成為濱臨波羅的海古老的漢薩城市史特拉頌（Stralsund）最顯著的標誌，並且它也是一項針對在德國東北部的基本設施建設的重要貢獻。

（六）德國 ── 博覽會之國

博覽會與商展的區別在於博覽會是以售貨為中心，有固定的舉辦地區和相同的舉辦日期。商展是國民經濟成果的綜合展覽，或是展示特殊的經濟體制，或是為國家的工業產品作宣傳廣告，使參觀的人士能明瞭特殊的經濟問題。

德國的博覽會及商展具有悠久的歷史、舉足輕重的地位；德國可說是展覽會的元老國。幾世紀以來，萊比錫是德國舉辦博覽會的傳統性城市，萊比錫博覽會（die Leipziger Messe）[6] 被認為是整個博覽會組織的典型代表。隨著時代的腳步，工業社會迅速的發展，第一次世界大戰後，在德國的其他許多區域紛紛成立博覽會，其中有一些更迅速地發展成世界性之博覽會。統一之後的德國，成為今日世界工業強

---

6. 萊比錫工業博覽會曾是一個國際知名、重要的博覽會。即使是有不斷擴增的場地面積及參加人數，但是在第二次世界大戰後，德國一分為二，萊比錫不復往日光采，喪失其國際地位及重要性。萊比錫的書展之歷史也比法蘭克福悠久，在前東德統治時期日趨沒落，其龍頭老大地位也被前西德的法蘭克福取而代之了。

萊比錫博覽會。

國之一，其五花八門、豐富又具重要性的各式博覽會及商展，不難肯定其工、商業發達之地位，底下介紹幾個最知名的博覽會。

1. 漢諾威資訊技術博覽會

有超過六千個展覽攤位，其中有一半來自國外。在 28 萬平方公尺的展覽場地上，位在漢諾威（Hannover）每年春季的 CeBIT 展在資訊技術展方面居於領先地位。

2. 漢諾威工業展覽會

每年 4 月舉辦的漢諾威工業博覽會，固定的都有來自世界各地大約七十多個國家，6,400 個攤位參展。它是一個最重要的技術成果博覽會，展出多種多樣的技術，從過程自動化，比如石油、天然器等的管道（輸油管）一直到微量系統技術。

3. 法蘭克福（濱臨美因河）的汽車展覽會焦點：靈活、機動

在法蘭克福的國際汽車展覽會以其推出許多世界最新穎的產品和幾乎有上百萬個參觀者是世界上最大、最重要的汽車專業博覽會。它每兩年舉辦一次。

4. 國際無線電廣播展覽會

娛樂和電子通訊業的代表們每年在柏林舉行的國際無線電廣播展（IFA）碰面。有超過 1,200 個展覽攤位和 22 萬人次的參觀者，都知道 IFA 是革新的電子娛樂的展示窗。

5. 國際旅遊交易所

國際旅遊交易所（ITB）是個領導「國際旅遊行業的專業博覽

會」。每年來到這裡參展的有一萬多個展出者，從中有80%來自國外，並且還有 17 萬 5 千多個參觀者。

德國經濟展覽（會）和博覽（會）的委員會（AUMA）是德國博覽會居於領導的組織。它的中心任務是強化在國內、外的德國博覽會。AUMA 機動地配合德國經濟在外國博覽會的展出。除此之外，也配合由德國政府所支持的出口目標。加入 AUMA 的籌辦者每年也在重要的外國發展區，舉辦超過兩百場的私人博覽會。

三、德國社會：現代、多元及開放性

德國有八千二百萬人，是歐盟裡人口最多的國家。德國是個現代化及向世界開放的國家。它的社會特徵是生活方式的多元化和多種族文化。共同生活的形式多樣化，個人自由空間也擴大了不少。傳統的兩性角色被打破了。雖然社會劇烈地變化，家庭還是社會最重要的聯繫團體，並且青少年和父母之間的關係也非常密切。

德國的年輕人和老年人都受過良好的教育，生活水準之高有目共睹。根據聯合國的調查，德國在指望可活的年數（即壽命）、識字程度和人均收入在高度開發中的國家名列前矛。健康制度使醫療體系更完善。社會安全保障方面有醫療保險、照顧和意外保險、老年照護和失業保險等。照理說，這麼一個福利國應該沒有什麼隱憂才對，尤其統一後，人口及土地更將前東德納進來應該更強大才是。事實上，根據人口統計的結果有三項趨勢成為德國的隱憂：1. 為出生率降低，2. 為估計的平均壽命[7]增加及 3. 為社會的老化。自從三十多年來德國的出生率一直降低：1975 年，大約每個女人生育一‧三個小孩。所以這些小孩的這一代，自三十五年來大約比父母親那一代少了三分之一。加上，遷去前西德的趨勢也縮減了。同時，人們的平均壽命也

---

7. 估計的平均壽命（Lebenserwartung）：指望可活的年數，（根據概率統計求得的）估計壽命。

像其他福利國家一樣繼續上升。這期間的統計是：男人平均可活到七十七歲，女人則是八十二歲。

上升的平均壽命和一再降低的出生率是導致第三個趨勢，即社會老化的原因。在德國，從整個全部人口來看，年輕人這部分下降了，同時老年人這部分增加了。1990 年代開始時，每個超過六十歲的老人得分攤將近三個就業人士的工作。二十一世紀開始，這個關係的比例是 1 比 2.2，而且估計在下一個十年之內會變成 1 比 2。社會的老化對社會政治和家庭政治是一項最大的挑戰。也因此老人年金自從長久以來處於要改革的狀態：一向傳統發給老年人的「世代合約金」，將改為根據人口統計的發展，給予越來越少的補助金，並且必須改為由私人照顧老年者。針對此事，比如將改為提高孩童補助金，或者增建幼稚園和（日間）托兒所的家庭政策，這些原則都是為了強化提高小孩的數目。

統一的這二十五年左右，德國的社會的確發生巨變，本章節將探討下列的德國社會問題。

（一）兩性角色：婚姻、家庭、職業

女性的地位由來低下。社會變遷，時至今日，雖說婦運走了將近百年，女兒是賠錢貨的觀念仍然深入人心。一些有關婦女運動的著作[8]，道盡了女性在人類史漫長的進展中，篳路藍縷辛酸的過程。一戰結束後，推翻帝制，威瑪共和國成立時，於 1919 年 1 月 19 日選舉國民議會，德國婦女首次享有選舉權及參政權。各投票所前，均可見婦女踴躍投票。及至二戰戰敗後，男人大多為國捐軀，扛起重建的任務落在女人身上。時序的推移，歷經分裂，爾後再統一的德國，已然進入二十世紀即將結束時，德國的兩性角色、家庭結構和家庭生活方式發生了很大的變化。二十世紀初的三代或四代同堂

---

8. 見馬維麟譯：《德國婦女運動史——走過兩世紀的滄桑》，五南圖書出版社，台北，1995 年。

的傳統家庭結構形式早已消失不見蹤影。德國人對於兩性角色、婚姻、家庭及職業的看法全然改觀。

德國的「基本法」開宗明義為人生而平等，記載著不准基於性別、工作條件和酬勞方面歧視女性，並且也訂了很多條文保障女性的權利。德國在很多國立的或非國立的機構也規定男、女享有平等權利，並且也將此平等權整合納入所有的職權範圍和管理範圍內。國家在豎立男、女的生活條件平等裡，扮演一個積極的角色。這項措施已經顯示它成功了：在聯合國調查婦女參與經濟和政治一項的積極度評比當中，德國在全世界各國的評比排名第九。

德國女生在受教育方面的情況，不只是趕上男生，甚至在此期間還超越了男生。在文科中學畢業的女生占 56%，在初入大學就讀的女生接近 54%。根據 2006 年的資料，接受職業培訓並且成功地通過結業考試的年輕女生占 43%。有更多的女人投入職場生活。自從 2008 年生效的「新離婚法」，對於女人有一項最重要的規定，即是要具有能夠生活的能力，因此有一份職業對女人而言是重要的。那時在德國西部有 67% 的女人有職業，在東部則是 73%。在一般常規上，男人從事全職工作，而女人因特別由於有小孩之故，所以常常從事兼職的工作。女孩子接受最好的教育這件事，在過去的幾年這些狀況不只是針對法律平等來著手，也是針對事實上的平等。所以在這件事上對許多婦女而言深具意義。三分之二的女性在此期間有職業，而即使是有了小孩，事實上也不會改變的。女孩子接受教育，事實上是為職業作準備，這項已大大地進步，並且達到目標了。而剛好在拿到更高一級的培訓畢業證書，年輕的女士已經占多數了。

從職業來看女性：在德國有職業、工作的人士裡，女性已經占了45%。從頂尖的職位來看，在德國大約有 21% 的女性居於領導地位，每三個領導的職位就有一位是女性。在五個新邦裡，男性和女性之間的領導能力明顯地更好，在那裡有將近 42% 由女性來領導，而且頂尖的職位女性一直占 29%。在西邊只有 20%。是否能夠獲得領導職

位的機會得視各行業而定：她們在服務業領域能獲得最多的領導地位，占了53%。在建築業只占14%。

從以上的分析來看德國的兩性角色，就不難理解他們對婚姻（同伴關係）、家庭還有職業生活的狀況了。

1. 對夥伴的要求加劇

目前在德國不只是對生活形式，對價值體系和道德的基本態度都遭受到一種頑強的轉變。

伙伴[9]似的忠誠雖然還一直是一種重要的價值，然而繼續維持一同生活的規範卻鬆懈了。比如2008年一對夫妻要離婚時，根據統計，平均只維持了14.1年的婚姻關係。對伴侶品質的要求卻相對地提高了。這也就是為什麼在過去的幾年裡，大約每三對婚姻有一對決定要離婚。在這種趨勢下，非婚姻關係的同居生活卻明顯地增加了。還有同性的伙伴關係共同生活的數據也明顯地上升了。自從2001年以來，法律同意兩個同性別的人可以建立一種已經登記了的伴侶生活。根據2007年的資料顯示，同性婚姻共有16萬對。

特別是一些年輕人或是一對已離婚的夫妻，尤其喜愛「不需要結婚證書的婚姻」。所以非婚姻關係的小孩增加了：幾乎有三分之一的小孩是非婚姻關係被生下來的。隨著這種趨勢而來的是所謂的草率地湊合在一起的家庭，還有單親教養的家庭：有超過五分之一的小孩是生在單親家庭裡，而這些在通常情況下是單親媽媽居多數。在160萬個單親家庭裡，單親媽媽占了90%。她們之中有許多人沒有職業或者只做兼差的工作。為了要讓她們減輕從事職業的負擔，應該改善全日制的託兒所和繼續改善照顧三歲以下的託兒機構。

在家庭內的關係和教養型式也文明地繼續發展下去。父母親和孩子們的世代關係常常可以說特別的好，並且不再奉行代代流傳的教養

---

9. 在德國，夫妻之間的關係被比喻為伙伴關係。

模式，比如要小孩順從、屈服和依賴，這些都不時興了，卻是變成有發言權和平等，經濟上的支持，要求和獨立。

2. 家庭成為重要的社會機構

現今二十一世紀是高度工業化和機動的世界，家庭對於人們還是具有重要意義。它仍然是重要的社會制度，對於 90% 的民眾而言，在他們個人心中仍將家庭擺在第一個位置。連年輕人也給予高度的評價：十二歲至二十五歲的青年人，有 72% 認為人們需要一個幸福的家庭。正當家庭的結構在社會變遷下強烈地改變了的時候，典型的家庭應該是什麼樣子？在傳統的市民家庭，一對結婚的夫婦嚴格地遵守他們的角色：父親有份職業，賺錢養家，而母親是家庭主婦。這種男主外、女主內的家庭生活方式仍然存在——比如孩子們一直還很小的時候，但目前這已經不再是最主要（或最普通）的生活形式了。

一起生活的形式變得多樣化了。然而大部分的人（幾乎有 6,800 萬人）是和更多人一起住的，有 1,600 萬人獨居。有 4,200 萬多人以雙親及小孩的關係一起生活，這其中大約有 2,000 萬個小孩。接近 2,300 萬的人以成對的方式一起生活，但是卻沒有小孩。屬於這一類的還有 3 萬 9 千個男人和 2 萬 3 千個女人與他（她）們同性別的伴侶一起生活。在德國被估計出總共有 16 萬人是同性戀伴侶。在德國，介於選擇不同的家庭形式，或者是完全放棄一個家自由空間的人顯著地增加了。這個與平等權及婦女角色的改變不是沒有關係的：足足有 65% 的母親是有職業的，同時家庭變成小家庭了。與有三個和更多個小孩的家庭相比較，常常出現了更多個獨生子家庭。最流行的是擁有兩個小孩的家庭。沒有小孩的生活也很普遍。根據統計，2008 年時，每五個介於四十歲和四十四歲的婦女，就有一個沒有小孩。

3. 職業生活裡的女士和男士

德國基本法規定的婦女有平等權這條法律，跟其他現代化的社會一樣是進步的一件事情。所以在教育這一領域裡，女孩子不僅趕上了

男孩子，在此期間甚至超過男孩子了。在文科中學有 56% 的女學生
獲得高中畢業會考證書；年輕女士進入高等學府開始就讀的有 50%，
42% 的博士學位頒給女生。

更多的女人進入職業生涯。而從 2008 年起，經由離婚法規定並生
效的「贍養費法」這一條款，對於有職業的女人一直是很重要的，而
幾乎有 70% 的女士符合此法的條件。然而當男士致力於有一個全職的
工作時，女士們常常 —— 特別是有學齡前小孩子們 —— 選擇兼職工作。
連在工資和薪水方面，到現在介於性別之間一直都有顯著的差別：有
全職工作的女士們相較於她們的男性同事只獲得 77% 的薪水，在頂尖
收入的一些女士們甚至只獲得 73%。就連當女士們在職場這期間一直
向前進入頂尖的職位時，她們的升遷常常受到顯著的阻礙。這就是比
如說，雖然有近一半的女大學生畢業，但是在學術性工作的女性，只
有接近男性同事的三分之一。而大學的教授職務女性僅僅只占 17%。

德國女性在職場升遷受阻的主要原因，在於為小孩子設立的托兒
機構和歐洲相比較之下有待加強。即使在家事的分配也沒什麼改變，
女性往往得做多一點家事。雖然有 80% 的父親們聲稱，他們想要有
更多一點時間和他們的小孩在一起度過；有職業的女士自己甚至要花
雙倍多的時間照顧小孩。直到目前為止，也幾乎是全部的女士都需要
（或要求）新的「雙親時間規則」（指訂立父母親輪流照顧小孩的時
間規則）。雖然在實行了「雙親津貼補助」（Elterngeld），即父親
們可在職業（工作方面）暫時休息一下，照顧小孩，父親們分攤到的
補助部分已提高了 16%。然而大部分的男士（占 70%）留在家裡的
時間僅僅只有二個月而已。

比在經濟界更上一層樓，稍可安慰的是女士們在政治界可是闖
出一片天來，在 CDU 和 SPD 這兩個大黨裡，幾乎每三個，也即每四
個黨員有一個是女性。值得注意的發展是婦女在聯邦眾議院的名額：
1980 年的國會議員她們只占 8%。現在占 33% 了。自從 2005 年以來
一直到現在，梅克爾女士都是德國第一位女總理。

（二）青少年與老年人

1. 青少年

除了青少年同齡的小集團其意義變得比較重要之外，年輕人的相關核心團體是家庭。從來還沒有這麼多年輕人（幾乎所有二十四歲的年輕人中的一半，及至少還有 27% 的同齡女青年）像今天一樣住在他們雙親的家裡，成為家庭全體成員的一分子。幾乎所有十二歲到二十九歲的年輕人都承認，和他們的雙親有個非常良好且充滿信任的關係。

對於長久地留在（待在）家裡的一個原因，是更多的年輕人接受教育的時間越來越久。他們的專門培訓水準顯著地提升了。十八歲到二十歲的年輕人，總共有 45% 獲得進入大學的機會。超過三分之二擁有高中畢業會考的學生，在三年之內皆會進入大學就讀。大約有十分之一的人沒有拿到職業培訓的證書而必須離開這教育體系。特別是一些來自社會較底層的弱勢年輕人和從別的地區遷移過來的年輕人都屬於這有問題的一群。

時下年輕人優先考慮的價值觀是他們常常認為朋友和家庭比較重要。在德國的年輕人與 80 年代相比之下，明顯地更為實際一點了。成績（成就）、能力和有方向的目標牢牢地印鑄在這年輕一代的腦海中。今天十二歲到二十五歲的人，大大地肯定朋友圈和家庭的價值。對特定背景之下的社會問題之敏感度增加了——特別是對自己將來的職業問題非常的關心—— 69% 的青年甚至擔心有可能失去他們的職業，或者說得更確切些，不能找到合適的工作。

足足有 60% 同一年次的年輕人離開了學校之後，開始在一所國家承認的職業教育學校接受職業培訓，要不是接受雙軌制的職業訓練，就是在一所職業專科學校接受教育。有 36% 強的年輕人進入 383 間高等學府中的一間就讀大學課程。

在一種左或右模式的傳統政治裡，年輕人較傾向於左派，但是很少偏向極端的政治。相對地是熱心地投入義務的和社會性的工作。足

足有四分之三的青年參於社會的和生態學性質的工作：比如照顧需要幫助的老人、整理環境和動物保護、幫助老年人、移居者和殘廢的人等這類工作。德國的年輕人參於社會服務的比例相當高。介於十四歲和二十四歲之間的所有年輕人，當中有36%投入義務性的工作。他們支援學校、文化或教會領域裡還有救護工作，特別喜歡投入運動、休閒和社交。在有些場地裡特別需要年輕人的參與，如果沒有他們，這些活動就辦不成了。比如在運動協會方面，有半數的青少年都加入協會或社團。四分之一加入社會性質的大型組織裡，特別是教會組織。

年輕的男士一般要服九個月的義務兵役（2011年修改為六個月）。在2009年，有6萬8千名年輕的男士在聯邦軍隊服基本的兵役。如果有人基於良知理由拒絕服有武器的兵役，並且被認定為反戰者，現在就必須改服九個月的民間服役工作（期限較正規軍役長三個月）。社會性的民間服役（也稱補充役或替代役）提供可能在不同的社會或生態領域裡搜集到經驗的機會。

2. 老年人

在德國，幾乎每四個人就有一個是六十歲的人。由於長久以來，因為低出生率和同步提高的平均壽命，使德國在世界上的老人人口，僅次於日本和義大利，排名第三。他們的生活形式和生活風格在過去的十年來，強烈地改變並且顯得更寬廣。大多數的老年人今天獨立生活，社會性的參與很積極，和他們的小孩及親屬都保持聯絡，並且健康狀況大都良好，繼續過自己想要的生活，並積極地安排時間。財務狀況方面，年長的一代都有保障：1957年的養老金改革，使領養老金的男人和女人漸漸地可過舒適的生活。老年人的貧窮並沒有完全被排除掉，但是貧窮的風險比其他的老人群更低。

年長者將只是老一點，比起他們的上一代他們也很健康、有活力，並且非常活躍的。經濟方面他們毫無問題，六十歲以上的老年人幾乎有三分之一的人有購買力。50年代的生活風格明顯地改變了，他們對主動地安排休閒活動這事覺得越來越重要。除了電視（新聞）、

收音機（古典音樂）和報紙之外，他們最喜歡的休閒活動就是運動了。

三代同堂的家庭雖然還很少住在同一個屋簷下，但是在成年的小孩和他們的父母之間，一如祖父母和他們的孫子之間，常常還有令人感動的聯繫。聯邦政府的一個典範計畫是要繼續加強代代之間的聯繫並且加以鞏固，所以這期間，在德國幾乎每一個地區和還有空曠範圍的城市，都宣布決定要蓋所謂的多代同堂的房子。有 500 間在全德已蓋好並可容納 15,000 人的房子，在家庭諮詢部、健康部、危機處理部和求救規畫處都貼心地為老人設有跑道、網路和轉車台。德國統一後，由於財政吃緊，因此在養老年金這部分，有大刀闊斧的改革方案，將法定的領養老金年齡，從六十五歲提高到六十七歲；從 2012 年起到 2035 年之間，領養老金者將逐步地每個月提高其年金。

（三）遷居和整合

1. 客籍工人、移民者及原德籍人的遷居和整合

德國有 8,200 萬人口，是歐洲人口密度最高的國家，有六分之一多的人住在前東德，即東部地區。特別是在德國的北部和東部有許多少數民族，丹麥人、佛里森人、德國的吉普賽人 Sinti 和 Roma 及索布族（das sorbische Volk）。他們有自己的文化、語言、歷史和認同感。

德國戰後，1950 年代的經濟復興是靠移居到德國的工人（即後來通稱的客籍工人，Gastarbeiter）。那時期的客籍工人後來大都返回他們的故鄉，但是也有許多人繼續留在德國生活和工作。後來又有許多土耳其人移居到德國。德國逐漸從一個客籍工人之國變成一個很多從外地或外國遷入的人的國家，這是第一種遷入者。第二種遷入者是當年被迫遷居到早期的蘇聯、羅馬尼亞和波蘭生活的德國人，他們在共產制度崩潰後，紛紛地又回到德國來。這兩群遷入者的人數，在1980 年代甚至比老牌的移民國，如美國、加拿大或澳洲還要來得多。目前有多於 1,500 萬具有移民者背景的人住在德國，這些人數是加上在德國誕生的移入者第二代或第三代的小孩，他們之中大約 700 萬是

外國人；足足有 800 萬人擁有德國籍，因為雙親有一方是德國人，所以一出生即入德國籍，或者他們是屬於那 400 萬的德國籍移出者。來自土耳其的移入者有 250 萬人，是最大的一群，其他 150 萬人來自前南斯拉夫或巴爾幹半島上的其他國家。在德國生活的回教徒估計有 400 萬人。

很多遷入者做的工作，都是未學得一技之長的工作，因為德國在勞動力特別要求最基本的能力。從學業上可看出移入者在德國很難在社會上立足，或者改善他們的經濟狀況。雖然如此，在過去的二十多年已進步多了：申請入德國籍的法規簡單多了，德國人和移入者的互動更加頻繁，多民族文化的接受度也提高了。2005 年初，德國史上第一個「移民法」通過了，制訂出有期限的和無期限的居住法，在各領域皆兼顧的遷居者政策，比如為遷入者開設義務性的語言課程。

聯邦政府把追加制訂有移入者背景的整合計畫列入它們的重點政策。在這件事上，將就業市場列為重點，當務之急是將「教育」和「語言要求」列為整合工作的兩把鑰匙。自從 2006 年以來，聯邦政府的女總理梅克爾每年都召開「整合高峰會」，邀請全部需要整合的社會團體，也包括遷入者組織來與會。於 2007 年第一次召開的「民族整合計畫」中，有規則地審查欲付之實施的事項，它包括具體要實現的目標，有超過四百項國家的、經濟的和社會的活動：一個教育監護網站設立起來了；直到目前共有 5 千個監護站參與，贊助從外地或外國遷入的家庭之小孩及青少年，順利完成學校和職業教育。有 5 千多個企業和國家的組織允諾給予有遷入者背景的青少年較好的受教育機會。

2. 統一後德籍人士（東、西德）的遷居和整合

另類的遷居和整合是「德對德」內部的，直到統一前，就已有在前東德的德國人以各種管道（甚至犧牲生命也在所不惜）陸續地移居前西德。統一後約十多年之間，仍見德東的人嚮往德西的生活，大量往西遷移（見第 193 頁，2. 城市改建），目前這趨勢已經緩和下來了。

如果將二戰後，由四個戰勝國控管的時間（1945）算在內，到1990 年統一為止，兩德剛好是整整分開了四十五年。這是一段漫長的時間，一分為二的兩個同文、同種、同族的國家，在不同的體制下生活，時空的改變，人的心態也會改變，東、西德社會的整合仍在進行中。

也許典型的德國人風格，諸如：凡事講究原則、規章、制度、紀律及秩序，做事要求精確嚴謹等是歷來的傳統，應該是不會改變多少；但統一以後的前東德人由於長期受共產主義的影響，他們習慣於集體主義與平等主義，不適應前西德個人主義的競爭社會，由此而慢慢地產生了隔閡。當年的東、西德都渴望統一，當最有利的時機突然來臨了，也可說兩德當機立斷，政治方面快速地排除萬難（見一、一夕之間統一始末，第 153–174 頁）。統一之後，要開始建設德東，當時德西的人民、政治家等一派樂觀，認為有同樣血源的德東人跟自己一樣，會按照德西的典章及制度去做，很快地就能把德東變成跟德西一樣。但後來才發現不是這樣簡單，因為當時他們完全無視於前東德是個典型的社會主義國家，不瞭解經過長期的共產統治，德東的人不僅對民主政治的認知太過欠缺，事事依賴國家的處理與安排，不太需要自己去動腦筋思考，幾乎是另外一個「異質化民族」。

德國統一後的「心理分裂」非同小可，可一一臚列：德國政府必須耗費鉅資建設東部，根據柏林自由大學的統計，從 1990 年到 2014年間，建設東部花費了納稅人大約兩兆歐元。德國政府原有的財政收入不足以支撐東部的建設，所以德國政府違背了柯爾總理當初不加稅的承諾，自 1991 年 7 月 1 日（首先以一年為期）起，徵收一項名為「團結附加」稅，從個人收入與法人團體徵收 7.5% 的稅，自 1995 年一月一日又重新規定無限期開徵。1998 年再改為徵收 5.5%，並計畫一直徵收到 2019 年。前西德人認為他們是在為「德國統一」埋單，雖然從道義上難以推卻，但也難免會心存不滿。2013 年 9 月的一項民意調查顯示，86% 的前西德人希望廢除團結稅。

德國統一後，造成前東德人嚴重的「失落感」。他們以為同是日耳曼民族，都是同文、同種、同族的人，只要納入前西德的資本主義體制，就能夠與西邊一樣的水準，過富足的生活。但統一後，他們體驗到殘酷的現實一一接踵而至。前東德的企業因為沒有競爭力而倒閉或被德西的企業合併，又因《回歸法》的實施，被 SED 共產黨曾經收回的國有的土地，必須歸還給德國被分裂前的原地主而交還給德西人，再加上德東人缺乏競爭力等素質問題，很多人反而失業，德東地區的失業率高於德西。

統一後，還有更多的「心理分裂」。統一之後，東、西德貨幣以 1 比 1 兌換（實際計價的比數應為 1 比 4），工資也均等化，包括承受前東德的社會福利制度等。德國政府計畫到 2019 年將東部的養老金提高到西部水準，為此每年需要增加 45 億歐元。德西的人認為政府這樣做太不公平了，這是在拿他們的錢補貼德東的人，因為德東的人繳納的養老金遠比德西人少很多，最後拿到的養老金卻和他們一樣多。

此外，德國政府不遺餘力地專門資助東部（見〈肆、前東德的重建〉），政府幾乎在各領域投下巨資加以修復，使其恢復大自然景觀，適合於人居住，這一點也讓西部的德國人感到不公平，因為西部同樣也有經濟薄弱的地區，但卻得不到同樣的資助。每當政府遇到財政危機，開始討論增稅或削減社會福利時，每每從電視上看到眾議院開會、訪論及表決的現場直播，執政黨和反對黨的犀利交鋒、你來我往，劍拔弩張的態勢又曠日廢時，冗長的辯論，德西的人不滿情緒就會升高，並把這筆帳算到德東的人頭上。

統一後迄今已屆滿二十五週年，無論哪一個政黨執政，都沒有忽略東部的建設，比如修建住宅、高速公路、鐵路、橋樑等基礎設施，提高人們的工資和退休金。但是東部並沒有像柯爾總理許諾的那樣，很快地成為和西部一樣的「繁榮之地」。不過東部確實也有比在 SED 政權統治時期好很多很多了。國民生產總值雖然增加兩倍，但仍比西

部低 30%。東部的平均工資比西部低 19%，養老金比西部低 7.8%。目前東部的失業率是 10.3%，儘管已是自從統一以來的最低值，但仍然高於西部的 6%。不僅如此，因大量人口向西遷移，人口數量已比統一時減少了 11%。近幾年來，東部的經濟近乎陷入停滯，追上西部的希望似乎變得更加渺茫了。

從「德國問題」的角度切入，兩德順利完成統一是成功的，畢竟，德國統一已經邁入第二十五年了，有四分之一世紀了。德國在政治舞台上的活躍，甚而扮演關鍵性角色也是有目共睹，我們來看前東德的轉型：從共產主義轉進民主主義也是成功的，因為兩德採用前西德的制度，前東德人一樣遵守前西德的法治、參與民主選舉，並加入社會市場經濟，儘管失業率居高不下，但德國完善的社會福利也惠及德東公民。然而如果從「整合」的角度切入，來評判兩德統一的利弊得失，不全然是肯定的答案了。政治、經濟，法律上的統一，條約一旦簽字生效就算完成；但由於長期的分開，政治、信仰、社會價值觀截然不同的兩群人，要融合成一個共同體的概念較難，能否真正地融合成一體，路途還遙遠，看不到一個終點，也許得再花上一個世代的時間才有可能。

但以統一的結果來看，在整合的過程中，大部分是由德西人主導，因為是由聯邦政府與各邦每年提供德東鉅額的補助，且由德西人來籌劃東部各項重建事宜，所以重建德東的相關法規普遍對德西人士與組織較為有利，德西人在德東社會居於決策者與執行者的地位，如果有一些對德東不利的政策或不好的現象，很容易被誤解為是德西人士刻意造成的。

統一之後，德東民眾在各領域無不受到規模浩大的社會轉換軌道的衝擊，**在政治上**，原東德的國家機器改組，黨政機關被解散，近百萬公務人員被解聘（包括高等學府裡的馬列主義研究員）。與此同時，大量西部官員被派往東部，名為整頓東部機構，但看在德東人眼裡卻是「一手掌權」。**在經濟上**，國營企業被私有化了，大量工廠被西部

企業收購或者關閉。**在社會文化方面**，以往的意識形態被否定掉，變成西部的價值觀才是正統。「德東人」的生活可說遭遇到全面的衝擊，社會問題也接踵而至：人口流失、生育率下降、失業率上升、社會治安惡化等等。轉型初期的陣痛，讓不少德東人感到自己成了德國統一的輸家。

與此事環環相扣的是德東人的「二等公民」的感受油然而生。當「德西人」以金主的心態強調自己對統一的貢獻時（比如繳交統一稅或其他名目的樂捐），「德東人」因為對統一的期待落空而陷入失望之中。當「德西人」因為要為統一埋單而心生不滿時，「德東人」也在抱怨自己成了聯邦德國的「二等公民」，是被歧視的，沒有得到應有的尊重。這種認知上的差異，成為東、西部德國人相互之間存在的偏見、互相不滿的一個根源。早在統一後，於 1993 年，前東德最後一任部長會議主席戴梅齊耶（L. de Maizière, 1940 年生）總理就曾針對德東人士與德西人士「同工不同酬」的現象（同樣的工作，德東人士的薪資水準只有德西人士的 80%）發出德東人民淪為「二等公民」的感慨。

統一以後，德東人民反而興起自己的「東德意識」，將德西體制轉移視為「殖民地化」，這種認知說得非常明白徹底，即他們覺得自己被德西人士貶抑成「二等公民」的感受；統一後，有形的灰色石頭建築物，已轉化成一道無形的「心中的柏林圍牆（die Mauer im Kopf）」，逐漸阻隔於德東與德西人民之間。1995 年，67% 的德東受訪者認為這道「心中的柏林圍牆」越來越高，東德人士與西德人士互相蔑稱對方為「西德佬（Wessi）與東德佬（Ossi）」。這兩詞的造字是由西邊、西方的 West 的 Wes（西）加上 si（佬）及東邊、東方 Os（東）加上 si（佬）合組而成 [10]。根據一份調查報告顯示：21% 的受訪者希望能重新築起圍牆。

---

10. Ossi（音譯：歐西）及 Wessi（音譯：威西）這兩個字，也可以是自稱哪一國或哪一邊的人。

那麼這個原為一個民族及一個國家的德國，在統一之後的融合過程中如何來看待對方？在二戰結束後，長達四十餘年的分隔，雖然同文、同種，有共同的文化根源，然因南轅北轍的兩種體制，已衍生不同的思維及行為模式，因此可以將東、西德民眾視為兩個不同的民族（族群）來看待，主、客觀地比較他們看待對方的觀感：

(1) 德東的保守 V.S. 德西的自由精神

(2) 德東的依賴與德西的獨立積極

東德人習慣於集體主義及平等主義，習慣於社會主義大鍋飯，依賴政府，對資本主義無法適應。東德人已被社會主義制度慣壞了，懶惰又不會做事，過度依賴西德人，是缺乏獨立性與自發性的人，給多少幫助都無濟於事。

西德人缺乏同情心，桀傲與貪婪，只知道要錢，對同族人傲慢和吝嗇，東德人這樣指責西德人，於是對他們開始敬而遠之。

(3) 現在很多德東的人，越來越認定自己不是「德國人」，而只是「德東人」叫「歐西」（Ossi），而同時德西人則是另一種叫「德西人」被稱為「威西」（Wessi）的人。

根據戴梅奇耶於 2000 年，回顧兩德統一十年後的德東發展時表示，因為當時急著趁戈巴契夫這位政治開明者還在任時進行統一[11]，許多應該由前東德政府自己需要處理的問題，全都交給了前西德政府去處理，這也是為何後來會讓前東德人士產生自己是「二等公民」的主要原因。這個問題普遍影響德東人士的自我認同，並造成德東人民心靈上的創傷。在統一經過十年後，有幾份調查顯示，約有一半的前東德受訪者覺得自己是「二等公民」。在統一經過十五年後，另一份調查顯示，有 75% 的前東德受訪者認為自己是「二等公民」。兩年

---

11. 事實上也是如此，因德國統一的翌年，戈氏也因國內政爭而下台。

前這個比例攀升到 80%。柏林圍牆早在 1989 年就倒塌了，但是一道無形的「牆」仍然分隔著前德東和前德西人，從談戀愛、工作、薪水到文化，過去的德東人和德西人仍然涇渭分明。以柏林為例，東柏林人和西柏林人的通婚比例，平均一年只有 2%。這個數字反映了來自前東德和前西德的人民，在兩德統一已經二十年後，彼此仍然格格不入，對過去的兩德人來說，「冷戰」結束後，取而代之的是「冷漠」，來自兩個背景不同的德國人，少有交集，更遑論熱情，多的是偏見。

　　有些人會說，兩德統一了，需要磨合的地方不少，也許到了下一代應該就可解決了。對這個問題，有多位中、外學者專家紛紛從各個角度觀察德國的狀況，並且撰文提出看法。讓人頗訝異的是一致認為德國尚未真正的統一，如〈柏林牆倒塌二十五年後，德國東、西部仍有分界線〉[12]〈圍牆折除滿二十五年　兩德學習共榮〉[13]〈東德統一二十五年　內部仍在融合中〉[14]，更有德國柏林市長迪普根（Eberhard Diepgen, 1941 年）撰文〈真正統一要兩代〉[15]。的確。前東、西德國人的認知差異成為東、西部德國人相互之間存在偏見、互相不滿的一個根源。根據德國的一個調查機構阿倫斯巴赫 2014 年 10 月 1 日公布的調查結果，67% 的「前東德人」認為「前西德人」傲慢，51% 的「前西德人」認為「前東德人」不知足。人們甚至還發明了專門的綽號來調侃對方，如「自以為是的西德佬」（Besserweissis，besser 是比較好一點，wessis 是德西佬之意，和德文「知道」的字母類似，意即：自己以為知道得很多）和「牢騷滿腹的東德佬」（Jammerossis，Jammer是「牢騷、怨言」的意思，ossis 是東德佬之意）。雖然這兩個有趣、意有所指新造的字，被視為是偏見或定型觀念，不過，倒也傳神地刻畫出部分德國人的心態。這表明了雖然真實（現實）中的柏林圍牆已被推倒二十五年了，但兩邊人民心中的那一堵柏林圍牆還未消失。

---

12. 曾宇，11/11 評論 (2)http://www.jiemian.com/article/206964.html
13. 中央社即時新聞，CNA NEWS. 2014/11/2　http://www.cna.com.tw
14. 金永熙，新聞中心，中央論壇　http://chinese.joins.com/big 5/article.do
15. 明報新聞，../../../htm/News/20141109/TTAindex r. htm

統一後二十五年了，在德國竟然出現一種奇特的現象，即出現了「前東德人」的「懷舊風潮」。對「懷舊風潮」人們都可能有這樣的體驗——即是每當現實境遇不佳時，人們就喜歡回憶起以前的「幸福時光」或「美好時光」。這是人之常情，不足為怪。「前東德人」也不例外。前東德曾是共產國家裡，社會主義陣營中經濟水準最好的國家，被前蘇聯國家領導人赫魯雪夫（N.S. Chruschtschow, 1894-1971）讚美為「社會主義的櫥窗」。雖然說比前西德落後，但「前東德人」推倒圍牆，並不完全是厭惡共產主義或是生活過不下去，他們當初只是要求過更美好的生活，有旅行自由、新聞自由等等多一點自由。

　　如今，前東德人逐漸意識到，想要完全追上前西德的水準已是不可能了。同時，在這二十五年中，也看到了前西德的制度並非樣樣完美無缺、樣樣比前東德好。這常常讓不少前東德人感到生氣和反感。經過了二十五年親自體驗資本社會的自由生活，慢慢地發現了，標榜完全自由的資本主義也不是那麼地好，對原東德政府的不滿已逐漸淡去，反而懷念起原東德時期那種穩定而簡單的生活、有保障的住房和工作、免費的教育和醫療。雖然當時沒有很多自由，但是生活卻很安穩。前東德人的懷舊除了是對過去生活的回憶之外，同時也是對當前生活現實的一種抗議，還有混合著自我認同與尊嚴的複雜心理因素。這種懷舊現象早已被人注意到了，人們還為此發明了一個新單詞（Ostalgie），即由東部（Ost）和懷鄉病（Nostalgie）兩字合組成，剛好只要把懷鄉病的第一個字母 N 去掉，即是一個天衣無縫的新單詞。

　　這個形、音、義三者兼顧的單詞，在柏林圍牆倒塌二十五年之後，以實際的、有形的東西呈現在人們面前：最龐大且要花時間及金錢的是一家位在柏林的旅館，老闆花了很長的時間，將賓館還原成民主德國時期（指前東德）的居家風貌。房間常爆滿，一位難求。老闆解釋道：「客人們就是想回味一下那個年代的感覺。」許多人就是想找回一種「減速的生活，放慢腳步，在沒有電視，沒有電話，沒有現代設備的環境下，過上幾天。」還有互聯網上可以買到前東德時期的「小玩意兒」。目前仍有少數廠家生產這些「商品」，從服裝、

音樂及電影 CD、原版紙到前東德的勳章。現在一張面值 100 的東馬克（Ostmark）鈔票，售價 25 歐元。網店經營者說：「賣的最好的是前東德的食品，弗萊堡（Freyburg，屬於哈勒 Halle 之一區）的「小紅帽香檳」（Rotkäppchen-Sekt）、包岑（Bautzen，見「在第三帝國和前東德的政治犯拘禁處」，第 186 頁）的芥末醬、施普雷瓦爾德（Spreewald）的酸黃瓜和「im NU」牌的麥芽咖啡（Malzkaffee）[16]，還有模仿美國原裝可口可樂的「Club Cola」及巧克力球。

對這種「懷舊」的感情和風潮不難理解，統一後，對前東德時期的那代人而言，從計畫經濟轉向市場經濟，許多人感覺他們在生活中做出的貢獻被忽略了。1990 年統一時，許多企業和他們的產品一夜間「消失不見」，他們有無家可歸的感覺，對統一後的德國有陌生感，認為在東德時期更簡單的生活比較好。因此，今天刮起了「睹物思前東德」的懷舊風。他們的口號是：「我們不是西部的德國人所說的那麼糟糕。」

德國自由柏林大學的東德問題專家施羅德（Klaus Schroeder, 1949–）說：「有前東德背景的家庭中，40% 的子女表示，在與父母談及前東德歷史時，沒有用『獨裁』一詞，甚至 50% 的人認為前西德也沒有純粹的民主。」對此，施羅德認為，持這些想法的人正試圖爭取被西部的德國人同等對待。但是這件事情必須引起德國社會的注意，因為對舊時代的沉迷，會對歷史產生扭曲的認識。危險的不是東德懷舊風的興起，而是對政治的冷漠。

在東柏林的民主德國博物館（DDR-Museum）裡，模擬建成的前東德國家安全局審訊室裡，來訪者會看到當時的警察，如何對每個試圖反抗政府的人進行監控和懲罰。從擴音器裡還能聽到當時的審訊記錄。這裡保留了前東德的一段歷史，對年輕的一代而言，他們是有必要瞭解過去的前東德歷史，而思想懷舊的高潮有一天也會停止。德國

---

16. 這是用麥芽製作的替代咖啡。在德國也用麥芽為小孩子製作「麥芽啤酒」（Malzbier），那是一種呈黑色，且甜度較高、酒精含量非常少的啤酒。

能以一年不到的時間，快速地實現政治上的統一已屬難能可貴，在經濟上要融為一體勢必比政治統一更加困難，但最困難的，恐怕還是精神和心理層面的統一。不管是「前西德人」對統一的不滿，還是「前東德人」對統一的失望與懷舊，都源起於長期的分裂，兩德人民之間這段不愉快的偏見與誤解至今仍然存在，難怪德國總理梅克爾在紀念德國統一二十週年時，曾意有所指地說「統一尚未完成」。的確，四十多年長期分裂的歷史傷痕很難癒合，而且要彌合這一條存在德國東、西部的大鴻溝，要走的路恐怕還很長。當然，以德國人的智慧，這個擅於反思的民族，被稱為是一個詩人、音樂家和思想家的國度，有愈挫愈勇的精神，假以時日必能完成這最困難的一項統一。

（四）社會福利制度

1. 德國的社會福利保險

「讓大家富裕並且有社會正義」這句話是當時 1950 年代晚期的聯邦經濟部長艾哈德（Erhard）在德國實施社會市場經濟制度之目的。「德國模式」成功的發展，並在許多國家成為榜樣。這個成功的基礎在於它廣泛的社會制度。德國擁有一個最緊密編織的社會網絡：26.7% 的國內總生產額流入國家的社會支出，和美國只投資 15.9% 及「經濟合作和發展組織」（OECD）的平均值 20.5% 相比較之下，德國高出不少。德國龐大的社會制度，除了支付健康、老人年金、意外事件、照護和失業保險之外，還包括由稅制支持的家庭補貼（孩童補助、優惠關稅）或者給領養老年金者和持續無能力工作者的基本保障。德國標榜為社會國，其男、女公民都瞭解要先做好社會保障。

福利國的社會制度在德國有悠久的傳統，這項傳統可追溯到工業化時期。帝國宰相俾斯麥（Bismarck）在十九世紀晚期，從國家社會保險的基礎發展起來的。在他的領導之下，制定針對意外、和健康，還有殘障和老年的法律。當時候只有十分之一的人民享受到社會保障，今天在德國有將近 90% 的人民皆受其保護。

在稍後的幾十年建立起的社會網同時也大幅度地改善：1927 年，就有因財政因素而設立的失業保險，1995 年又加上照顧保險。現在二十一世紀，又要求這項制度有基本的和結構的新方向，而且將眼光放到繼續能夠做到補助這項事宜。老人人口的增加和相較之下的低出生率及就業市場的發展使社會保險制度逼近嚴重負擔的界限。政策方面的改革嘗試著能符合需求，同時也替未來的一代鞏固社會網。

德國的社會福利保險簡介：

(1) 疾病保險

幾乎全部的居民皆參加疾病保險，有 88% 的人參加法定的疾病保險，接近 12% 的人加入私人保險。建保局支付醫生的診療費、藥品、住院和照顧。疾病保險的款額由僱主和雇員繳納。根據法律，沒有職業的人無須繳費。

(2) 意外保險

法定的意外保險是企業主半義務性地替雇員保險，它讓雇員在工作發生意外時或是基於職業病能夠得到理賠。

(3) 失業保險

失業者在德國是受到保障的。任何人失業了，而他在最後工作的兩年內至少有十二個月依法繳納失業保險費，他可以領到最後一次淨值工資的 60% 至 67% 的失業保險金。失業救濟金由保險費支付，它一半是由僱主，另一半由雇員籌措的。最高的支付期限從六個月到二十四個月。

(4) 護理保險

基於老年人及殘廢或生病的人需要有人照顧的原則，在 1995 年所成立的保險。護理保險費的保額為薪資的 1.7%，由僱主和雇員平均分攤。

(5) 養老保險

法律上的養老金保險是老年保險的一個重要支柱。養老保險金的金額每個月的繳納，一半來自雇員，一半來自僱主。除此之外，現在還有第二種的企業補充養老保險和第三種的私人養老保險。企業補充養老保險是對法定養老保險的追加補償，它是企業自願為其職工支付的額外養老金，但數額較少。第三種的私人養老保險可用企業養老金的形式進行，也可由個人購買養老投資基金，參加銀行的養老儲蓄等。

(6) 社會救濟金

領取社會救濟金者必須是年老，又無工作能力，既無力自救又得不到任何其他接濟（包括親戚），社會救濟只保障維持最低的生活水準。

2. 重建東部的衛生保健

前東德在健康照顧方面有高素質的醫生和護士及醫院，然而在硬體方面卻缺乏現代化的醫療器材，連最簡單的注射器或繃帶也沒有，即使在已修復的柏林夏里特（Charité）醫院[17]也付之闕如。醫學系的大學生必須將使用過的塑膠手套努力地多次清洗再使用，以節省經費。

有非常多比例的年輕醫生和護士們帶著他們的家人在 1989 年越過布達佩斯、華沙或布拉格逃向西德，這使得東德的衛生保健更加衰弱。在圍牆倒下來的那一年，東邊每十萬個住民才有 245 位醫生，在西邊的比例是 303 名。今天在各個新邦平均為 383 名，而在舊邦的醫生比例是 433 名。雖然新邦努力地想追趕上去，但沒能做到。在牙醫方面的照顧比西邊的稍微好一點點，德東地區是 90，德西是 50，而現在一直保持這個數字。

---

17. Charité（尤指柏林和巴黎兩地的）夏里特醫院，屬國家或教堂管轄的慈善醫院。

(1) 緊急援助

專家皆一致地認為在統一之後的早期幾年裡，東、西兩邊的健康
領域之水準已經一致了。這也證明了健康這一領域在最後的前東德政
府任期時已開始在改善了。那個時候，前西德的聯邦政府提供了足足
30 億馬克給前東德政府，用以盡快地排除在醫療照顧方面最重要的
缺失。最迫切的是醫生的診所、醫療器具和物資，還有醫院裡老舊的
病床也要汰換掉。在 1990 年代中期，東邊已經全盤接受西德衛生保
健的標準。

除了環境狀況的改善和其他的因素，還有更完善的健康照顧使
得前東德人的平均壽命提高不少。還在 1990 年時，東德民眾比西邊
的同胞早六年往生。現在這項差異顯著地縮小了。2011 年時，東邊
的女人平均壽命為八十二・五八歲，西邊的為八十二・七七歲。在此
期間與此相符的男士平均壽命，在新邦為七十六・六四歲，在舊邦為
七十七・九七歲。

(2) 提高德東地區的養老金

2004 年獲准建蓋沒有附床位的「醫療照顧中心」（簡稱 MVZ），
自從那時起，全德國皆設立此種醫院。2005 年只有 341 間醫療照顧
中心，到 2011 年已經提高到 1,814 間了。有一件特別要迎頭趕上的，
是為年長者設立特別照顧的養老院。1995 年，國家在新邦投下了
三十三億歐元用在老人照護方面，並且也蓋了 1,025 家新的養老院。

前東德的養老年金一向很低。在 1953 年 6 月 17 日的民族起義事
件後，掌權者才將養老金一致地調高 10 馬克。兩德統一的那段期間，
德東的養老金只有德西的 37%，平均的養老年金在 1980 年代只有一
次足足地拿到 400 馬克。介於 1990 年和 1999 年之間的養老金多了四
倍。這期間的養老金上升到等值為西邊的 91.5%。自從 2014 年 7 月 1
日為 92.2% 等值。如果薪水和就業市場繼續好好地發展下去，就會一
直接近到與德西相稱的水準。

（五）社團、休閒活動與度假

德國人毫無疑問的是世界上最喜歡集會結社的民族。有一位中國籍學生到德國留學，他住在一個德國朋友家庭裡，心想可以好好地和這一家人以德語溝通，增加德文的語言能力。哪知當朋友問他住在德國家庭裡，德語能力一定進步不少吧！他的回答是這一個家庭的男、女主人和兩個小孩每人平均都參加三至四個社團，所以每天晚上幾乎是他獨自留守在家裡，聽了不免令人莞爾。

據統計，德國的社團多到不可勝數，從赫赫有名的、即德國最大的社團「汽車協會」（ADAC），或是德國人最喜歡的「足球協會」到一般性的比如射擊、歌唱、集郵、保齡球、信鴿愛好者等等，尚有一些光怪陸離、令人啼笑皆非、匪夷所思的社團，比如肥人社團、禿頭社團、拒絕打領帶社團、等等五花八門，不勝枚舉。據統計，德國的社團多到不可勝數；光是人口約 45 萬人的萊比錫，就有 4 萬 4 千個社團，這差不多是每一個人就參加十個社團了，可想而知，他們熱衷於參加社團，難怪有人戲言：「三個德國人在一起，便會組織一個社團。」，而當一個人，比如他要從北部搬家到南部去時，他必須辦理退出二、三十個協會的手續，也就不足為奇了。根據 2011 年的統計，在德國共有 57 萬 4,399 個社團，會員共有 7 千多萬人。70% 超過十四歲的德國人都會積極地加入任何一個團體、協會或是組織。36% 的人也會接受擔任榮譽性質的職務。

今天的德國人比起前十年有更多的休閒時間，平均一天有足足六個小時的空閒時間。他們最喜歡留在家裡度過這些時間，並且花大約兩小時看電視或聽音樂以放鬆自己。男人比女人有半個小時多的休閒時間。「運動」是最受青睞的一項活動，德國人積極地參於運動。總計有 9 萬個運動協會，2,700 萬人加入此協會。足球協會排名第一。德國最大的足球聯盟（DFB）有 2 萬 6 千個協會和 17 萬 6 千個足球隊。它是德國奧林匹克運動聯盟最大的單一協會（社團）。這個運動社團的財政來源由國家或半官方支持、榮譽的義務支付、私人的樂捐和會

員的會費。

休閒時間裡最重要的是「假期」。除了國定假日、學生們的寒、暑假之外，一般的從業人員每週除了二天的休息（假日）外，每人每年依法都有三週的假期，這明文記載於勞資雙方所協議並簽定的合同裡，然而大部分的從業者視其工作年資多久，他們的假期常常持續六週或更久。對於度假地點，根據 2003 年，開自用車去度假的首選地方竟然是自己的國家，依序是義大利、奧地利、法國、克羅埃西亞（Kroatien，在巴爾幹半島）、西班牙、瑞士、荷蘭、土耳其和匈牙利。

目前流行的度假方式是在「巴空尼」（Balkonien）度假，這聽起來好像在土尼西亞（Tunesien）、澳洲（Australien）和波利尼西亞（Polynesien）那麼地溫暖、遙遠而且有點異國風味的感覺。其實在「巴空尼」度假即是在自家的陽台（Balkon）上度假，這在德國十個人當中，有六個人對於此事認為是很正常的。原因無非不必一窩蜂地趕著跟別人去度假，天氣不是太熱就是擁擠嘈雜的人群，還有長途開車的勞累及高速公路上的塞車潮等等因素。在家裡可以舒舒服服地坐在陽台上曬太陽，悠閒寫意地不受干擾地自由自在。

兩德統一以後，開放的東部地區成為德國人度假的首選。起先真的讓德西地區的人嚇壞了。因為「吃」及「住」兩項的水準真是低得不得了。後來經過觀光和飲食行業的專家大量地到德西去考察之後，並且德國政府也努力地建設整頓東部後，東部五個新邦的旅遊業已經煥然一新了，讓人留下深刻的印象。幾年之後，美克連堡－佛波梅爾邦比起每個其他的邦來，吸引了更多的夏季度假者，還有在圖林根森林、在艾茨山和哈茨山的漫遊和從事冬季運動、如同在史普雷林（Spreewald）從事水上運動都是大受歡迎的。而喜歡在城市裡旅行的，柏林、波茨坦、德勒斯登、萊比錫和威瑪屬於詢問度最高的旅遊目的地。

底下簡介五處新邦目前最受歡迎的旅遊地點：

1. 萊比錫的「新湖地帶」（Neuseeland）

這裡以前是露天採礦的地方，現在已成為可以游泳、做水上活動的地方。這個地方，以前的褐煤挖土機在此開採煤炭，並且將景觀完全破壞了，今日已是截然不同了。萊比錫的「新湖地帶」就座落於此，從一個採礦的廢石場成為一個有吸引力的休息區。至於褐煤挖土機現在也只能在採礦技術公園裡看到了。騎腳踏車的觀光客，今日可在超過一百公里的「新湖地帶－腳踏車路線」，欣賞萊比錫附近已經轉變了的風景。

在萊比錫「新湖地帶」的馬克雷伯格湖（Markkleeberger See），和其他的湖對很多愛好水上運動者，就像是一塊磁鐵。在獨木舟公園裡，有已經是德國頂尖的獨木舟運動員在練習了。這是非常緊張刺激的國內和國際之運動競技賽，還有舉辦文化性的重大參觀旅遊也吸引很多觀眾。

2. 圖林根森林（Thüringer Wald）

在夏天可以騎腳踏車和漫遊（徒步旅行），在冬天可以滑雪和乘雪橇滑雪。圖林根森林四季都可以吸引度假者。長長的雪橇滑道使大、小運動員都非常振奮。冬天的圖林根森林也提供長途健走者和漫遊者，在一片白茫茫的雪地上長又孤寂的遠足。

3. 在內布拉（Nebra）的諾亞方舟圓形天盤（Arche）[18]

這是 1999 年轟動一時的事件：在一個離內布拉〔屬於哈勒（Halle）地區〕不遠地方的一個小房間發現了一個圓形的天盤。這一個有三千六百年歷史的銅片被視為世界上最古老的、最具體的天空圖片。它指出太陽（或者另意也指滿月）一共有 32 顆金色的星星。

在天盤發現的地方，就是在今日有「諾亞方舟」之稱的內布拉。非凡的發現揭穿了天盤的秘密。方舟的心軸是天象儀。在圓盤的圓頂

---

18. 基督教《聖經》中，諾亞為避洪水而造的方形大船叫「Arche」。

裡，參訪者可獲得完整的天文學的知識。

「內布拉的圓形天盤」提供給年輕的參觀者很多選項：影片、卡通、一場布袋木偶戲，或者是用巧克力自己做天盤，使得參訪者留下永難磨滅的經驗，並對太陽、月亮和星星產生興趣。

4. 從積極的度假到自製山羊奶：烏克馬克（Uckermark）

號稱「山羊的農村」的雷溝（Regow），是個保護地區和生產有機羊酪起司的地方。女牧羊人貝格曼（Bergmann）每天在前蘇聯的部隊訓練場「小瘡痂草原」放牧 150 隻山羊。經由放牧，使得草原景觀的自然保護區持續地被照料得很好。在山羊農村雷溝的商店不只是提供山羊起司，觀光客也喜歡品嚐自己製作的山羊奶冰淇淋。

屬於布蘭登堡邦的烏克馬克，以其令人留下深刻印象和廣闊未被污染的自然景觀，讓人心曠神怡。在「觀光供應」這項比賽，烏克馬克在名為「2012/2013 年持久性觀光地區競賽」贏得全德冠軍。經營觀光業者將網絡放在生態通量、有毅力的建築物整頓和地區性的有機產品。

5. 政府行政區的新建築：柏林

1999 年，聯邦眾議院和聯邦政府搬到柏林。起先許多部門同時必須暫時性地安頓下來，慢慢地，其他新建築才一一蓋好。最新的辦公部門是 2014 年秋天才蓋好的，與它面對面的是聯邦總理府和帝國大廈。

新建築物標示著永續性和高效率。新建築採用最先進的科技原理和材質建蓋，設備有燃料室、加熱發電廠等，這些建築地區有能力供應自己能源。房間裡的暖器、冷氣機和通風機都是以特別方法研製的管道網安裝的。

四、多面向發展的教育、學術與研究

二戰結束以後，德國政治上被劃分成兩半，教育體系也隨之分道揚鑣；前東德的教育體系仍奉行馬列主義思想為指導理論（見第 129 頁）。而前西德相對地仍然採行威瑪共和國當初所設計的教育結構。教育是立國的根本大業，教育的重要性德國人早就了然於心中。普魯士邦國的毛奇將軍（Moltke，一般譯為毛奇，是丹麥語音譯名，見第 58 頁）曾說過：「普魯士的勝利早就在小學教師的講台上實現了。」從這句話可看出德國對教育的注重。

（一）教育方針

「基本法」賦於每一個人依自己的個性自由發展，依個人的傾向和能力自由選擇學校、受教育場所和職業。由於德國是一個資源匱乏，但高度發展工業的國家，它竭盡全力發展教育事業，提高全民的素質；因此，德國在教育事業投入大筆資金（特別在高科技領域裡），用知識換取資源。因此，在德國的法律規定：教育分權是合法的，且教育是各邦的事。教育由各邦管轄並擁有絕大多數的權力。但是由此也顯示出其缺點，由於各邦的各自為政，在教學計畫上就產生很大的差異，因此會產生問題，比如當一個家庭從一邦搬家至另一邦時，學生便無法適應該邦新教學的內容和方法而發生困擾。

基於此點，各邦的合作更形重要。照慣例，各邦的教育部長定期舉行全體會議，磋商和解決共同的問題，達到平衡和一致。聯邦教育部長也必須定期召開協調會，來促進各邦教育政策的同化。各邦的大學必須公布聯邦所訂之規章，聯邦及邦委員會的任務是改進及研究教學計畫。因此，委員會完成一項「聯合教育計畫」，內容是關於全國的教育制度，此外還訂有一項「教育計畫」來支持它的經費。以上種種措施之目的是要依一定的標準來促進統一的教學制度，並同時兼顧多面教學政策，使之相輔相成。多面教學對德國教育制度的成就有很大的幫助，值得我們效法。

依據「基本法」第 7 條規定，全部的教育事業隸屬於國家管制。基於德意志聯邦共和國聯合的結構，邦（指國家）與各邦之間在教育事業的管轄權是分開的。各邦在教育事業方面的法律條文和管理可完全自主，特別是在高等學府的領域和成人教育及深造的領域方面。此外，「德意志聯邦共和國各邦關於統一教育事業的協定」對平衡和協調各邦的教育體制、結構和內容明確地穩定下來。有了這個條約，使得各邦在有關於學校義務、組織形式、考試和類似其他事項的認證具有約束力的規章。

依「基本法」的規定，德國的教育（包括所有的私立學校）受國家的監督。德國的義務教育由滿六歲開始至十八歲止共十二年，每個學生必須上九年全日制學校（但也有些邦是十年），然後再上半工半讀的職業學校或者升入全日制高中。公立學校的學費是免費的，甚至有些教育器材、教科書也有部分免費，如屬於免費的教科書，學生用完後必須歸還學校。當學生無法從父母那兒獲得經濟來源時，他可和一般大學生一樣依照「聯邦教育補助條例」（Bundesausbildungs-förderungsgesetz，簡稱 BAföG）申請金錢援助。高年級的學生約有三分之一的人是以此法完成學業的。

依「基本法」第 7 條第 3 款規定，除了教會學校外，宗教課在公立學校中列為普通課程。十四歲前由家長決定，到十四歲以後，學生才可以自由決定是否選修這門課。

1. 學校（Die Schulen）

(1) 幼稚園

在德國幾乎各邦都設有幼稚園。入學年齡為三至六歲。教育方向為語言、合群性和遊戲。大部分的人在上午把小孩送到學校，下午接回家。但也有全天制的，這種情形大部分是父母都有職業的家庭。

幼稚園並不屬於國家的學制組織。它是由社區、教會、社團或私人投資贊助。幼稚園屬學前教育，至於就讀與否，則是自願而非強迫

性的。費用由家長自己承擔。目前在德國的幼稚園越來越少，還有到幼稚園接送小孩的時間對有職業的家長也構成問題。

(2) 基礎小學教育

六足歲至十歲的幼童必須接受四年制的基礎（初級）小學教育。柏林邦和布蘭登堡邦等其小學制為六年。傳統上，每個學生在開學第一天都可以從家長那兒得到一個裝滿甜食、糖果、巧克力及一些內有鉛筆、橡皮擦或尺等之鉛筆盒的大錐形紙袋。等四年小學教育結束後，他們就進入決定其將來發展方向的中學階段了。

(3) 中學教育

現在大部分的學生先上兩年定向學校（五年級和六年級），以便在這兩年內好好考慮，以後選擇那一類型的中學。

德國中學共有四類，即五年制普通中學、六年制實科中學、六年制綜合中學和九年制完全中學（亦稱文理中學）。

德國學校的學制分為三級：第一級是初級教育，即全國一致性的四年制小學。第二級是中級教育，即五至九年的中學，第三級是高級教育，即四至六年的大學。中級教育又分為兩個階段，第一階段為初中（Sekundarstufe I），學制為五或六年，第二階段為高中（Sekundarstufe II），學制為三年。高中畢業時，學生總共已學習了十三年，年齡已達十九歲。

a. 普通中學（Hauptschule）

大部分的學生在基礎小學教育結束後，直接進入普通中學。與以前的普通中學不同，現在需要上一門外語課（大多選英語）和勞動課，為日後的職業教育作準備。普通中學畢業生的年齡為十五歲，畢業後不能直接工作，還必須接受二至三年半的職業學校教育，邊學習邊實習，掌握一技之長，為將來工作打基礎。所獲得的文憑為職業文憑（Hauptschulabschluss）。

b. 實科中學（Realschule）

六年制的實科中學是介於普通中學和文科中學之間的一種學校，提供學生一個繼續進修的管道。課程增加了一門外語和幾門專業性選修課程，例如會計、速記、電腦、秘書等，為培養中等階層之一般公務員、行政、商業或管理方面的人才。基本上它從第五級到第十級要唸六年，畢業生可獲得「中等學校畢業證書」（Mittlere Reife）。它可以進入職業專科學校（Beruffachschule）或高級專科學校（Fachoberschule）繼續深造。

c. 文科中學，一稱完全中學（Gymnasium）

這是德國一種傳統的「高級中學」。文科中學設有三個學科：①語言－文學－藝術、②數學－自然科學、③技術－社會科學。學生必須在每個學科中選擇一門自己感興趣的重點課程。除三個學科外，必修課還包括宗教課和體育課。文科中學九年結業後，通過筆試及口試的畢業會考，取得名為「一般高等學校畢業證書」，即通稱的「高中畢業會考及格證書」（Abitur），就可憑此會考成績申請進入高等學府裡的任何一個科系就讀。

d. 綜合中學（Gesamtschule）

六年制綜合中學是一種新型的改革學校。它是第二級 I 的學校，它把以上三種傳統型中學的特色融合在一起，基本上是給第五年級到第十年級的學生上的課。一些綜合學校設有和文科中學一樣自己的高中部。在整合起來的綜合中學裡，可以如普通中學一樣，上到九年級；亦可如實科中學一般上到十年級；或如文科中學一般上到十年級，得到「高中畢業會考及格證書」（Abitur）。就讀綜合中學畢業者，可依其所得之文憑進職業學校、職業專科學校或申請大學就讀。

在其他各邦還有更多種教育管道的學校類型，這類學校有圖林根邦的「正規學校」、薩克森邦的「中級學校」、薩克森－安哈特邦的「第二級學校」、漢堡邦的「一體化普通和實科中學」、黑森邦、梅

克連堡－佛波梅爾邦的「普通和實科聯合中學」、萊茵蘭－普法茲邦的「區域學校」，還有在薩爾邦的「延伸實科中學」。這一些都是將普通中學和實科中學結合在一起，從第七級開始則跟學生上相關的結束課程。在這些學校的第九級和第十級結束時，也等同於其他類型的學校獲得第二級 I 的程度；1996 年正式定案，各邦文教部長聯席會議達成了協議，這些中學的畢業生學歷也得到其他各邦的承認。

殘障的兒童及青少年無法進入一般的普通學校時，就集中在特殊學校上課。在德國設有一些給各種不同程度殘障學生就讀的學校。殘障的兒童和青少年有一部分被集中起來在正規學校一起上課，對他們也一視同仁，並沒有限制他們受教育的義務。

當人們不幸失學時，他仍有第二次受教育的機會。對有能力的成年人也會提供他們機會。他們可利用上班之餘到夜間文理和實科中學進修，以此方式準備他們的結業考試，也即高中文憑的考試。沒有職業的成年人，他們也可以到補習班（Kolleg）準備畢業會考及格證書。

在德國任何一種學校，也即每一個學校等級都有特別受過專業訓練的老師。想當老師的，必須受過高等教育，即就讀完成高等學校的課程，然而修業年限各不相同。將來想當基礎學校和普通高中的老師，一般都要就讀七個學期，如果想要在比如實科中學、特殊學校、文科中學（完全中學）和職業學校當老師的話，一般照規則都被要求在大學（高等學府）就讀九到十個學期。所有要當老師的候選人必須在大學課業完成之後，參加第一次的國家考試；接下來還需要花兩年在一所學校見習，然後參加第二次的國家考試。公立學校的老師是邦的公職人員，即國家公務員，享有終身優厚的待遇，如獲得學校的聘任，待遇比較高，薪資一般為企業職工平均工資的 1.5 至 2 倍。前東德的老師大部分都是國家的職員，這些堅定的「馬克思主義者」大部分被解雇了，這就提供了西部一些失業教師謀職的機會。

2. 職業教育（Berufliche Bildung）

職業教育是最具經濟效益而能達成人力培育的教育與訓練。回顧

當今世界主要國家的教育發展，德國的職業教育一向為各國所稱道。事實上，今日德國的種種成功，尤其是戰後的復興，建立在教育的基礎上，尤其是職業教育的成功。

德國的青年人（在同年次的約有 70%）完成學校教育後，進入一所由國家認證的、實行「雙軌制」的職業學校。這些年輕人大部分是從普通中學和實科中學畢業的，但是也有很多獲得「畢業會考及格證書」的人決定轉換跑道接受職業培訓。根據和邦、各邦及「社會伙伴」（Sozialpartner，指資本家和勞動者）對不同職業的要求，規定職業的培訓期，即學徒期一般為介於兩年和三年半。學徒的培訓補助費由企業和國家支付。雙軌制有兩個重要的特徵：一為大部分不是在學校學習，而是在各生產工廠、經濟方面的服務單位、企業、工場或是在公家機構。二為學徒除了在企業等處接受培訓外，還必須每週去職業學校上一至二天課。在企業方面的培訓歸國家管轄，在學校上課的領域由各邦自己負責。

在職業學校上課最主要的是接受並補充專業理論方面的教育，並增加年輕人一般的常識。學校教育的重點在專業課程方面占了三分之二強，大約三分之一則是一般課程。在德國全部的經濟支脈有將近 50萬個企業，還有自由業及公家機構皆提供實習的機會。目前德國有將近 165 萬的青年在 356 種公認的培訓職業接受培訓。而這些職業受青年們歡迎的程度不一樣。37% 接受培訓的男青年和 53% 接受培訓的女青年，集中在十種最熱門的職業上。男青年最喜歡接受汽車機械師、畫家、油漆工、細木工或電汽安裝工的實習，而女青年則最喜歡比如文領職員、零售商、美容師或醫生助理的實習。

除了雙軌制的職業學校外，還有其他職業教育的途徑：

(1) 職業專科學校（Berufsfachschule）：是一種實施全日制職業教育的學校，學習年限一至三年。一方面繼續普通教育，另一方面則培養某一行業所必須具備的基本技能，惟所有的實

習課程和技能訓練都在學校內實施，而非由企業負責，所以它是「一元制」的職業學校。

(2) 高級專科學校（Fachoberschule）：是更高一級的全日制職業學校，其目的是招收實科中學畢業生或具備此同等資格者，接受二年（第十一至十三學年）的普通教育及職業相關課程的教育，畢業後，可繼續進入高等專科學校（Fachhochschule）深造。

德國原則上不允許任何一個沒有接受職業培訓的青年正式就業。為了提高勞動力，非常注重接受職業培訓者的素質及技能。德國政府投入大量的人力、財力和物力在職業教育這一個領域上，其重視職業教育可見一斑。德國的「雙軌制」職業教育享譽全球，它也是德國經濟能持續迅速發展的原因之一。世界各國凡是注重職業教育並想讓它提昇的，無不紛紛前往德國考察它的職業教育。

（二）高等學府（Die Hochschulen）

一些知名的人物，比如洪堡德（Humboldt）、愛因斯坦（Einstein）、龍特金（Röntgen）和普朗克（Planck）等，使德國成為一個就讀大學最理想的國家，以及被公認是個工程師及發明家最多的國家。在中古世紀時，就已經有很多學者從歐洲各地來到德國那時才剛成立的大學朝聖，比如海德堡（Heidelberg）、科隆（Köln）和葛萊夫斯瓦德（Greifswald）。德國的哲學家、語言學家及普魯士的政治家，威廉・封・洪堡德（Wilhelm von Humboldt, 1767–1835），於1809/10 創立洪堡德大學，使德國的高等學府成為要求高素質的大學最理想的典型。洪堡德把大學設計成為獨立的求知識場所。在此地，研究及教學應該合而為一。

的確，在德國的學制上，大學與一般學校教育不同，可以從其教育方式與目的上看出。大學教育的方式注重在啟發學生的思維，於追

尋知識的過程中，專注科學精神的發展，達到自己參與真理的探求，培養獨自見解能力，從事分析判斷。因此，大學是從事學術研究，訓練學生做有系統的科學方法，求取學問的專門機構。

二戰以後，基於教育機會均等和個性充分發展原則進行教育改革，所以取得大學入學資格人數大增。大學人數再一次的增加是1990年統一那年。今天想要在德國就讀大學的人，有383所高等學府可供選擇。德國大學遍布全國，不管在大城市、小鄉鎮、有悠久傳統的、或近代化新型摩登的大學，應有盡有：幾乎每一個大一點的城市就有一所大學。光以北萊茵－威斯特法倫（Nordrhein-Westfalen）邦來說就有18所大學和33所專科高等學府及九所藝術高等學府。這當中有很多都是在1960年代和1970年代設立的。二十年內就讀大學的人數增加了5倍。特別是女大學生的人數急速攀升。在這期間幾乎快要超越就讀的男大學生了。今天在德國將近有200萬名年輕人就讀大學。除了非國立的、宗教性質的高等學府之外，自從1970年代以來，也有一系列經由國家認可的私立大學成立了。德國在這期間總計有110所私立大學。但是這期間除了國立的和教會的大學之外，還有許多非國立的、非宗教性質的高等學府以依賴學生繳學費和外界捐款的方式成立的。

1. 高等學校類別

目前在德國共有383所大學和專門學院（如技術學院、教育學院、音樂學院），包括1976年設立的哈根函授大學（Hagen Fernuniversität）。

(1) 大學（Universität）

修滿規定的學分後，可申請參加學位考試或國家考試，也唯有此種學術性的學府才有頒授博士（含碩士）學位的特權。在德國的高等教育中，此類學術性高等學府是最主要、也是傳統的機構。自從2010年開始，德國的高等學校為了與世界接軌，也頒發由學

校認證的、國際承認的學士和碩士結業證書（Bachelor und Master-Abschlüsse）。

（2）工科學院（Technische Hochschule）

德國的「工科學院」與「工科大學」除了數理工科外，也開設法律、經濟、哲學、心理學、英文或法文等社會與人文科學方面的科系。

（3）工科大學（Technische Universität）

1960 年代開始的高等教育新發展的另一具體實例，就是將原來的工科學院部分改為工科大學，如柏林工業大學。

（4）特殊專業學院（Fachlich Spezialisierte Hochschule）

全德國包括有少數的幾個特殊專業學院，如醫學院、獸醫學院等。

（5）教育學院（Pädagogische Hochschule）

教育學院是培訓基礎小學和普通中學所需要的師資之機構。在有些邦裡，這兩種學校的師資訓練機構是獨立的「教育學院」，而有些邦裡，則附屬或納入「大學」之中。

（6）高等專科學校（Fachhochschule）

「高等專科學校」的入學資格是「職業專科學校」、「高級專科

學校」和「高級職業學校」的畢業生。通常學生在假期中必須接受實際的職業訓練。在學科方面「高等專科學校」分成技術、企業經濟、社會、藝術、行政、航海……等等專門領域。修業年限三年，繼之在校外實習一年，經考試及格始能畢業。

(7) 藝術及音樂學院（Kunst- und Musikhochschulen）

公立的藝術學院不僅要培養畫家及其他美術工作者，而且要培養各級學校的美術老師和從事藝術創作的方法研究及發展。

公立的音樂學院也要在培養普通與宗教音樂工作人員及音樂教師之外，訓練演員、歌星與舞蹈教師。修業八至十二學期後，可參加國家考試或獲頒結業文憑。

(8) 大學 — 綜合學院（Universität-Gesamthochschule）

德國在 1970 年代創建了所謂的「綜合學院」，近年又調合學術性「大學」和施行實用專業教育的「專門學院」。它讓學生先讀兩年的共同基礎課程，然後依照性向能力，分別繼續攻讀至少兩年偏重理論學術的課程，或一年偏重實用的職業科目。固然此種結合學術理論和實用教學，又兼顧學生的性向及能力立意良好，但「大學」與「專門學院」的任務、師資及學生的條件均不相同。因此要考慮如何能使學生兼顧學術理論課程及實用專業技能、如何解決此兩類教師的問題、以及改進頭兩年的共同基礎課程的設計。以便使入學者均能接受而受益。

2. 德國大學入學資格

德國大學之設立，旨在研究高深學問、培養研究與專業人才，有關大學之入學方式，原則上不舉行大學入學考試。在德國，凡是通過高中畢業會考，取得「畢業證書」（Abitur）的高中生皆可向設在多特蒙德（Dortmund）的「大專升學分發中心」（Zentralstelle für die Vergabe von Studienplätzen，簡稱 ZVS）申請進入大學就讀即可。不過畢業成績的平均數會因各種情形而被調整，比如某一邦高級中學畢

業平均成績高於或低於全國高級中學畢業平均分數，在申請分發大學就讀時，該邦的申請者之平均成績會相應地減少或提高。

志願升學者在申請表上寫明所想就讀的科系，並依次列舉一切有此科系的大學名稱，然後由 ZVS 依照各大學各學系新生名額，並根據申請者經過調整的成績，以電子作業完成甄選與分配工作。60% 的名額分給應屆畢業生，其餘的分給過去八年間沒被錄取而一直等待分發的學生。隨著等待年數的增加，平均分數可以升高。只有若干科系予以甄選的規定。其他科系申請者可以憑成績單直接向各大學有關科系申請。此外，ZVS 對外國學生保留了 8% 的名額，對社會處境特殊者也給予 15% 以下的優待名額。目前最熱門的科系是醫學系、藥學系、心理系、動物學系和牙醫系，非常不容易申請到入學許可。

3. 德國大學的教學及學位考試

(1) 學年

一年有兩個學期，稱為夏季學期和冬季學期，每學期約三、四個月。上學期（即夏季班 Sommersemester）自 4 月至 7 月，下學期（即冬季班 Wintersemester）通常自 10 月至次年 2 月。德國大專院校每年有幾個月的假期（寒、暑假）。在此幾個月假期內學校圖書館、閱覽室、系辦公室及實驗室，還有學生餐廳全部開放，學生仍可從事學術研究。修業年限大部分是十到十四個學期，甚至更長；因為沒有學年的限制，所以不管夏季學期或者冬季學期皆可申請入學就讀。

(2) 教學及學位考試

一般而言，德國的大學生有充分自選所想聽的課程，比如聽講課（Vorlesung）、（專題）研究課程（分初級討論課 Proseminar 及高級討論課 Hauptseminar）及實習課（Übung）等。在德國大學採學期制，因此比如某一種課程（以聽講課為例），常會碰到有第一學期、第三學期或第五學期的學生一起上課。教授上課幾乎不點名，也沒有平常考、期中考或期末考。學生要修讀某個科目的成績證明，得主動去向

教授要成績單,學生必須自己計畫要拿什麼等級的學位,再看看考試規則,需要繳交幾張成績單才能拿到何種學位。通常是學生主動去找教授,告訴要拿什麼樣的學位,需要那幾個科目的成績單。教授會以口試、筆試或寫報告、小論文的方式(報告及小論文題目可和教授討論,並請求開給參考書目)來評定成績,開給成績證明。學生視所要獲得那一種學位,視其規定要在學務處繳交幾張成績單,登記後,才可以考中間考試(Zwischenprüfung),這要花費大約四到六學期。

中間考試通過後,才可以找指導教授寫碩士(Magister)論文,與之討論寫什麼題目,範圍如何。在德國的大學選讀科系有二種方式,一為選一門主修科系(比如文學)搭配兩門副修科系(比如英文和歷史);另一方式為選兩門主修科系,比如將語音學和法文都列為主修科系。要考中間考試、文憑考試、碩士考試都要繳交主修及副修科系的成績證明。攻讀博士學位(德文稱為 Promotion 或 Doktoranden-Studium)也一樣要有二個主修科系,或一個主修科系及二個副修科系,要有碩士文憑及幾張高級討論課的成績單,才能登記並找指導教授,與之討論撰寫內容。

外國學生在德國就讀大學,一般的現象是容易申請進去就讀,但要拿到學位就個人看法是比起英、美國家較困難。目前德國有九所在「研究」方面非常出色的,被稱為頂尖的精英大學,依序是慕尼黑大學、慕尼黑技術大學、卡斯魯爾技術大學(die TU Karlsruhe)、阿亨技術大學(die RWTH Aachen)、康士坦茲大學(Uni. Konstanz)、哥廷根大學(Uni. Göttingen)、海德堡大學(Uni. Heidelberg)、佛萊堡大學(Uni. Freiburg)和自由柏林大學(FU Berlin,座落於前西柏林區)。

(三)新邦的高等學府

眾所皆知教育是興邦立國的根本大業。統一二十五年後的德國,其東部五個新邦的高等教育情況如何?從聯邦政府在 2014 年 7 月為

慶祝統一即將屆滿二十五週年的一份資料《25 年 — 自由和統一》，將「教育」這個項目的標題定為「知識可帶來富裕」（Wissen schafft Wohlstand），玩起了文字遊戲，按 das Wissen 這個字義為知識、學識、學問。而 schafft 這個動詞意思是「完成、辦到、使實現、達到」之意。其實它要強調的是 die Wissenschaft（科學、科學研究）這個字，把這一個字拆開成 Wissen 和 schafft（而 schafft 是寫兩個 ff，但是 Wissenschaft 的後面音節 schaft 只有一個 f）。看了這標題不免令人莞爾其意有所指，更強烈地意識到德國人注重「教育」的程度。

東部五個邦的高等教育現況如何？德西（舊邦）要開始就讀大學的學生，想要到新邦就讀，並不是每個人都可申請到入學許可證，因為那是有名額限制的；而從歷年來的經驗得知，他們一到德東的大學就讀，就不會再想要轉學。因為從德東最北邊的羅史托克（Rostock）到最南邊的意門澳（Ilmenau）的大學、高等學府和高等專科學校不但更新式，照顧也比較好，而聽講課的教室也不會人滿為患。這即是說：在新邦就讀大學的條件明顯地比舊邦要好很多。對於評價東、兩邊的大學孰優孰劣，可由「高等學校發展中心」（**Centrum für Hochschulentwicklung**，簡稱 CHE）調查的結果得出證明。這是根據詢問了 7 萬 5 千名大學生所作出的答案，頗值得注意的是：各項評比幾無例外地，東邊的大學皆優於西邊，舉凡空間的狀況、能容納每位大學生的座位、圖書館的品質和技術的設備等等。

當後來由於出生率降低和圍牆倒塌後的轉變，德東的高等學府奉指示，年年招收舊邦的大學新生。國家最高主管當局和各邦由於這個特殊情況，定了一個直到 2020 年的「高等學府」條約，要求東邊保證以現在的設備，在一定的時間內，招收所能容納學生的最大數量，以此方式同時減輕德國西邊的負擔。從 2011 年到 2015 年，國家最高主管當局就已投下約 9 億 5 千萬歐元，這是為了保證開始就讀大學的人數維持不變。因此之故，觸發了東邊的高等學府在「新邦的高等學府之積極性」下，一起和國家及各邦喊出了有力的宣傳戰鼓——東邊的大學與在西邊及外國一樣的好。

1. 贊助大學新生

統一後的第一個十年，在德國東部的高等學府就讀的大學生甚至暴增了，而這狀況是雖然很多德東的大學新生到西邊去，其人數是比西邊到東邊來得多。當 1990/91 年的冬季學期只有 10 萬 6,960 名的大學生在新邦（不包括柏林）的高等學府註冊時，2000 至 2001 年就已經有 22 萬 3,156 名大學生，而到了 2013/14 年甚至有 30 萬 8,520 名大學生註冊。因為事實上更多同一年度的中學生可以在統一後，拿到他們的「高中畢業會考證書」（Abitur）並取得大學入學許可證。這是很多原因造成的：一是大學入學的許可不再像在前東德時期，由國家的「需求計畫」和依申請者的特殊能力，比如政治立場來決定。另一個是許多人漸漸深信，一個大學學業是職業和物質保證最好的基礎。還有值得注意的是，也在選大學科系的轉變上呈現出來：當就讀工程系的人數遞減，選語言和文化科系，還有法律、經濟和社會科系就讀的學生，可用門庭若市來形容。

2. 在教育制度的新結構

前東德地區教育制度的改造，能夠繼續不受阻礙地進行，這得追溯到正面的發展。在第一次自由的「人民議院」選舉時，就把前東德教育制度無數的法律條文及規定都給廢止了。因為在（國家）主權之下所成立的新邦，其教育領域也和舊邦合併了，十二年的學制之後所獲得的 Abitur 證書，大部分的新邦全數採用。在職業教育也像舊邦一樣，由國家和經濟界共同負責。自從統一以來，所有的職業學校也由各鄉、鎮地區的或地方性的代表人士予以證明並承認。

讓年輕人在進入職業生涯有升遷的管道，是東邊教育綱領的構想和目的。國家當局和新邦為這件事情已從 1996 年至 2013 年總共投下了 20 億 5,500 萬歐元的費用。這對減輕德東學徒職位市場的負擔有很大的貢獻。在新邦迄今已替毫無準備的年輕人追加了約有 18 萬 8 千個實習場所。因為在東邊受教育的情況，從人口統計顯示出申請人

德國教育制度基本結構圖表 [*]

					進修
繼續進修					
多種形式的普通職業進修管道					

授予博士學位
職業培訓性質的大學畢業獲得
（學士、碩士、國家考試：學士、碩士）

	學位證書	高等學校領域（授予碩士學位：Diplom, Magister）		第三級
		－傳統大學（綜合性）		
		－工業大學（綜合性）		
	職業學院	－工業高等大學		
		－大學綜合學院		
		－師範大學		
		－藝術大學		
		－音樂大學		
職業培訓結業	進入高等學校資格	－高等專科學校		
		－行政管理專科大學		

專科學校	文理中學夜校／補習班			

			進入相關高等學校的資格（專業定向的學校）	上一般高等學校資格	19
職業教育結業	具有進入高等專科學校資格				
				文理中學高中	
13					
12 在職業學校和在企業裡的職業培訓（二元制）11	職業專科學校	高級專科學校	高級職業學校	學校種類（文理中學、職業文理中學／專科文理中學、綜合中學）	18 17 16
10 校際或合作性質的基礎職業教育					15

唸完 10 年級後，中等學校畢業（實科中學畢業），
唸完 9 年級後，第一次普及教育學校畢業（普通中學畢業） 16

10 10 年級		實科中學		文理中學	15
9 8 7 特殊學校	普通中學		綜合中學		14 13 12
6 5	（各種學校類型的定向階段）				11 10

| 4 3 2 1 特殊學校 | 小學 | 9 8 7 6 | 第一級 |

| 年級 特殊幼稚園 | 幼稚園（自由入學） | 5 4 3 | 初級 |

年齡

第三級 / 第二級II / 第二級I

---

* 本圖表摘錄譯自阿諾・卡普勒（Arno Kappler）：《德國真相》（Tatsachen über Deutschland），2000 年，第 428 頁。

數下降了，使情況也緩和下來了，所以在這期間停止了這項計畫。在許多職業領域於這期間並不缺少實習場所，而是缺少學徒。

在高等學校的情況也改變了很多。在前東德時期主要的注意力放在學徒的學習上，「研究」被撇在一邊。統一後，研究逐漸轉向高等學府手中，它們盡量配合德西的結構。儘管如此，德東高等學府的角色有一點兒不一樣：24 所國立的大學和 53 所國立的高等專科學校，由於缺少大企業的資助，它們不只屬於各地區最重要的僱主，同時它們也是一具重要的改革發動機。

（四）學術和研究

在德國從事研究工作的有：1. 高等學府，2. 科學研究機構，3. 工、商業界。大學教授從事研究工作乃是一項傳統。在大學裡有句口號：「教學與研究並重」，而這口號乃是普魯士時代，亦即十九世紀初由洪堡德（Humboldt）所提出來的。教授們除了授課外，往往單獨或者和若干位助手從事特定的主題研究工作，在未來仍是不可缺少此項研究。底下將介紹新的研究領域。

德國統一以後，在學術和研究有重大的改變。除了高等學府和大學之外一共有 88 個研究機構，這些研究機構有一些完全由國家資助或有些大部分也由國家支持。1991 年由學術委員會給予正面評鑑的前東德大部分的學術研究機構，今天都已經併入前西德的一些研究機構裡。在新邦的大企業特別指示要做好在介於學術和經濟之間的研究之下，對於一些沒有自己研究部門的中型公司，它們和高等學府及研究機構在革新產品的發展方面合作是不可或缺的。這樣二十五年來，領土在介於波羅地海（Ostsee）和埃次山脈（Erzgebirge）的前東德形成了一個新的學術和研究氣象。

光在德東就有 40 個萊布尼茨（Leibnitz）[19] 機構。在萊比錫的「萊

---

19. 哥特弗里德‧威廉‧萊布尼茨（Gottfried Wilhelm Leibnitz, 1646–1716）是哲學家、科學家

布尼茨國家地方誌機構」，它出版了德國地圖，在柏林的「萊布尼茨機構」，研究分子藥理學的團隊證實了 SARS 的病毒。位在波茨坦的萊布尼茨研究機構，在氣候變遷的研究都交出亮麗的成績單。

波茨坦的「地球研究中心」是隸屬於「赫姆霍茨（Helmholtz）[20] 組織」，它以研究「海嘯預警系統」的發展而聞名於世。在萊比錫的「赫姆霍茨環境研究中心」（UFZ）研究環境改變的原因和後果，並且替政治、經濟和社會擬定草案。在此期間 UFZ 有 1,100 位工作同仁，其中有 145 位同仁在哈勒（Halle）、90 位在馬格德堡（Magdeburg）工作。2011 年，在德勒斯登－羅森多夫（Dresden-Rossendorf）的「赫姆霍茨研究中心」接受「能源和資源效率」的重點研究工作，又「赫姆霍茨組織」也接受新的癌症研究工作。

於德國統一後，歷史悠久的「馬克思－普朗克協會」（Max-Planck-Gesellschaft, MPG）[21] 也成功地在一些新邦設立了機構。今天在德東有 22 個 MPG 機構和研究所，其密度跟在德西一樣。有外國的研究所所長（占 42%）和科學合作者（占 30%）在「馬克思－普朗克機構」高度的參與率，明顯地指出這個研究機構極致的吸引力特性，還有它也是國際性的研究機構。

「馬克思－普朗克機構」在葛萊夫斯瓦德（Greifswald）附設的研究原生質等離子體物理學的大計畫項目「螺旋石 7X」是和一個日本合作的，是世界最大的恆星型的聚變反應堆。它將重要的研究結

與數學家，他當時與伽利略、牛頓和笛卡兒齊名。萊氏博學多才，在數學、物理、法學、史學、詩學、語言學、邏輯學及政治學等人文科學和自然科學的領域裡，他都有獨到的創見。在數學上，萊布尼茨於 1675 年創立了「微分學」，這是他透過研究幾何學曲線的切線和面積而獲得的成果。另外，他在數學上所創的「二進位制」奠定了後世控制論和計算機（電腦）原理的基礎，他也根據此理論製作一具計算機。萊氏致力提倡科學，他在柏林、德勒斯登、彼得堡和維也納等地投入創建「科學研究院」的工作。1700 年，在柏林成立了「社會科學院」（Societät der Wissenschaft）。

20. 赫爾曼・赫姆霍茨（Hermann Helmholtz, 1821–1894）是物理學家和生理學家。
21. 馬克思・普朗克（Max Planck, 1858–1947）是德國物理學家，於 1918 年獲得諾貝爾物理獎。

果提供給聚變反應堆 ITER，ITER 是在法國成立的一個國際性研究機構。聯邦德國研究部已經在 2014 年贊助這些和其他的「馬克思－普朗克組織」1 億 6,900 萬歐元。

在德東研究方面成功的尚有「佛勞恩厚夫協會」（Fraunhofer-Gesellschaft）[22]，在那裡維持著大約有 6,000 位合作者。德國的「未來獎」，比如在最近（2011 年和 2013 年）頒發給研究團隊的榮譽獎，在其中就有由德東的「佛勞恩厚夫協會」的工作人員獲得。特別是對於工業和高等學府而言，「佛勞恩厚夫組織」是重要的研究伙伴。在哈勒和波茨坦這兩地有研究網絡系統，在這裡「佛勞恩厚夫研究所」和一所大學及「馬克思－普朗克研究所」一起合作。聯邦研究部在 2013 年資助在新邦的「佛勞恩厚夫協會」的機構將近 1 億 3,800 萬歐元。

雷歐波爾地那（Leopoldina）[23] 是世界上最古老的醫學－自然科學研究院。在 2008 年 2 月它被命名為國立科學高等學院。在國際小組裡是由德國科學家來完成特定任務的。雷歐波爾地那的保護人是德國的總統。這個機構的財政 80% 由國家贊助，20% 由薩克森－安哈特邦支持。

---

22. 佛勞恩・霍夫（Joseph von Fraunhofer, 1787-1826）是德國光學儀器製造者和物理學家。
23. 雷歐波爾地那（Leopoldina）是奧地利的哈布斯堡（Habsburg）王朝於十四－十五世紀時，喪失了瑞士領地，在 1379 年後分成三個政治領域，雷歐波爾地那即是這三個領域分界線的名字之一。

陸.
德國在政治舞台
的角色

　　2014 年，適逢柏林圍牆開放滿二十五週年（1989.11.9）紀念日，德國舉國上下歡欣鼓舞的大肆慶祝，政府邀請當年參與四加二談判的國家領導人及世界各國的政要來參加此一盛會。現在已過了四分之一世紀，回顧這一段歷史，對德國目前在（世界）政治舞台上的定位有很多的報導與討論。

　　圍牆一夕之間倒塌，德國統一了，2015 年 10 月 3 日，已屆滿二十五年。這二十五年的時間，加上了東邊的人口及領土，德國的經濟穩定成長，有務實性格的德國人成為「歐盟」中無可置疑的龍頭老大，與當初首創歐盟，並居領導地位的法國不可同日而語。目前德國的經濟生產在歐盟就獨占了 27%，希臘等「歐豬國家」[1] 的債務危機都要德國出手援助。2014 年的烏克蘭（Ukraine）出現危機，歐洲也是共推德國總理梅克爾[2]出面跟俄羅斯周旋。德國會不會再度獨霸全球，如當年在兩德積極整合的過程中，英國女首相柴契爾夫

---

1. 「歐豬國家」（Piigs）係指葡萄牙（Portugal）、義大利（Italien）、愛爾蘭（Irland）、希臘（Griechenland）和西班牙（Spanien）。
2. 梅克爾女總理，自 2000 年 4 月擔任 CDU 黨黨魁，自 2005 年 11 月 22 日成為德國總理迄今，被美國富比士雜誌（Forbes）推選為 2006 至 2009 年世界百大最有權勢的女人，居於榜首。

人（Margaret Thatcher, 1925–2013）所擔憂的，據報導她曾很有遠見地說：「我們在兩次世界大戰打敗德國人兩次，現在他們捲土重來了。」，此句話可謂意在不言中。而且有些討論及報導都不約而同的以「鐵娘子不幸一語成讖」的標題刊載。

柴契爾夫人的隱憂會否成真，在此以歐盟位於比利時布魯塞爾（Brussel）歐洲政策研究中心主任藍諾（Karel Lannoo, 1961– ）所說的：「柏林圍牆倒下前，德國（指前西德）可說是在歐洲邊陲，現在無論地理上、經濟上和政治上，德國都是歐洲的中心。它是歐洲的龍頭老大，我們可見金融危機時，歐洲最重要的地方是柏林，不是布魯塞爾。」不過他亦指出德國不太願意在世界舞台展示領導力，經濟遠景亦受人口影響，主導歐洲恐不長久 [3]。

綜觀再統一迄今，德國的表現的確令人刮目相看。一個二戰的戰敗者，德國的下場可說相當淒慘。國土被列強一分為二，在兩種不同的體制下生活，思維也漸漸分道揚鑣。二十五年前的一場和平革命，造就了再統一。這得來不易，有如突然從天上掉下來的禮物，使痛定思定的德國人再度出發，一本其勤奮的民族性兢兢業業，努力耕耘，現在已然成為歐洲的領導人，而當初在歐洲整合（指歐元的制定）與德國並肩作戰、共同領導歐盟的法國，現在自己的經濟也陷入困境，已不復當年的威望與聲勢了。目前的德國儼然是歐洲的共主。

原本已是世界經濟巨人的聯邦德國（前西德）在納入了民主德國（前東德）成為統一的德國之後，想當然耳其國勢一定更加強大更勝於前了。那麼世人不由得又要再擔心，歷經兩次敗戰的國家猶如埃及的不死鳥在灰燼中重生的德國，它在政治及經濟方面會不會再自我膨

---

3. 對此句說法，筆者認為以目前的德國外交政治走向來觀察，提出一些德國目前的狀況及其困境，除了人口減少（出生率下降）之外，還有失業問題、政府制定延長退休年限（原本男士為六十五歲，現改為六十七歲，女士為六十二歲，現改為六十五歲），「統一稅」雖已降低到 5.5%，但仍得繼續繳交。世界各地認為德國是個社會福利國家，目前以合法或非法手段大量湧入德國定居的例子，不勝枚舉。讓德國財政增加不少負擔。
最近一則外電報導，有四十多萬難民向德國求救，申請入境，使德國政府頗感為難。

脹，傲視全球，產生「捨我其誰」的心態呢？有「統一總理」美名的柯爾總理曾經保證過，德國不會再一意孤行，它將成為促進並納入歐洲統合的國家，致力於謀求全世界的和平。這不由得使人願意相信德國政治家們的嚴謹態度，至少迄今為止，綜觀統一後的德國，其行為舉止尚經得起歷史的考驗。

在德國統一及東歐共產國家紛紛發生巨變時，德國給自己定了一些任務，並準備執行：必須完成東部地區（指前東德）的建設、歐盟必須持續發展、加強及擴充、必須建立和保存一個全球性和平與安全的結構。統一後的德國其政治思考及其將扮演何種角色，是和具有民族意識的、歐洲的和全球化的任務不可分開的，並且緊密地結合在一起。德國東部地區的建設和鞏固在歐洲一體化的過程中，不能夠沒有一個嚴密的聯繫。相較於在中歐和東歐國家的改革，要維持歐洲的新形象就不能夠不開放。中歐及東歐國家的政治和經濟必須一步一步地被帶進歐洲和北大西洋組織裡。也就是在這種思維下，1994 年 6 月 24 日歐盟和蘇俄在希臘城市科福（Korfu）簽下了一個伙伴及合作條約。聯邦政府提供給蘇俄大規模的援助，希冀其能順利地轉型為一個民主國家。德國對前蘇聯和今日的獨立國協[4]的支出和所承擔的義務，自從 1989 年以來，總計已給予 900 億馬克的援助[5]。

雖然德國政府極力撙節其開支，但是它也盡其力量援助開發中國家，使它們在經濟、社會和政治之生活領域裡能更進一步地改善狀況。聯邦政府給予發展援助基金的準則是根據這一些國家是否重視人權、保證是一個法治國家、實行一種市場經濟和符合社會方向的經濟規章及國家的貿易是否符合發展的方向。

統一後的德國，實力更增加不少，因此在外交政策作了相應的調整，從原先的「立足德國，走向歐洲」，改為「立足歐洲，走向世界」，

---

4. 1991 年蘇聯解體後，除波羅的海三小國（愛沙尼亞、拉脫維亞、立陶宛）屬東歐之外，由俄羅斯聯邦與另十一國合組成「獨立國家國協」（GUS）。
5. 見 Tatsachen über Deutschland（Juli 2000，第 135 頁）。

可知德國的抱負與對世界的展望，更可說統一後的德國要在世界及歐洲的政治參與決策，俾使德國展現實力，在世界政治舞台上扮演關鍵性的角色，履行自己的責任和維護自己的利益。

一、與歐盟（EU）的關係

在圍牆倒下二十五年後迄今，富裕的德國在世界及歐洲的政治地位已與以前迥然不同，大家都希望德國伸出援手，多分擔一點責任。地處歐洲心臟（即中心位置）地區的德國，在還未統一的前西德時期，首先努力地從廢墟中重建，一步步地復興到完成兩德統一，真是令人佩服，二十一世紀的德國在「歐盟」中已然居於領導地位，本節敘述德國在歐盟中的關鍵性角色。

（一）歐洲整合的過程——「歐盟」簡介

歐洲統一迄今已超過五十年，它是一種特殊形式的政體。它們共同生存在一個大陸裡，在這塊大陸上，幾個世紀以來，幾乎每一個國家互相爭戰不已。直到第二次世界大戰結束後，法國的外交長舒曼（Robert Schumann, 1886—1963）於 1950 年宣布他的計畫：「和平地將歐洲統一與團結起來」，他的初步構想是組成一個歐洲的煤礦與鋼鐵聯盟。並於 1951 年邀請西德、義大利、盧森堡、比利時和荷蘭在巴黎簽署「歐洲煤、鋼業聯盟」（Europäische Gemeinschaft für Kohle und Stahl，簡稱 EGKS）。1957 年這六個 EGKS 國家在義大利的羅馬簽署成立「歐洲經濟共同市場」（Europäische Wirtschaftsgemeinschaft，簡稱 EWG）和「歐洲原子聯盟」（Europäische Atomgemeinschaft，簡稱 EURATOM），這兩個條約合稱「羅馬條約」（die Römischen Verträge）。1958 年，羅馬條約生效。1958 年，EGKS，EWG 和 EURATOM 這三個組織有兩個共同的機構：法院和議會。這時它們有 142 位議員，並從 1962 年起名為「歐洲議會」

（Europäisches Parlament）。

　　1967 年，這三個組織各司其職的議會及委員會合成一個機構，更名為「歐洲共同市場（Europäische Gemeinschaft）」，簡稱（EG）。1973 年，丹麥、英國和愛爾蘭加入。1979 年，歐洲議會的議員舉行第一次直選。1981 年共同體由於希臘的加入，形成往南擴充版圖的現象。1986 年，完成內需市場的統一之後，以此為基礎，努力朝向歐洲政治的合作。1986 年，也由於西班牙和葡萄牙的加入，再繼續向南邊擴展。1992 年，在荷蘭通過「馬斯垂克條約」（Vertrag von Maastricht），成立（改名）為「歐洲聯盟」（**Europäische Union**，簡稱 EU）。共同組織的制度自此也延伸到參與國的政府在「共同的外交和安全政策」，「法律和內部」的合作。1995 年，芬蘭、奧地利和瑞典加入，歐盟成長為有十五個國家參加的一個政治組織。1999 年，歐元（Euro）在十一個會員國家成為官方可資記載在帳冊的錢幣，並決定它於 2002 年以現鈔的幣值通行於加入歐元區的國家。5 月時，通過「阿姆斯特丹條約」（Vertrag von Amsterdam），歐洲議會的權限重新予以擴充。2001 年的「尼斯條約」（Vertrag von Nizza）準備接納十個申請的國家加入。2003 年，歐盟的成員大會準備提交歐盟的憲法。

　　2004 年，歐盟繼續東擴：5 月 1 日同意於 1998 年 3 月 30 日提出申請加入歐盟的國家，計有愛沙尼亞（Estland）、拉脫維亞（Lettland）、立陶宛（Litauen）、波蘭（Polen）、捷克（Tschechien）、斯洛伐克（Slowakei）、斯洛維尼亞（Slowenien）、匈牙利（Ungarn）、馬爾它（Malta）和塞浦路斯（Zypern）。此時擁有 4 億 5 千萬人口和經濟產值高達 17 兆歐元的歐盟，成為世界最大的內需市場。2004 年 10 月 29 日，各國的國家和政府領袖在羅馬簽署一項有關歐洲憲法的條約。2005 年 5 月 29 日和 6 月 1 日，法國和荷蘭公民投票表決反對憲法條約。此項全民否定的投票引起了反思有關歐盟將來的問題。10 月，歐盟接受土耳其（die Türkei）和克羅艾西亞（Kroatien）的申請加入歐盟的協商。2007 年，歐盟已有二十七個國家加入，有十五個國家以歐元為官方貨幣。1 月 1 日，保加利亞（Bulgarien）和羅馬

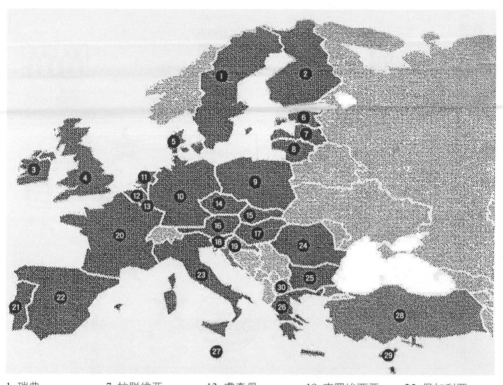

1. 瑞典	7. 拉脫維亞	13. 盧森堡	19. 克羅埃西亞	25. 保加利亞
2. 芬蘭	8. 立陶宛	14. 捷克	20. 法國	26. 希臘
3. 愛爾蘭	9. 波蘭	15. 斯洛伐克	21. 葡萄牙	27. 馬爾它
4. 英國	10. 德國	16. 奧地利	22. 西班牙	28. 土耳其
5. 丹麥	11. 荷蘭	17. 匈牙利	23. 義大利	29. 塞浦路斯
6. 愛沙尼亞	12 比利時	18. 斯洛維尼亞	24. 羅馬尼亞	30. 馬其頓

厄亞（Rumänien）加入歐盟。12 月時，國家及政府首領簽署里斯本條約（Vertrag von Lissabon），亦即「歐盟改革條約」，以此代替失敗的歐盟憲法，此條約於 2009 年生效。2013 年又有一個至今最後加入歐盟的國家，即克羅埃西亞[6]。至目前為止，共有二十八個成員國。歐元是歐洲聯盟的官方貨幣，目前二十八個成員國中，有十八個採納為流通貨幣。2012 年 10 月 12 日，歐洲聯盟獲頒諾貝爾和平獎。

---

6. 歐盟尚未通過土耳其和馬其頓的申請。

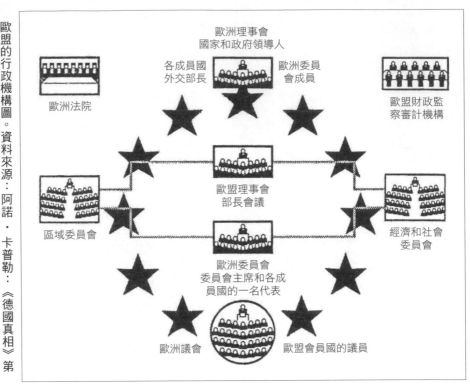

歐盟的行政機構圖。資料來源：阿諾・卡普勒：《德國真相》第81頁（Arno Kappler: Tatsachen über Deutschland），Societäts-Verlag, Frankfurt am Main, 2007. S. 81.

（二）歐盟的行政機構

1. 歐洲理事會（Europäischer Rat）

歐洲理事會不是歐盟常設機構，而是會員國的政府領導人和理事會的主席，每年至少兩次的定期會議。這些最高首腦們在歐盟理事會主席所在國開會，決定歐盟的一般政策之方針。

2. 歐盟理事會（Rat der Europäischen Union）

這個會議又被稱為部長會議，是歐盟完成特定任務的委員會，即是一個制定最重要法律的委員會。每個委員國派一位專業部長來參加。這個委員會和歐洲議會共同分擔立法的權力（權限）和對歐盟的預算負責；除此之外，也締結由委員會協商完成的國際協定。在一些政治領域內，必須要全體一致通過才有效。歐盟理事會採取多數決通

過案件。理事會的會員國票數按照一個國家有多少人口的比例分配，然而小國可有個超越比例的票數。德國在總共有 345 個席位中（即 345 票）占有 29 個席位。歐盟理事會設主席一名，每半年各成員國輪值一次。2014 年起，決定委員會內的參與委員國減少三分之二的人數。

3. 歐洲委員會（Europäische Kommission）

歐洲委員會設於比利時的首都布魯塞爾。它是一個超國家的政治獨立機構。不受成員國政府領導，它只代表及保護全歐盟的利益。歐洲委員會在共同的法律文書（文件）有建議權。它被稱為「條約的女守衛者」，這個歐盟的行政機構其主要任務是行使政府職能，即執行歐洲議會和歐盟理事會通過的決議和法令，制定具體的實施方案和計畫。最後它代表對外共同的利益。委員會的最高決策者是委員會主席。每個成員國有一名委員。委員會任務的分配係採同事般的（同志般的）原則，即每一位委員皆分配到一定的任務。

4. 歐洲議會（Europäisches Parlament）

歐洲議會是歐盟的議會機構。它由 785 位議員組成，也可說它是歐盟的眾議院；2009 年，根據已生效的里斯本條約減為 750 名，它是由二十八個成員國每五年直接選出的，這是按照每個成員國人口的多寡而分配席位的。德國是歐盟最大的成員國，目前有 99 位議員。最小的國家馬爾它（Malta）有 5 名議員。從 2009 年開始，德國分配到 96 個席位，最小的國家如馬爾它和盧森堡則分配到六個席位。歐洲議會的議員，總共代表幾乎有 5 億的男、女公民。歐洲議會的議員們各自獨立於其國家的黨團。歐洲議會的主要任務是參與立法，和歐盟理事會共同討論、制定和通過法律，共同決定歐盟委員會提交的財經預算，監督歐盟委員會的工作，但對新法案卻無動議權。歐洲議會設在法國的斯特拉斯堡；也在布魯塞爾舉行全體大會和為完成特定任務的委員會。

5. 歐洲法院（Europäischer Gerichtshof）

歐洲法院設在盧森堡，由 15 名法官組成，每屆任期六年。它是一個超國家的獨立機構，不受成員國和歐盟其他機構的影響。主要任務是防止和制止國家政府機構濫用法律，保護公民的基本權利。審核法律條文是否符合憲法精神，監督政府機構、審理和裁決與之有關的一切案件。

（三）德國在歐盟的地位和影響

當 1989 年鐵幕落下來了，柏林圍牆倒塌時，前總理布蘭德說：「本來就是屬於一起的，現在也一起成長。」這句意有所指的雙關語，一為指東、西德順理成章的統一，另一為將眼光看遠一點，指向歐洲的一個新結構。而無獨有偶，1989 年 11 月 28 日，前總理柯爾向眾議院提出他的十點計畫時，他解釋說：「這是為克服歐洲的分裂而提供的一個機會，而同時也是為了我們的祖國。」他斷然地再強調：「德國問題是和整個歐洲的發展連繫在一起的。」從這兩位政治家的一席話不難看出，德國對歐盟的評價和在歐洲所扮演的角色。

德國是歐盟中最強大的經濟實體，也是歐盟中人口最多的國家，占歐盟總人口的 20%。它向歐盟提供的財政支出占歐盟總預算的 28.5%。[7] 長期以來，德國一直是世界排名第二位的進出口貿易大國，德國馬克穩固可靠，作為各國的外匯儲備僅次於美元，超過日元、英鎊和法郎的總合，而且在國際貿易結算中，其份額也大幅超過日元，穩居世界第二。德國憑藉上述實力，在歐盟裡形同龍頭老大，起著舉足輕重的地位。

歷屆德國政府把歐洲政策，特別是歐洲一體化視為對外政策的核心。這是由於德國的地緣政治、歷史教訓和現實處境的因素。歷經一戰、二戰、分裂、再統一的德國，深知要立足歐洲，放眼世界，必須

---

7. 參見《德國研究》，1998 年第 3 期，第 28 頁。

先善鄰。立足歐洲則是與歐洲共同體緊密地聯繫。善鄰方面，一是和位在東邊的波蘭和解，另一是和西邊的法國保持友好的關係。與波蘭的邊界問題（見第 171 頁），在德國統一後，波蘭怕德國向它要回奧德－奈塞線這塊土地，尋求美、英、法、蘇聯等國的支持，在波蘭要求和國際壓力下，於 1990 年 11 月 14 日簽約，底定德國與波蘭的邊界。1991 年 6 月，德、波兩國再簽訂「善鄰與友誼條約」，德國承諾幫助波蘭加入歐盟組織，還給波蘭一筆減輕罪惡感的巨款賠償。

與法國這個國家有血源關係與淵源流長、糾葛不清的歷史事件。歷史上，數次的普、法戰爭，乃至一、二戰，短短百年來，兩國為爭霸歐洲，鏖戰不休，特別是 1870 年的普、法戰爭、1914 年的一戰和 1939 年的二戰，法國人曾三次蒙受亡國的恥辱。二戰後，法國極端地報復，欲置德國於死地而後快。面對法國強烈的復仇和敵對的情緒，艾德諾政府竭力謀求德、法和解政策。主要措施是加入歐洲這個大家庭，當法國外交部長舒曼於 1950 年提出「歐洲煤鋼聯營」計畫時，聯邦德國首先響應。在歐洲整合、一體化的過程中，德國無不熱心地參與，大力的支持，從而逐步融入歐洲國家集體裡，並且消除各鄰國 [8]，尤其是宿敵法國的猜疑和擔憂，和解政策最大的收獲是薩爾（Saarland，位於德、法邊界）問題圓滿地解決了，於 1957 年重新劃入德國的版圖。德國雖然是歐洲人口最多，經濟最強的國家，但德國也深知歐盟政治實體的「歐洲一體化」，不是光靠它一個國家就可以運作。如果得不到法國的支持和合作，德國在歐盟中的核心和領導地位就會動搖。法、德兩國基於歷史和地緣之密切關係，有著如唇齒相依之共同的利益關係。歐盟裡面的另一個強國是英國，它是島國，由於地緣政治和歷史原因與美國有著「特殊關係」，對一體化和歐元的啟動不十分熱心。因此，有關歐盟的重大問題，一般均是德、法兩國先協商好，再在歐盟有關機構中作出決定。德國的經濟實力，

---

8. 德國有九個鄰國，依順時鐘方向的次序為丹麥、波蘭、捷克斯拉夫共和國、奧地利、瑞士、法國、盧森堡、比利時和荷蘭。

在 2014 年時，希臘的歐債風波事件，德國的國會經過激烈的辯論，後表決通過德國拿出四分之一幫助希臘紓困，其餘的歐盟國家共同合資四分之三以解決希臘危機。2015 年 7 月中旬，希臘需要再第三次舉債，歐盟國家一片譁然，身為龍頭老大的德國提出嚴厲的批評與條件，希臘全國上下一致反德，德國國會就此問題舉行辯論，最後國會通過再助希臘紓困。

統一後的德國外交政策之一是「地區外交」，於 1991 年 8 月，德國外交部長和版圖最大的兩個鄰國——法國和波蘭——的外交部長，在威瑪簽了一項被稱為「威瑪三角」（Weimarer Dreieck）合作機制。自從那時起，每年在不同的地點舉行，從三國政府領導人的高峰會議到部長會議，互相磋商及交換意見。

德國新政府（按 2013 年大聯合政府執政聯盟）對歐洲政策將延續傳統外交，繼續推進歐盟內部經濟治理，加強歐洲共同外交和安全政策領域的合作，重視俄羅斯，促進歐洲安全。2014 年年底，歐元區經濟持續衰弱，人們希望歐盟內最大的經濟體德國實施更大的投資，以為恢復經濟做出貢獻。目前有些歐盟國家陷入債務危機，引起歐盟民眾對歐盟是否有繼續存在的必要之討論。德國政府從這些經驗認知，歐洲統合必須繼續走下去。「我們為此必須加強經濟和幣制聯盟，必須幫助幣制聯盟成為一個真的經濟聯盟。在此，我們仍也必須加強歐盟的機構。」這是德國聯邦女總理梅克爾在 2014 年 1 月 29 日的政府聲明中的看法。

「歐洲統一」這條路，使歐洲的國家從 1951 年起，迄今 2015 年整整走了將近六十五年，其中所簽的每一個條約都是一個里程碑。本人認為其中有兩個條約對要到歐洲旅遊，不是拿歐盟護照的人提供了莫大的方便。一是在盧森堡於 1995 年起生效的「申根條約」（Schengen-Abkommen）。這個條約取消了對成員國之間過境或入境人員的邊境檢查，條約國簽發給第三國公民入境簽證對所有歐盟成員國皆有效，即只要取得條約國的一國簽證，就可以在所有成員國通行

無阻，不需要為了到相鄰的歐洲國家去時，而必須在每一個國家申請入境許可（即簽證）；目前已有22個歐盟成員國和三個非成員國實施。其二是1992年的「馬斯垂克條約」，確定了歐洲單一貨幣「歐元」於2002年正式使用，這一項同樣也對第三國公民提供了不少的方便，不必為了每到一個國家就必須去銀行換匯。

二、與世界各國的關係

統一後的德國，一夕之間在世界政治的種種作為與表現，似乎又再度成為焦點。德國外交政策的基本特徵是一貫地延續性與謹慎小心。自從第一任的聯邦總理艾德諾定調的二個方針，即一為超越大西洋的伙伴關係和另一項目標為歐洲的整合，這二樣向來不變。尤其是做好睦鄰關係，這方面最重視法國這個國家，1950年代初期即致力與法國改善關係；同樣的是很早即尋求與以色列和解。在這段期間最大的阻礙是碰到「冷戰時期」，外交難有突破，幸好是自從布蘭德執政（1969—1974）致力與東歐國家和解之後，才慢慢地有些進展，並且和俄國今天也保持著一種戰略性的伙伴關係。

德國外交政策遵遁兩個公理：「絕對不會再來一次（Never again）」和「絕對不再孤單（Never alone）」；「絕對不會再來一次」指的是源自德國的歷史背景，不會執行擴張政策及擁有軍事上的優勢去侵略別的國家。「絕對不再孤單」是指融入西方的民主，德國的整合要與歐洲緊密地一起成長，並和北大西洋公約的防禦聯盟密切合作，是其外交方向的原則。在各種合作組織裡，德國積極地合作參與，並且表現不俗，德國人致力於追求本質上的需求：如和平、安全、富裕和民主，還有悟解與諒解，這也是他們1990年能夠再統一的先決條件。

德國積極地在世界各地參與解決國際的紛爭。加入聯合國參與宣導和平即是一例。2002年在柏林的外交部成立了一個「國際和平組

織」（ZIF）。由一般民眾自願加入，成為聯合國、歐洲安全會議或是歐盟的幫手。配備武器的德國聯邦軍隊，如果要快速地解決危機及紛爭事件，只有在和北大西洋公約（NATO）、歐盟（EU）或聯合國（VN）的結盟伙伴合作下，才能一致地行動。聯邦軍隊在巴爾幹半島（Balkan）、阿富汗（Afghanistan）及蘇丹（Sudan）只以觀察員的身分給予人道援助。自從 1992 年在柬埔寨（Kambodscha）動用了德國軍隊，迄今已有約 20 萬的男、女士兵為了和平與穩定開拔赴危機滋生的地區。

超越大西洋的伙伴關係是德國和歐洲安全保障的基礎。和美國保持一種緊密及充滿信任的關係，對德國具有一種特殊的意義。超越大西洋的伙伴關係，當然比純粹的政治和軍事結盟更深具意義。與美國密切的關係是歷史形成的，同為西日耳曼語系的兩國，奠基於共同的文化根源，並且具有一種重要的價值和共同利益的關係。歷史給予德國人公理、正義，而這並不是偶然的，就恰巧是德國人，在東、西方衝突結束後，給他們立足點及方向，專心地參與國際組織，給予這已經是不年輕的德意志聯邦共和國堅定性及遠景（觀點）。1990 年兩德統一後，隨著各方面實力的增強（尤其是經濟），德國在外交走向作了相應的調整，反覆地聲明，德國要在世界上承擔更大的責任，以便在世界政壇上獲得與其義務相稱的地位，換句話說，統一後的德國已非昔日的吳下阿蒙。因此，德國積極地活躍於世界政台舞台上。

德國是聯合國第三名的繳納會費國家（占聯合國財務的 9.857%）、北大西洋公約的會費德國負擔 21.2%，歐盟的財政德國負擔 16.75%。應聯合國秘書的懇求，德國國防軍第一次參與聯合國的維和部隊，於 1993 年夏天，第一次出兵到非洲的索馬利亞（Somalia），這次的出兵行動在德國引起非常激烈的正反兩極辯論。位在卡爾斯魯爾的聯邦憲法法院，在 1994 年的 7 月做出了判決，謂德國和它的軍隊在出兵行動方面，是在北大西洋公約和歐盟的行動範圍內，由聯合國安全理事會決議借調的，因此可以出兵索馬利亞。同

時聯邦憲法法院的法官們接著也做出了，德國的軍隊准予參加由聯合國組成維和部隊的判決。1995 年 6 月，德國的國會以多數決批准，德國 4,000 名軍人加入聯合國部隊開赴波士尼亞（Bosnien）。1997 年初，德國的國防部長經由德國國會的同意，將德國軍隊裡的 3,000 名士兵納入北大西洋公約組織所領導的和平部隊，進入波士尼亞和赫塞哥維納（Herzegowina）。

德國加入的國際組織

1. 聯合國（Vereinte Nationen，簡稱 VN）

1945 年由眾多國家成立的聯合國，其目的是基於維護世界的和平。有 192 個國家參與，幾乎是世界上全部的國家皆加入了。德國自 1973 年已是聯合國的成員[9]，並且是繼美國及日本之後，第三大繳納會費的國家；自從 1996 年以來，德國是聯合國的理事國之一。聯合國的氣候環境秘書處設置在德國的波昂。

2. 北大西洋公約（Die Nordatlantische Allianz, 簡稱 NATO）

於 1949 年成立，有二十六國參加，當時的西德自從 1955 年即是 NATO 的成員之一。德國的國防部自 1999 年 3 月派遣大約 2,230 名士兵駐紮在科索佛（Kosovo），直到 2007 年方撤兵。還有由 NATO 主導的在阿富汗的軍事行動，德國也派出大約 3,140 名士兵參與。北大西洋公約的總部設在比利時的布魯塞爾。

3. 歐洲安全合作組織（Organisation für Sicherheit und Zusammenarbeit in Europa，簡稱 OSZE）

有五十六個國家參與。它是一個有關全體歐洲合作組織在決定重要事務的專設機構。OSZE 的任務是有計畫、有步驟地，特別是在發生爭執的問題時候，積極地防止並克服它。德國在財政和人事方面給

---

9. 按前東、西德於 1973 年以第 133 及 134 號的順序，雙雙加入聯合國組織。

予大力的援助。

4. 世界貿易組織（Die Welthandelsorganaisation，簡稱 **WTO**）

1995 年成立，執行有關世界貿易已訂定之條約，並且是一個協商自由世界貿易的專設機構。德國在世界貿易組織會議裡，努力地幫助發展中國家加入世界貿易組織。

5. 世界貨幣基金會（Der internationale Währungsfonds，簡稱 **IWF**）

設在美國的華盛頓（Washington, D. C.），要求 185 個參與國能有宏觀經濟穩固的概念。德國以一個占有 6% 的資本份額是世界貨幣基金會重要的股東之一，並且在完成特定任務的委員會裡，德國的執行主管可參與並有決定權。

三、德國對外文化政策

德國在世界上的地位是以它優秀的經濟能力和安定的內部政治為基礎。它同時也相當重視文化政策，經由文化的媒介，使民間更為深入地交換知識和互相瞭解，同時也以文化為橋樑，促進德國和世界的文化交流。德國對外的文化政策仍是以德意志語言及德意志文化為原則。其目的一方面是要詳述真正的德國文化精神，另一方面則是落實與各國真正的文化交流。德國同近一百個國家簽訂了文化合作協定，它執行對外文化政策的主要機構有五個。

（一）歌德學院（Goethe-Institut）

歌德學院[10]是世界最大的文化傳播機構之一，成立於 1951 年。

---

10. 歌德學院是以德國大文豪約翰·沃爾夫岡·封·歌德（Johann Wolfgang von Goethe, 1949—1832）的名字命名的。歌德在德國文學史上是橫跨狂飆主義、古典主義（為古典主

目前在七十九個國家和地區設有 128 所分院。它的首要任務是負責國外的德語教學，推廣德語，它在國內外廣泛開設語言培訓班。在德國的歌德學院就讀語言班，可以學好德語，打下德語基礎，以此進入各大學就讀。並也提供台灣的德語教師和學生到德國歌德學院進修的獎學金。

在台灣的歌德學院設有語言班，提供想學習德語的人學習。之外，還積極贊助台灣設有德文系的各大學舉辦的活動。並也舉辦德文系學生不同等級的「語言能力鑑定考試」，通過之後，即可在德國各大學直接就讀（即不需要在德國各大學再上語言先修班）。

（二）德國學術交流中心（Deutscher Akademischer Austauschdienst, 簡稱 DAAD）

德國學術交流中心負責推動德國和世界各國的學術交流，有計畫地推動和各國交換科學工作者[11]，發展國際間的合作。每年也向台灣設有德文系的各大學派遣教師來台任教。並向台灣學者提供研究獎學金名額。

（三）國際文化機構（Inter Nationes）

國際文化機構接待到德國進行文化考察的各國人士。並且將有關德國的資料，以書籍、雜誌、影片、錄音等傳遞消息及文化的資料免費送到世界各國，向世界介紹現實生活中的德國。

義的掌旗者）及浪漫主義三個文藝思潮的文學家，其膾炙人口的作品，比如《少年維特的煩惱》（Die Leiden des jungen Werthers，1774 年）轟動當時的全歐洲，使歐洲各國不再譏笑德國是一個文化沙漠的地方。《浮士德》（Faust）是歌德的力作。這二部作品在台灣皆有翻譯本。

11. 比如曾延聘獲得諾貝爾物理獎的丁肇中博士赴漢堡（Hamburg）的「電子加速器研究中心」（DESY）研究及講學。

（四）對外關係協會（Institut für Auslandsbeziehungen, 簡稱 IFA）

對外關係協會負責在國內、外組織主辦有關外國的和有關德國的各種展覽會。

（五）洪堡德基金會（Humboldt-Stiftung）

洪堡德基金會是德國最大和最負盛名的官方基金會。各國三十五歲以下的青年科學家皆可將個人的學術研究成果向該基金會申請獎學金，去德國從事科學研究或進修。

柒.
訪談前東、西德
人民對現況的觀感

引言

　　1989 年東歐的人民鼓起勇氣、風起雲湧地反抗共產黨的統治。當時的前東德人早就已從觀看前西德的電視，知道另一個兄弟國過著富裕的生活，他們甚嚮往之，常假借旅行名目，先進入第三國，再設法轉進西德。而留在東德的人民屢屢舉行示威，向政府呼籲改革。諸如舉著「西德馬克來了，我們留下　它不來，我們就去你們那裡！」的標語，表達心聲。1989 年 10 月 9 日，星期一，萊比錫舉行示威[1]，不久其他城市的人民也鼓起勇氣，紛紛效法走上街頭。10月 9 日，萊比錫有七萬人上街頭，喊出：「我們是這個民族」的口號。東德人呼籲要和平、憲政、言論與集會自由。這次的大示威是繼 1953 年 6 月 17 日以來規模最大的一次。不同的是，這次蘇聯的坦克按兵不動，莫斯科不再來幫助 SED 政權了。

　　接下來是 1989 年 11 月 9 日，東德新政權衡量民意趨勢，決定放寬東德人的旅行限制，即取消先決條件及准於短期旅行（但仍需要申

---

1. 萊比錫的示威運動皆固定選在星期一舉行，起帶頭作用，為其他城市的標竿。

請），但由於政治辦公室委員夏博維斯基在電視上口誤宣布，東德人可以通過圍牆進入西德，而且「即刻生效」，民眾聞訊半信半疑地紛紛湧向柏林圍牆及邊界的檢查站，守衛見蜂湧而來的民眾，無法再等到上級的指示，下令開放邊界關卡，大批民眾興奮地越過圍牆。著名的柏林圍牆一下子倒塌了，從當時的紀錄片看大柏林，那是一座東、西德人民喜極而泣、互相擁抱、一起狂歡的不夜城，這象徵著德國統一的日子應該不遠了。

當時在波蘭訪問的「統一總理」柯爾立刻中斷了訪問，火速趕回西柏林，於 11 月 10 日向前東德人民許下了將過與西德人民同樣生活水準的諾言。1989 年 11 月 27 日，星期一，前東德人在萊比錫再次上街頭，這次舉的示威標語是「我們是同一個民族！」。此後東、西德的政府加快腳步，進行談判、協商。1989 年 12 月 11 日東德的民眾再上街頭，這次舉的響亮標語是：「德國，統一的祖國」（Deutschland, einig Vaterland），可見東德人盼望早一點統一的熱烈心情。

二十五年前（去年 2014 年為柏林圍牆倒塌滿二十五週年），因美麗的誤會（後世公認夏博維斯基的傳話為「最美麗的誤會」）而倒下的柏林圍牆，敲響了共產主義意圖統治世界的喪鐘，間接造成前蘇聯的解體。10 月 3 日的二十五週年紀念日，各國政要雲集柏林，當年的統一總理柯爾[2]、美國的老布希總統及前蘇聯的戈巴契夫再度歡聚一堂，二十五年了，四分之一世紀，這幾位當年顯赫一時的政治家已垂垂老矣。德國展開隆重的慶祝推倒柏林圍牆二十五週年活動。在一百五十五公里長的圍牆中被保留下來的一段三公里長的遺址中，裝飾著八千個左右象徵生命與和平的附燈白色氦氣球，在慶祝活動前天的黃昏先點亮燈，沿途設有一百塊告示板，述說著前共黨統治時期的故事。梅克爾總理當天主持柏林圍牆紀念館的展覽開幕典禮，晚上跟當年東歐政要及世界各國前來祝賀的領袖及超過兩百萬名民眾，聚

---

2. 10 月 3 日是德國的國慶日，而 2012 年 10 月 1 日是柯爾擔任總理一職整整三十週年的紀念日，他是德國歷史上第六位總理，為此 CDU/CSU 盟黨也曾在 2012 年為他舉行了慶祝活動。

集在布蘭登堡城門前慶祝，在燦爛的煙花和演奏貝多芬（Ludwig van Beethoven, 1770–1827）《歡樂頌》[3] 合唱聲中，將八千個發光氫氣球升空。

東、西德分裂了整整四十一年，分屬兩種政治體制，使得同文、同種的兄弟雖然只有只咫之隔，終於否極泰來，等到了「統一」。本章為總結，分別訪談了原屬東、西兩邊的德國人，談談對「統一」的看法。

一、訪談前東德人 [4]

問：您認為東、西德的統一（1990 年 10 月 3 日迄今 2015 年）有必要嗎？

答：我認為有必要。很多家庭被圍牆分開了。在前東德不可能有言論自由，以前如果有人暢所欲言，那就會被逮捕，試圖逃亡就會被槍殺，或者等著被捕入獄。

問：前東德的人民對 SED 政權的統治滿意嗎？有何優、缺點？

答：前東德人民很不滿意 SED 的統治，因為沒有旅行自由；日常生活方面只可以買到基本食物（買不到水果和蔬菜，也不准自己栽種）；沒有流行的服飾；教育體系早就事先被規劃好了（如果加入 SED 黨方准進入大學就讀，比希特勒還要糟糕，希特勒倒不會這樣規定）；要加入 SED 黨成為黨員，方可擁有高品質的住宅或獲准開店。想要擁有一輛私家轎車（PKW）要滿十八歲以後才可登記申請，如果您是 SED 黨

---

3. 《歡樂頌》同時也是歐盟盟歌，這首膾炙人口的合唱曲，其詞取自德國大文豪席勒（Friedrich von Schiller, 1759–1805）作於 1785 年的頌歌「歡樂頌」（An die Freude），稍後則由樂聖貝多芬譜入其第九交響曲。

4. 被訪者為女性，1986 年左右從前東德萊比錫逃到前西德。

員的話，就可更早得到 PKW。

問：再統一之後，什麼是就五個新邦的公民而言最感困難的問題？

答：要先澄清「偏見」的觀點（因為前西德人認為我們把他們的工作搶走了！）現在必須要自己想辦法去找工作了，而這些都是以前的東德政府早已經替您安排好了。

問：目前在新邦（指前東德）的生活水準如何？

答：生活水準和舊邦[5]（指前西德）慢慢地拉平了。但在退休金方面還是有很大的差距（舊邦的退休金多一點，而新邦的少一點），其他的福利金、救濟金，比如由醫師批准去做溫泉治療或是財政（經濟）方面的補助都是一視同仁的。

問：您認為要多少時間才能把所有地區整合起來？

答：我不想談整合這一方面的問題，一直到圍牆被建立起來時，我們全部的人都是有同樣的母語和同樣的歷史之德國人。雙方慢慢接近的這件事情還算順利，有些事情快一點，有些慢一點。

問：統一二十五年後，您對在舊邦（指前西德）的生活還會有一些問題嗎？

答：是的，在舊邦我還是會有一些問題。在各方面還是不能夠設身處地的去理解其間的差異，比如養老金、房租、福利金、學歷承認等這些問題。

問：您必須交納統一團結稅嗎？

答：要。

---

5. 舊邦指前西德十一個邦，新邦指前東德五個邦。

問：是否不要統一會比較好呢？

答：不，無論如何，我們都是同屬一個整體的。

問：要如何才能更順利地進行統一？

答：必須更完善地規畫統一，更清楚明確的解釋，這樣才不會產生群眾歇斯底里的後果（指害怕圍牆洞開只是短暫的現象）。

問：您滿意您的生活嗎？

答：滿意（成語：每個人可以打造他自己的幸福）。我把健康擺在第一位。

問：德國在歐盟裡的表現好嗎？（指德國和歐盟的關係）。

答：德國被視為歐盟的金主，並且是個支持歐盟和世界的強大會員國，就這兩個角色而言深具意義。再統一的德國每次出席大型的會議都獲得敬重。德國在歐盟內公開闡述它的意見及它的立足點（但是這並不能常常讓其他的國家滿意）。

二、訪談前西德人 [6]

問：你曾想到德國有一天會統一嗎？

答：我想這是全德國人共同的希望。大家起先都等了快四十年，我就在想，在我有生之年，大概盼不到這一天了。然後，突然之間，好像從天上掉下來一個大禮物給德國人，真是謝天謝地啊！

問：前西德政府在統一的一切進展是否事先經過精心縝密的設

---

6. 被訪者為男性，原為西德公民。

計，釐訂一張統一時刻表及行事曆？

答：應該沒有。但從歷屆政府在德對德問題的處理方式可看出端倪。起先堅持「漢賊不兩立」，謂西德是唯一正牌的德國。對面那個東德的共產體制無法代表德國。前西德每四年一次會有政黨輪替，每一個執政黨的領導人，比如艾德諾、艾哈特、基辛吉[7]、布蘭德等人的耕耘都把要讓祖國統一列為其執政的終極目標。當然，政策的轉變及處理方式不同是必然的。德國的統一不是「偶然」的，應該可說有「脈絡可尋」，只是當時執政黨的黨魁（指柯爾）巧妙地利用此一千載難逢的機會，才順利地促成統一。

問：整個統一過程顯得很倉促，令人有措手不及的感覺。是否要按部就班，經過詳細的規畫，連帶思考統一後，要如何地整頓，先擬好一個完善的、鉅細靡遺的計畫，就不會顯得毫無頭緒，也好讓雙方有心理準備，才不至於造成東、西德國人起初互看不慣對方，互稱對方為東德佬（Ossi）及西德佬（Wessi）？

答：德國如果不利用這次機會的話，緊緊把握住它，機會稍縱即失，以後就不可能再談統一了，幸好適時配合了當時大環境的背景——即東歐的一些共產國家紛紛改弦易轍；之外，還碰上了戈巴契夫這位開明的共產黨領導人，因為當初的西方三強，法國首先堅決反對讓德國統一，美國和英國起初也不贊成，就連德國自己國內的另一個大政黨 SPD 黨也反對倉促的統一。而機會則只有這麼一次真的可說千載難逢的機會，因為就連蘇俄稍後也崩潰解體了，而目前俄國的大總統普丁（Vladimir Putin, 1952）又走回老路了。所以打鐵還是趁熱，時間縱使倉促，大約不到一年吧，東、西兩德一起把

---

7. 按 CDU 的黨魁庫爾特・格奧格・基辛吉（Kurt Georg Kiesinger, 1904–1988）於 1966 至 1969 年擔任聯邦總理。請勿與德裔的美國前外交部長季辛吉（H. A. Kissinger, 1923–）混淆。

握住這機會，同心協力完成統一，否則真不知要再等到何年何月何日了。

問：兩個德國能夠完成統一，可以說是由前東德人民策畫的嗎？

答：換個角度也可以這樣說吧！東德人四十多年來也漸漸地習慣了共產黨的那一套了。時勢所趨，東歐有些共產國家紛紛實行改革，東德一些有識之士也曾積極地向政府建議，提出改革的呼籲，不幸的是政府耳聾了。只是人嘛，都會有比較之心，東德人後來又接收到大量西德的傳播媒體，尤其是從電視上看到的，就會更嚮往西德的「富裕」與「自由」。東德政府雖然三申五令，築柏林圍牆，加強東、西德邊界的防守、檢查等，還是有人鑽漏洞，假借到東歐共產國家度假，再趁機進入西德。誰也沒想到，東德人原先不是渴望「兩德統一」的，他們只是想要改善人權，有旅行自由的意願而已。因為向東德政府申辦旅行證件、護照等手續超龜速，就連當時在東德的大城市如德勒斯登、萊比錫等，人民群眾上街頭抗議，高呼「我們是同一民族」的口號，也無非是要爭取旅行自由及呼籲政府改革的意願而已。時勢所趨，卻演變成為促成兩德統一驚天動地的大事。據說柏林圍牆開啟的那晚，東德政權還一度曾想力挽狂瀾，欲仿傚中國北京天安門事件，動用軍警掃射，但後來見已擋不住民意遂作罷。

問：你有親朋好友住在東德嗎？你們之間的聯繫如何？

答：有，我的阿姨住在東德，我三不五時就給她寄小包。比如她最常要求的東西是衣服、咖啡、香煙、蜂蜜及罐頭。但要等很久，她才會回信說小包是收到了，而且令人氣結的是我寄的東西有些都會不翼而飛了。最常失蹤的是咖啡和香煙。

問：你的親朋好友會否主動地要求你寄給他們什麼比較特殊的東西？

答：會。但說起來真可笑，有一次，我的朋友要求一個攜帶方便且又好用的刮鬍刀。我去買了，寄過去了。妳知道嗎？！真是好笑，朋友來信說那個品牌是東德的（原來那是在東德不可能買到的外銷品。我可是仔細地比較過，花了時間挑選的）。他要西德製造的刮鬍刀。

問：是否東、西德不要統一會比較好呢？

答：如果從 1945 年開始算德國被分成四個占領區到統一，應該已經過了快四十五年吧！然西德親西方，與西方的關係比較好。但本來是同文同種的一個民族，卻硬生生地被分成生活在兩種截然不同的體制之國家，總是覺得有點遺憾吧！人都有落葉歸根的想法，分隔在咫尺兩地的親人無不希望有一天能夠團圓，何況從「經濟利益」觀點來看，東、西兩德在某些領域的確需要互補，所謂「肥水不落外人田」，還是統一比較好，雙方皆蒙其利。

問：統一後多年了，有些前東德人做了比較，他們認為在前東德還是有一些優點是前西德所沒有的，所以有人說還是不要統一會比較好？

答：東德的體制是共產主義大鍋飯，一切都是由黨，也即國家規劃好了的集體統籌制。大家有最起碼的溫飽，每個人都有工作，幾乎很少聽到「失業」這兩個字；連婦女也一樣，東德的女性大約從十五歲左右開始到六十歲為止，幾乎人人都有工作，「失業」這個名詞在東德真的很少被聽到。但是共產主義最大的缺點是泯滅人性，不能或甚至禁止發揮人的天性，「控制思想」這一點真的最讓人受不了的。我們一起去訪問過「德國人權協會」，（按筆者與此位朋友曾於 2014 年 1 月 29 日訪問位在德國西部濱臨美因河的法蘭克福城的「德國人權協會」，其總部設在首都柏林，分會遍布全德國。又按德國有兩座同名為法蘭克福的城市，另一座是位在德國

東部，接近波蘭，濱臨奧德河的法蘭克福[8]。）妳也聽到分會的會長哈芬（K. Hafen）先生向我們敘述了許多東德迫害人權的例子，聽了實在讓人慘不忍睹、不寒而慄，光這一點就令人受不了，還是要統一比較好。

問：德國統一以後，歡欣鼓舞的激情過了後，德國人，尤其是西德人對要繳納一項名目為「統一團結稅」的事最為不滿，大家都抱怨連連。當初柯爾總理不是說請大家共體時艱，再忍耐個十年就可以不必再交此名目的稅款了嗎？我的女朋友翁烏卡女士向我秀出她的薪水單，的確有一筆從薪水尚未扣除各項稅款等的總額裡，列出一項「統一團結稅」，1998年以前，每個月要從總收入扣7.5%，1998年以後改成每個月扣5.5%統一團結稅。幾乎我認識的朋友們都不是很高興了，對此頗有微詞，我也曾向朋友們說，大家去向政府反應，等造成了輿論就有轉圜的餘地吧！

答：此項稅款是經德國聯邦憲法法院幾經辯論及討論，然後由八位大法官表決通過，而訂下的法律，大家都要遵守的。德國人一向最守法，所以對繳納此稅款表示同意。

很不幸的是前東德屬於蘇占區，蘇聯要求德國賠償它的損失，東德拿不出那麼一筆天文數字的金錢，所以蘇聯從東德拆遷了不少它所能夠搬得動的東西，當其戰利品及賠償。要建設前東德，需要一筆龐大的經費，因為從1949年前東德的SED黨執政迄至1989年柏林圍牆倒塌為止，幾乎停擺了，

---

8. 按筆者於2005年曾三訪柏林，這一次可參觀並看得更仔細了。由於柏林是首善之都，德勒斯登及波茨坦等都是歷史名城及大城市，已幾乎看不到一絲絲戰爭留下的痕跡了；尤其最令人訝異的是德勒斯登，當年的教堂、宮殿、紀念碑、博物館及一般民宅被英軍幾乎已炸成片瓦不存的平地了。但著名的婦女教堂及仙普爾歌劇院（Dresden Semper Oper）等建築卻令人嘆為觀止地已經恢復原貌。然而大音樂家巴哈的出生地艾斯拿賀（Eisenach）小鎮仍舊殘破不堪，有些房屋還沒有完全修復、牆壁污黑一片、骯髒不堪，道路、街上也是坑坑洞洞積著污水。印象最深刻的是從西德進入東德的高速公路皆是新修的，寬敞、平穩、美觀。

沒怎麼建設東德。當然，在統一後，從所解密公布的檔案資料裡，我們也看到了一些東德的重點城市，曾經過粉刷、修建、改建或再增建的樣板城市，替共產主義美好的世界宣傳。柯爾總理當初也許估計錯誤了，他根本不知道前東德是如此地破舊不堪（其實在前東德有很多建築物、街道、公共建築等場所到 1990 年統一了，都還保持二戰前、後的模樣，大多沒有修繕過）。柯爾以為只要統一了，經過短暫的幾年可讓前東德煥然一新。

後記：
德國統一（1990–2015）

　　1990 年 10 月 3 日，東、西兩邊的德國人歡天喜地大肆慶祝兩德的統一，當激情過後，則要面對現實來整頓由共產體制統治的兄弟國——前東德。那麼呈現在前西德人眼前的是一幅什麼景像呢？不由得讓前西德人對這突如其來的真相目瞪口呆了！因為停頓了四十年，到處滿目瘡痍，除了裝點門面的幾個重點城市外，大多是殘破不堪的頹廢景象。但經過二十五年的整頓後，前東德已呈現另一番新氣象了。

　　SED 留下來的爛攤子幾乎可用罄竹難書來形容，經濟可用淒慘來描述，工業設備可用精疲力盡來形容，幾乎沒有一樣是可使用的。一些歷史名城的建築物逐漸坍塌不說，有些已經朽壞了。許多街道和高速公路早就不能使用了。尤其是環境污染得相當嚴重，有些地方甚至散播著病菌。這些並不是在前東德生活和工作過的人的罪過，卻是「真正存在過的社會主義」和它的「計畫經濟」導致的結果。幾十年來，「無產階級的獨裁」不止壓迫人們、欺騙人們，卻也掠奪人民辛勤工作的果實。

　　團結在「重建東邊」：1990 年也就是所謂的「捲起袖子」來「重建東邊」，是全體德國人的任務。聯邦（國家）投資了數十億歐元，舊邦（指前西德）幫助新邦（指前東德），西邊的德國城市幫助它們

東邊的姊妹城市。這是一種從來就沒有人曾在德國體驗到過的團結。從 1990 年至 1994 年，新邦從「德國統一基金」獲得 820 億歐元。在「團結條約一號」的框架裡，新邦從 1995 年到 2004 年為止，從聯邦之間的財政平衡獲得一筆錢，並且每一年從國家獲得 206 億歐元。從 2005 年到 2019 年止，要啟動「團結條約二號」，國家已為這項計畫備妥了 1,565 億歐元。

我們現在來看整頓後的成果：在很多生活領域迅速地改善了，比如在健康方面、環保，在各市中心或者在交通方面，都可圈可點。然而經濟方面的復甦很吃力，並且常常也很痛苦。因為很多營運、企業、公司不具競爭力，而必須關閉，失業在第一梯次的幾年裡迅速地攀升，很多企業因而倒閉。後來慢慢地，才有一些新公司遷到此處，它們堅定地立穩腳步，且也成功了。在這期間，特別有無數的中型企業生存下來了，並且能夠立足於市場上。然而雖然有很多經濟方面的成就，在大部分的新邦其失業率還一直高於西邊，人力還是一直很吃緊的。

過去二十五年來已經做到了的事可說有目共睹。改頭換面後的城市、鄉村和風景（景觀）都已經快讓人認不出來了。比如從西邊的黑森邦到東邊的圖林根邦或者是從西邊的下薩克森邦到東邊的薩克森－安哈特邦時，在剛統一的時候，人們一下子就可立即確定人們現在是在哪一個邦（意即指很快可看出西部的黑森邦和東部的圖林根邦的區別），但是這種現象早已成為過去了。

在所有的生活領域裡──從健康照顧一直到高等學府和研究機構──新邦已經達到舊邦的水準了。比如：前東德四十多年來的物資缺乏現象，自從 1990 年 10 月開始已經沒有這一回事了。每戶人家裡的傢俱、設備及室內陳設等和西邊的都是一樣了。並且東邊的人和西邊的一樣，擁有自己的私人汽車，不必再要滿十八歲才可去排隊登記，並且要等上好幾十年才能擁有一部車子。等了四十多年，終於可以自由地去旅行（自從圍牆倒下那一天，他們就已經充份地利用這項自由

了）。街道、鐵軌、和電話聯絡網也蓋好了。學校、醫院和養老院也全都現代化了，這些都只有在舊邦紮紮實實地幫助下，才得以完成的。

那麼這樣是不是東、西兩邊的水準都一樣了？要超越的話就得看「經濟力」了，只有當它繼續成長，介於東、西兩邊的收入才能取得平衡。雖然自從 1990 年以來東、西之間在收入的差距繼續減少，然而在 2011 年，一個東德人每個月平均有 1,416 歐元可支配使用，而在舊邦是 1,722 歐元（1991 年：東邊的 595 歐元對西邊的 1,148 歐元）。還有關於有些社會指標，比如失業或小孩的貧困這兩方面，新邦明顯地處於劣勢。當然在新、舊邦也有顯著的地區之差異，比如 2011 年每一個在布蘭登堡邦波茨坦的居民可動用的薪水是 17,148 歐元，在黑森邦的奧芬巴哈（Offenbach）是 16,483 歐元，而在北萊茵－威斯特法倫邦（在德西）的葛爾森基興（Gelsenkirchen）是 16,240 歐元。在圖林根的蘇爾（Suhl）年收入平均為 20,076 歐元，在布來梅哈芬（Bremerhaven，在德西）是 17,359 歐元，在下薩克森的煙登（Emden）為 16,753 歐元，屬布蘭登堡區的特透夫－佛雷明格（Teltow-Fläming）有 18,539 歐元可供支配使用，在巴伐利亞區的雷根（Regen）有 18,342 歐元，在薩爾區的梅齊格－瓦德倫（Merzig-Wadern）就有 16,855 歐元可動用。

二十五年的「統一史」也是一項「團結附加稅」的成功史。聯邦政府在 1991/92 徵收了一項有期限的「團結附加稅」，到了 1995 年開始規定無限期徵收「團結附加稅」。這種附加稅衡量的基礎是固定的收入——也即是法人（所得）稅，一如它的預付款和扣除的稅款（工資收益稅和資本收益稅）。自從 1998 年 1 月 1 日以來，應繳交的團結附加稅的稅率為 5.5%，以前是 7.5%。「團結附加稅」當做再建立德國統一的財政來源是和「團結條約」不一樣的。這兩樣常被混淆。「團結條約」是政府在德東為了建設績效的一種財政範疇。它使得德東的基本設施，如街道、鐵路和飛機場等和德西有一樣的水準，而這也在——各邦的財政平衡——使他們的自治區成比例的財政能力能夠

增加資金。因此之故，應該如此地加強經濟力，2019 年「團結條約」結束時，估計新邦的經濟就能夠站起來。所以，這是聯邦政府早在 2001 年，就和東部五個邦的政府領導人商量過後，取得一致的意見。

還有待解決的主要問題是新邦的失業率仍然比較高。在去年已明顯地降低了，並且微幅地接近德西的水準。如果此事根據實際的成功標準來看的話，則在經濟力的調整下也有正面的遠景；為了要阻止人口外流（指東部的人遷居到西部），可以設法增加更多的工作場所，和提高一種強大的經濟力，也是一種必要的先決條件。東邊結構的缺點是缺少大企業和關係企業（產業）集團中心，這個只能夠漸漸地克服。跟這個有關的是，研究中心常常繼續遷到舊邦去。慢慢地，但是持續不斷地或可形成一種有績效能力的中小型企業景觀，這個可提供希望的誘因，或許可改善東部的經濟力。

德國統一已四分之一世紀了，德國人的努力有目共睹，二十五年後，女總理在她 2014 年 1 月 29 日的政府聲明裡，在德國眾議院所說的一席話：「六十五年前，德意志聯邦共和國（西德）成立了，二十五年前，圍牆倒塌了。十年前，我們經歷了歐盟開始東擴。我們德國人和我們歐洲人，我們今天針對我們的幸福也團結在一起。」

正當德國慶祝統一滿二十五年之後，地球的另一端卻是烽火連天、民不聊生、流離失所的慘境。因嚮往能有個遮風避雨、安居樂業的地方，這些難民不惜千里跋涉，尋找一個理想國家。相對於其他不願接受難民的國家，富裕的德國成為難民的首選，而德國也伸出友誼之手，欣然接納大部分來自內戰肆虐多年，至今仍不見和平曙光的敘利亞難民。

德國為何接納難民？「經濟」是一個最重要的因素，德國是個經濟實力強大的國家，然而目前人口結構面臨老化，現今一些年輕人結婚後不願（多）生小孩。往後需要眾多的勞動力，這是德國願意接納難民的原因。那麼德國如何安置他們？目前利用閒置的營區和體育館，在全國各地興建上百座至少能收容五百人的「難民收容中心」（簡

稱 AWO）。這種貨櫃屋有三層，每層都有廚房和浴室，收容中心的餐飲部也供應相當於德國大學餐廳提供的簡餐。又要融入德國，就須會講德語，故政府設有德語教室，分有兒童、青少年和成年人三班，開放給所有難民參加。

正面的人道援助，比如在梅克爾總理宣布德國願意接納難民後第三天，民調顯示就有七成的民眾考慮當義工，九成打算捐錢；然而蜂擁而至的難民潮，也刺激歐洲潛伏已久的排外勢力。今年（2015）夏天七、八月，德國每隔幾天就有難民收容中心或難民住宅遭受攻擊和縱火。但是德國政府既然決定要收容更多難民，民意也不贊成難民光拿救濟金而不工作；所以政府以更開放與正面的眼光來看待難民，把難民視為未來的德國人民，透過就學和就業的輔導措施，讓難民融入德國社會，共同創造經濟的利多。賓士汽車的總裁柴澈（Dieter Zetsche, 1953－）的看法也許很中肯，他說：「八十萬難民對德國來說當然是很大的數目，但如果處理得好的話，搞不好就像 1950 年代引進德國來工作的數百萬外籍勞工，為下一波的『經濟奇蹟』打下基礎。」

---

*有關統一後的德國現況是根據德意志聯邦共和國的新聞局，在 2014 年 7 月所發行的名為《25年──自由與統一》的兩本專集（一冊為敘述前東德整合的過程，另一冊為圖文並茂地介紹整頓後各領域的新面貌），和本人在這二十五年來的觀察而寫成的。

德國統一前後大事紀
（962–1990）

962	
	奧圖一世（963–973）於 962 年在羅馬加冕，從此其帝國稱「德意志民族的神聖羅馬帝國」，即第一帝國。
1871	
1 月	俾斯麥宰相建立德意志帝國，史稱第二帝國。
1914–1918	
	第一次世界大戰，德國戰敗。
1919–1933	
	威瑪共和國。
1933–1945	
	希特勒執政的第三帝國。
1939–1945	
	第二次世界大戰，德國戰敗。
1945–1949	
	美、英、法、蘇分區占領德國。

1948	
6 月	美、英、法 (西占區) 實施貨幣改革，引起蘇聯 (東占區) 不滿，第一次封鎖柏林。
1948–1949	
	美、英以「空中橋梁」方式接濟西柏林居民的日常生活。
1949	
5 月	西占區成立「德意志聯邦共和國」(簡稱西德)。
10 月	東占區成立「德意志民族共和國」(簡稱東德)。
1953	
6 月	東柏林工人舉行示威、罷工、怠工。
1961	
8 月	東德建柏林圍牆。
1963	
12 月	西柏林與東德簽約，准西柏林人訪問東柏林的親戚。
1970	
3 月	西德的布蘭德總理和東德的首腦史多夫會於東德的艾福特城交換意見。
12 月	布蘭德訪問波蘭與蘇聯，承認西德與波蘭領土的新界線。布氏並至華沙陣亡烈士紀念碑跪下致敬，他於 1971 年 12 月獲諾貝爾和平獎。
1972 年	
6 月	兩德簽訂「過境條約」。
12 月	兩德簽訂「基礎條約」。
1973	
9 月	兩德分別以 133 號及 134 號被聯合國接受為正式會員國。
1974	
4 月	布蘭德的私人秘書竟是東德間諜。布氏被迫下台。5 月聯邦眾議院選施密特為總理。

1976	
11 月	東德的抗議歌手畢爾曼受邀到西德開演唱會，東德政府趁機取消他的國籍。
1983	
6 月	西德給東德一筆 10 億多馬克的貸款，以挽救東德的經濟及改善人民的生活。
1986	
2 月	蘇聯領導人戈巴契夫呼籲社會、政治和經濟的改革。東德領導人洪內克卻充耳不聞。
1987	
9 月	洪內克是第一位受邀訪問西德的國家主席，於二戰結束後四十二年，第一次返回他在西德薩爾邦的故鄉。
1989	
2 月 5 日	東德邊界的守衛在柏林圍牆射殺最後一位試圖攀越圍牆的二十歲青年。
5 月 2 日	匈牙利拆除四邊和奧地利為界的通電圍牆，夏天時，有一萬多名東德人越過邊界逃向西方。
5 月 7 日	東德自治區的選舉，政府以公然舞弊的方式，公布得票率為 98.85%，此舉加深人民和政府的裂痕。
9 月 4 日	萊比錫大示威，要求人權和旅行自由。10 月 2 日有 2 萬人示威，喊出「我們是這個民族」，有多人受傷及被安全局逮捕。
9 月 11 日	有 3 萬 4 千人借道匈牙利、奧地利逃亡，東德政府阻撓人民到匈牙利旅行。人民改道去設有西德領事館的捷克，以獲得簽證進入西德。
9 月 30 日	東德政府不願意 10 月 7 日建國四十週年紀念日節外生枝，委由西德外交部長根舍告知逃亡布拉格的 4 千多位東德人，政府已備妥多輛火車，帶他們越過東德地區進入西德。
10 月 7 日	東德慶祝建國四十週年，戈巴契夫勸洪內克改革，否則會造成嚴重後果。
10 月 9 日	第六次星期一的萊比錫示威有 7 萬多人參加，是自 1953 年 6 月 17 日以來規模最大的一次，但這一次軍、警都按兵不動，沒有干涉。
10 月 17 日	政治局決定洪內克下台，田克倫茲繼任為總書記。
11 月 4 日	東德亞歷山大廣場聚集了幾十萬人，要求政府改革。

11 月 7 日	以史多夫為首的部長會議集體辭職,由德勒斯登市黨委第一書記莫德洛接任政府總理。
11 月 9 日	政治局委員夏博維斯基口誤,宣布所有通向西德和西柏林的東德邊界地區會全數開放。
11 月 10 日	在波蘭訪問的柯爾,火速趕回柏林,在市議會大廈,向東德公民許下了將過與西德公民同樣生活水準的宏願。
11 月 27 日	萊比錫星期一的示威口號,要求結束東德政權,兩德統一。每個星期一固定皆會聽到抑揚頓挫的口號:「我們是一個民族」和「德國,統一的祖國」。
11 月 28 日	西德總理柯爾發表統一的十點計畫。
12 月 1 日	每一個地區的東德人民議院皆一致決定刪除東德憲法裡規定的「社會主義統一黨為國家的領導政黨」這項條文。
12 月 7 日	政府代表和民眾人權運動代表,第一次舉行「圓桌論壇」,嘗試找出能給國家和社會和平轉變的方式。
12 月 9 日	社會主義統一黨大會選舉蓋西為尚未命名的黨之黨主席。前一天,國家檢查機構調查出洪內克、米爾克和其他統一黨頂尖領導人的濫權和腐敗。
12 月 14 日	莫德洛政府在反對黨的壓力下,解散了「國家安全局」。
1990	
1 月 15 日	因前安全局人員要銷毀檔案,有一萬多名示威者衝進東柏林的前國家安全局。
2 月 15 日	莫德洛接受了 8 位反對黨的代表進入他的內閣。這 8 位人士應該在 1990 年 3 月 18 日舉行自由和民主的「人民議院」選舉之前,監督內閣,履行職務。
3 月 1 日	部長委員會決定將隸屬於國家的營業單位轉為資本公司,為此而建立的「託管局」立即發展成為一個私人機構,它應該將前東德的計畫經濟轉變成市場經濟政策。
3 月 18 日	第一次人民議院的選舉結果,東部基民黨主導的「聯盟黨」大獲全勝。許多曾參與反對統一黨的反對團體卻大敗,因為他們與新的政府黨和大多數的人民不同,他們反對迅速統一,要求改革前東德。
4 月 12 日	人民議院選出基民黨的德梅齊耶為總理,與他聯盟的政黨皆同意兩德盡可能快速地統一,因西德憲法已經在它的第 23 條擬定東德有效地加入「基本法」。

5 月 5 日	兩位德國外交部長及二戰四強的外交部長齊聚波昂，討論有關德國統一之國際觀點。直到九月還會持續進行二加四會議。
7 月 1 日	有關幣制、經濟和社會聯盟的國家合約生效了。可以引進西德馬克到東德當付款工具。薪水和工資，還有東德一部分的存款將以 1:1 東馬克換成西馬克。
7 月 16 日	戈巴契夫通知柯爾，他贊成統一後的德國成為北大西洋公約組織的一員。這項贊同使德國政府領導人答應會紮紮實實地贊助蘇聯的經濟。
9 月 12 日	在莫斯科參加二加四會談的外交部長簽下了他們協商的結束文件。未來的、再統一的德國將在其「內、外交事務完全有自主權」，並有權自由決定其與任何人 (國) 結盟。
9 月 20 日	東、西兩德的議會皆以超過半數通過兩個國家「有關再統一的德國之條約」。這個條約本質上是西德法律可適用於東德，但有幾點也考慮到東德方面的情況，比如，就前國家安全局的檔案要如何處置的問題。
10 月 3 日	東德的五個邦加入「基本法」予以承認的領域，德國現在統一了，東德在其成立四十一年之後走入歷史。

參考書目

德文書目

Gottschalk, Gesa (erarbeitet): Die DDR Alltag im Arbeiter-und-Bauer-
Staat, 1949-1990. Heft 64/2013. DPV Deutscher Pressevertrieb GmbH,
Hamburg, 2013.

Hettlage, Robert u. Lenz Kart: Projekt Deutschland-Zwischenbilanz nach
zwei Jahrzehnten. Wilhelm Fink Verlag, München, 2013.

Jäckel, Eberhard: Das deutsche Jahrhundert. Eine historische Bilanz.
Deutsche Verlags-Anstalt. Stuttgart 1996.

Kappler, Arno: Tatsachen über Deutschland. Societäts-Verlag, Frankfurt/Main
2000 u. 2007.

Müller, Helmut M: Schlaglichter der deutschen Geschichte. Bibliographisches
Institut & F. A. Brockhaus AG, Mannheim 1996.

Die Bundesregierung 25 Jahre Freiheit und Einheit. Presse- und
Informationsamt der Bundesregierung, 11044 Berlin 07/2014.

Die Bundesregierung 25 Jahre Freiheit und Einheit (Bildband). Presse- und Informationsamt der Bundesregierung , 11044 Berlin 07/2014.

Schulz, Klaus: Aus deutscher Vergangenheit. Ein kulturgeschichter überblick. Max Hueber Verlag, München 1993.

Schulze, Hagen: Kleine deutsche Geschichte, Verlag C. H.Beck, München 1996.

Weiß, Joachim: Der Brockhaus in drei Bänden, 2., neu bearbeitete Auflage, F.A. Brockhaus Leipzig. Mannheim 1996.

Woywod, Georg u. Heumeyer Eckhard: Menschenrechte in der DDR und Berlin (Ost). Polyglott Druck GmbH, Frankfurt am Main, 1988.

Zentner, Christian: Der große Bildatlas der Weltgeschichte. Unipart-Verlag, Stuttgart 1996.

Zettl, Erich: Deutschland in Geschichte und Gegenwart. Ein Überblick. Neubearbeitung, Max Huber Verlag Ismanig 1995.

網站資料

Fischer, Adreas u. Schott, Marlen: Deutschland seit der Wiedervereinigung. Welche Entwicklung hat das Land genommen? http://www.helles-koepfchen.de/artikel/2825.html.

Obertreis, Rolf: 25 Jahre deutsche Einheit," Ein zweites Wirtschaftswunder" http://www.tagesspiegel.de/politik/25-jahre-deutsche-einheit-ein-zweites-wirtschaftswunder/10775986.html

Schengener Abkommen aus Wikipedia, der freien Enzyklopädie. http://de.wikipedia.org/wiki/Schengener_Abkommen.

Thurm Frida: 25 Jahre Mauerfall: Deutsche Einheit, auch finanziell, Zeit
Online.
http://www.zeit.de/gesellschaft/zeitgeschehen/2014-09/wieder-
vereinigung-solidarpakt-einheit-laenderfinanzausgleich.

中文書目

李敏壽著：《走向新歐洲》，五南出版社，台北，1993。

邵建東、陳曉律著：《德國新史》，五南出版社，台北，1993。

吳友法著：《二十世紀德國史》，志一出版社，新店，1995。

吳滄海著：《德國的分裂與統一》，志一出版社，新店，1995。

約瑟夫‧波斯科 (Joseph E. Persico) 著，劉巍等譯：《紐倫堡大審》
(Nuremberg Infamy on Trial)，麥田出版社，台北，1996。

范軍著：《德國：久分重合的歐洲大國》五南出版社，台北，1993。

姚寶，過文英編著：《當代德國社會與文化》，上海外語教育出版社，
上海，2009，三刷。

郭恆鈺主編：《統一後的德國》，三民書局，台北，1993。

馬維麟譯：《德國婦女運動史——走過兩世紀的滄桑》，五南出版社，
台北，1995。

陶在樸：《歐洲共同體透視》，五南出版社，台北，1993。

張炳杰編著：《德國：歷史與現狀》，旅遊教育出版社，北京，1995。

馬丁‧渥格特（Martin Vogt）編，辛達謨譯：《德國史》（Deutsche
Geschichte von den Anfängen bis zur Wiedervereinigung），國立教育
研究院，台北，2000。

楊蔭恩編著：《戰後德國簡史》，外語教學與研究出版社，北京，1995。

劉小明著：《德意志的智慧》，林鬱文化事業有限公司出版，台北，2000。

劉芳本・葉本度：《德國情：統一後的德國》，旅遊教育出版社，北京，1992。

賴麗琇編著：《現代德國》，中央出版社，台北，1987。

賴麗琇編著：《新德國》，中央出版社，台北，1994。

賴麗琇著：《德國文化史》，中央出版社，台北，2002。

賴麗琇著：《德國史》(上、下)，五南出版社，台北，2003。

賴麗琇著：《德國人入門》，五南出版社，台北，2013。

BBC Chinese — 德國展開柏林牆倒塌二十五週年慶祝活動
http://www.bbc.co.uk/zhongwen/trad/world/2014/11/141108_berlin_wall_25th

《德國研究》，同濟大學德國研究所，《德國研究》雜誌社，上海，1988。

致謝詞

由於好朋友們的幫助，本書方能順利付梓。我要誠心誠意地感謝和他們之間許多有趣的談話，這些交談讓我獲益良多，並更認識德國；使我深深地瞭解這兩個國家在圍牆倒塌之前、倒塌之期間及緊接著一起成長所發生的事件及其之間的關聯性。

本人在此謹向包歇克博士 (Dr.R.Bauschke)、辜爾卡先生 (H. Kurka)、辜爾卡女士(Frau H. Kurka)、翁烏卡女士(Frau A.Onwuka)和史萊梅女士(Frau H. Schleimer) 致上十二萬分的謝意。

Danksagung

Um dieses Buch fertigstellen zu können, war ich auf die Hilfe lieber Freunde angewiesen. Bei ihnen möchte ich mich herzlich bedanken für viele interessante Gespräche, durch die ich einen tiefen Einblick in die Zusammenhänge und Geschehnisse in Deutschland erhalten habe, in der Zeit vor dem Mauerfall, während des Mauerfalls und der anschließenden Zeit des Zusammenwachsens beider Staaten.

Mein Dank gilt Herrn Dr. Rafael Bauschke, Herrn Herbert Kurka, Frau Hannelore Kurka, Frau Angelika Onwuka und Frau Hildegard Schleimer.

歷史 世界史

這就是德國
柏林圍牆倒塌後的富國之路

作　　　者—賴麗琇
發　行　人—王春申
總　編　輯—李進文
編輯指導—林明昌
主　　　編—王育涵
責任編輯—徐平
校　　　對—莊凱婷
封面設計—吳郁婷

營業組長—陳召祐
行銷組長—張傑凱
出版發行—臺灣商務印書館股份有限公司
　　　　　23141 新北市新店區民權路 108-3 號 5 樓（同門市地址）
電話：(02)8667-3712　傳真：(02)8667-3709
讀者服務專線：0800056196
郵撥：0000165-1
E-mail：ecptw@cptw.com.tw
網路書店網址：www.cptw.com.tw
Facebook：facebook.com.tw/ecptw

局版北市業字第 993 號
初版一版：2015 年 10 月
初版四刷：2019 年 06 月
印刷廠：沈氏藝術印刷股份有限公司
定價：新台幣 360 元
法律顧問：何一芃律師事務所

這就是德國：柏林圍牆倒塌後的富國之路 ／ 賴麗琇
著. --初版. --新北市：臺灣商務，2015. 10
面 ； 公分. --（歷史 世界史）

ISBN 978-957-05-3014-8（平裝）

1. 德國史

743.1   104017081